幼儿园音乐教育研究丛书

许卓娅 主编

韵律活动

（第3版）

南京师范大学出版社

图书在版编目(CIP)数据

韵律活动 / 许卓娅主编. —3 版. —南京：南京师范大学出版社，2021.8（2024.1重印）
（幼儿园音乐教育研究丛书）
ISBN 978-7-5651-4916-0

Ⅰ.①韵… Ⅱ.①许… Ⅲ.①音乐课－学前教育－教学参考资料 Ⅳ.①G613.5

中国版本图书馆 CIP 数据核字（2021）第 127006 号

书　　　名	韵律活动（第3版）
丛　书　名	幼儿园音乐教育研究丛书
主　　　编	许卓娅
丛书策划	吴曼丽　徐益民
责任编辑	吴曼丽
出版发行	南京师范大学出版社
地　　　址	江苏省南京市玄武区后宰门西村9号（邮编：210016）
电　　　话	（025）83598919（总编办）　83598412（营销部）　83598312（邮购部）
网　　　址	http://press.njnu.edu.cn
电子信箱	nspzbb@njnu.edu.cn
照　　　排	南京凯建文化发展有限公司
印　　　刷	兴化印刷有限责任公司
开　　　本	787 毫米×1092 毫米　1/16
印　　　张	24
字　　　数	396 千
版　　　次	2021 年 8 月第 3 版　2024 年 1 月第 2 次印刷
书　　　号	ISBN 978-7-5651-4916-0
定　　　价	78.00 元
出版人	张　鹏

南京师大版图书若有印装问题请与销售商调换
版权所有　侵犯必究

前　言

音乐活动,是能够使人获得全面发展的重要社会实践领域之一。音乐教育活动设计的目的,是使参与音乐教育过程的所有教师和幼儿在音乐实践过程中获得更加积极有效的发展。

通过科学的教育设计,教师可以更好地将全面发展的教育追求,转换为自己与幼儿的共同的真实发展。

人们在音乐实践中,能够获得对事物进行整体把握的能力,以及应用多种符号进行思考和表达的能力。这些能力,不仅是审美思维、审美创造的基本能力,也是科学思维、科学创造的基本能力。

人们在音乐活动中,能够获得自我认识、自我管理、自我教育的能力,获得认识他人、与他人进行交流和合作的能力,获得承担社会责任的能力。这些能力,不仅是每一个人在儿童时代平安快乐生活、身心健康成长所必需的,而且是每一个人在一生中生活和发展所必需的。

尽管本书正是从对教师和幼儿进行全面发展教育这一出发点来进行设计和编写的,尽管本书中收编的研究成果,均来自教育部和江苏省教育厅人文社会科学"七五""八五""九五""十五"教育科学研究项目资助的课题研究实践,其中的活动设计理论和活动设计范例均已在我国幼儿园经过十多年的反复实践和改良,具有比较好的可操作性和实践效果,但它们毕竟还是前面的探索者所能认识到的有限"真理"。因此,教师在选用本书提供

的理论和范例时,还应该特别注意考虑您自己和您自己所面对的幼儿的具体情况,同时,最好还能够根据您自己的实践经验对本书中提供的信息进行进一步的丰富和完善。

在本书的编写和改版过程中,南京师范大学"中国早期儿童音乐舞蹈教育发展研究中心"高级顾问薛瑜老师做了大量的组织和统稿工作,南京市商业幼儿园、南京市游府西街幼儿园、南京市北京东路小学附属幼儿园、南京市逸仙小学附属幼儿园、南京师范大学幼儿园、河海大学幼儿园、南京市第一幼儿园、南京市第二幼儿园、东部战区总医院第一幼儿园的领导和老师们,以及安徽、浙江、福建、广东、广西、山东、山西、陕西、四川、湖南、海南等地的幼儿园老师们都付出了大量的心血;南京师范大学出版社的编辑一直给予了极大的支持并付出了艰辛的劳动;南京师范大学教育科学学院在读的本科、硕士、博士生们也参与了部分工作,在此一并表示感谢!

转眼间,距《韵律活动》首次出版已经20年啦。感谢出版社、读者多年来对我们的支持和厚爱!

在此期间,我们于2014年进行了第一次改版。2013年夏天,《3—6岁儿童学习与发展指南》(以下简称《指南》)正式颁布。对照《指南》的相关精神,我们觉得自己不但早在10年前已意识到学习品质培养的重要性,意识到学习品质培养必须落实在每日每时的师幼互动过程中,而且我们从来没有停止过对学习品质培养问题的探究:我们在2010年于长沙举办的第七届全国幼儿园音乐舞蹈教育改革观摩研讨会上提出"将促进学习品质发展作为之后两年全国音乐舞蹈教育研究工作的重心",并在2012年于成都举办的第八届全国幼儿园音乐舞蹈教育改革观摩研讨会上进行了交流。第一次改版,我们主要做了以下几个方面的工作:

1. 检查了所有教育目标和活动流程。我们发现10年前有相当多的教案,在教育目标2(学习品质培养目标)方面,就已经思考得比较深入且表述得比较规范了。

2. 修改了教育目标和活动流程,使之能够更符合促进幼儿学习品质发展的精神。同时,关于教育目标3(人格品质培养目标),我们也已经在2012年于成都举办的第八届全国幼儿园音乐舞蹈教育改革观摩研讨会上提出,并在2014年于西安举办的研讨会上进行了交流。对此,在本次改版中,我们也重新做了力所能及的完善。

3. 删除了30多个活动,新增了一个块面"游戏化韵律活动",其中包含37个活动。其最大的特点是"游戏和教学融为一体、贯穿始终"。尽管第一版中也有一些活动包含游戏,但那时候的活动设计基本上都是将游戏安排在歌曲等教学内容之后,是另外加入的。我们认为这种形式仍旧有存在的价值,因此此次改版仍然保留。

4. 本书所有教案的目标体系特别强调了学科目标、学习品质培养目标和人格品质培养目标之间相互融合、相互促进的价值定位。希望读者特别关注这一点。

2010年至今,我们团队的主要精力放在了幼儿在教学活动中的创造性参与和教师培训两个方面。今年我们应读者和出版社的要求对本书做了第二次改版。本次改版的重点主要包括四个方面:

1. 更强调教学的游戏情境和幼儿的创造性参与。

2. 更强调通过"案例研究教学"的方式,帮助教师理解原创经典案例的价值追求以及价值追求过程中的策略使用。为此,我们删除了20个原有案例,新增了带有分析的详细教案,并把这些新案例集中放在"(六)活动案例详析",方便教师集中学习。

3. 本书所有案例按小班、中班、大班进行划分,更便于教师有针对性地组织活动。

4. 基于对当前电子媒体使用特点的分析,本次改版我们将书中配套的电子资源以U盘的方式呈现,并和《欣赏活动》(第3版)、《打击乐器演奏活动》(第3版)、《歌唱活动》(第3版)的配套电子资源整合在一起。

许卓娅
2020年9月于南京

目 录

前 言 ·· 001

一、幼儿园韵律活动的教育价值 ·· 001

二、幼儿园韵律活动的教育教学要点 ······································ 003
    （一）幼儿园韵律活动的材料选编 ···································· 003
    （二）幼儿园韵律活动的教学程序设计 ······························ 007
    （三）幼儿园韵律活动中的空间处理 ·································· 010
    （四）幼儿园韵律活动中的标记运用 ·································· 013
    （五）幼儿园韵律活动中的"先行组织者" ························· 015
    （六）幼儿园韵律活动中的教师语言 ·································· 018
    （七）幼儿园韵律活动中的情绪调整 ·································· 021
    （八）幼儿园韵律活动中的人际交往 ·································· 023
    （九）幼儿园韵律活动中的"学习素质"养成 ····················· 026
    （十）幼儿园韵律活动中的"创造性"培养 ························· 028
    （十一）幼儿园韵律活动中的知识、技能"网络体系"建构 ········ 030

三、幼儿园韵律活动教育活动设计 ··· 034
    （一）歌表演 ·· 034
        小班
            1. 谁饿了 ·· 034
            2. 小猪睡觉 ·· 036

中班

    1. 卡通的歌 ································· 038

    2. 羞答答 ··································· 041

    3. 两只懒乌鸦 ······························· 043

    4. 小蚂蚁避雨 ······························· 045

    5. 小青蛙 ··································· 047

(二) 律 动 ·· 049

  小班

    1. 小鸡出壳 ································· 049

    2. 快乐的小袋鼠 ···························· 051

  中班

    1. 小熊运西瓜 ······························· 053

    2. 小兔捉迷藏 ······························· 055

    3. 开碰碰车 ································· 057

    4. 走迷宫的小士兵 ·························· 059

    5. 捉螃蟹 ··································· 061

    6. 地毯上的游戏 ···························· 064

    7. 小熊和小鸟 ······························· 067

  大班

    1. 小熊滑冰 ································· 069

    2. 椅子律动 ································· 071

    3. 小老鼠和泡泡糖 ·························· 073

    4. 啄木鸟 ··································· 075

    5. 熊与蜜蜂 ································· 078

    6. 玩具店 ··································· 080

    7. 小木匠 ··································· 082

    8. 老鼠逗猫 ································· 084

    9. 可爱的小精灵 ···························· 086

    10. 包饺子 ·································· 089

  11. 川剧表演《梨园小儿郎》 ········· 092

(三) 集体舞 ································· 096

小班

  1. 逗　狮 ························· 096

  2. 可爱的虫虫 ····················· 098

  3. 开汽车 ························· 100

中班

  1. 蚂蚁搬豆 ······················· 102

  2. 数星星 ························· 104

  3. 打喷嚏的小老鼠 ················· 106

  4. 小风车 ························· 108

  5. 打　猎 ························· 110

大班

  1. 炒豆子 ························· 112

  2. 稻草人 ························· 114

  3. 小鸟落落 ······················· 116

  4. 喜洋洋 ························· 118

  5. 花环舞 ························· 120

  6. 编花篮 ························· 123

  7. 扬基歌 ························· 125

  8. 小小摔跤手 ····················· 128

  9. 朋友　你好 ····················· 131

  10. 包粽子 ························ 133

  11. 藏族舞 ························ 136

  12. 墨西哥草帽舞 ·················· 138

  13. 男儿当自强 ···················· 141

  14. 朋友舞 ························ 144

  15. 圆圈舞 ························ 146

  16. 庆丰收 ························ 148

17. 恰恰舞 ………………………………………………………… 152
18. 筷子舞（一） ……………………………………………………… 156
19. 筷子舞（二） ……………………………………………………… 158
20. 玩具人舞会 ……………………………………………………… 160
21. 斗鸡舞 …………………………………………………………… 163
22. 广场舞 …………………………………………………………… 165
23. 狩　猎 …………………………………………………………… 168
24. 葡萄丰收 ………………………………………………………… 171
25. 玩皮的小绅士 …………………………………………………… 174
26. 威尼斯音乐钟 …………………………………………………… 177
27. 斗牛士 …………………………………………………………… 181
28. 花之舞 …………………………………………………………… 185
29. 快乐圆圈舞 ……………………………………………………… 188
30. 花儿朵朵 ………………………………………………………… 192
31. 附加特例：外国民间集体舞曲 ………………………………… 196

小班

(1) 火车舞 ………………………………………………………… 196

中班

(1) 圆圈舞 ………………………………………………………… 196

(2) 蛇　舞 ………………………………………………………… 197

(3) 问候舞 ………………………………………………………… 197

大班

(1) 旅行舞 ………………………………………………………… 198

(2) 朋友舞 ………………………………………………………… 198

(3) 朋友舞 ………………………………………………………… 199

(4) 农夫舞 ………………………………………………………… 200

(5) 十字舞 ………………………………………………………… 200

（四）音乐故事表演及表演舞 ································· 201

大班
1. 龟兔赛跑 ·· 201
2. 拔苗助长 ·· 203
3. 三个小和尚 ··· 206
4. 狼来了 ··· 210
5. 月亮娃娃和我 ·· 213

（五）游戏化韵律活动 ·· 219

小班
1. 控制游戏：狐狸与石头 ······································ 219
2. 猜谜—捉迷藏游戏：狗熊吃面包 ·························· 222
3. 身体接触—逗和躲游戏：妈妈来抓兔耳朵 ············· 225
4. 控制—"装死"游戏：兔子和熊 ···························· 227

中班
1. 输赢竞争—身体接触游戏：炒豆豆 ······················· 229
2. 领袖模仿—控制—追逐游戏：光脚的约翰 ············· 232
3. 输赢竞争—快反游戏：新编卷炮仗 ······················· 234
4. 抢椅子—快反游戏：毛毛虫变蝴蝶 ······················· 237
5. 科学猜谜—情境表演游戏：圈圈魔法师 ················· 240
6. 寻物—情境表演游戏：桃花朵朵开 ······················· 241
7. 情境表演—控制游戏：有趣的洗衣机 ···················· 244

大班
1. 情境表演—控制游戏：小鞋子的舞 ······················· 246
2. 纸杯舞会 ·· 249
3. 输赢竞争—抢椅子—追逐游戏：大家一起喜洋洋 ···· 252
4. 开火车 ··· 254
5. 快反游戏：魔法师的学徒 ··································· 256
6. 潜伏—快反游戏：狡猾的狐狸在哪里 ···················· 258
7. 情境表演—玩队形游戏：解救公主 ······················· 261

8. 情境表演游戏：匹诺曹愿做真孩子 …………………………… 264
9. 圆队形游戏：钻山洞 …………………………………………… 270
10. 快反—组合游戏：快乐的圈圈 ………………………………… 273
11. 身体接触—控制游戏：小猴坐沙发 …………………………… 275
12. 猜谜—快反—玩队形—追逃游戏：狡猾的狐狸在哪里 ……… 277
13. 情境表演—输赢竞争—追逃游戏：逗牛 ……………………… 281
14. 情境表演—输赢竞争游戏：小老鼠找朋友 …………………… 284
15. 领袖模仿—情境表演—"变异"邀请舞游戏：机器人之地球探秘 … 286
16. 情境表演—合作造型游戏：机器人系列之星球漫步 ………… 288
17. 领袖模仿—情境表演—控制游戏：猫和老鼠 ………………… 289
18. 传递—控制游戏：帽子恰恰恰 ………………………………… 292
19. 领袖模仿游戏：甩葱舞 ………………………………………… 293
20. 猜谜—快反—情境表演游戏：孙悟空打妖怪 ………………… 296
21. 团队对抗—输赢竞争—"变异"猜拳游戏：熊出没 …………… 299
22. 领袖模仿游戏—照镜子：企鹅历险记 ………………………… 300
23. 身体接触—控制游戏：破冰进行曲 …………………………… 303
24. 情境表演游戏：大战蛀牙虫 …………………………………… 305
25. 输赢竞争—比大游戏：兔子开火车 …………………………… 308
26. 猜谜—快反游戏：狡猾的狐狸在哪里 ………………………… 310

（六）活动案例详析 ……………………………………………… 313

小班

1. 美味果汁店 ……………………………………………………… 313
2. 谁混到羊群里了 ………………………………………………… 319

中班

1. 小黑鱼 …………………………………………………………… 323
2. 小象玩水 ………………………………………………………… 328
3. 快乐的小丑娃 …………………………………………………… 334

大班

1. 赛　马 …………………………………………………………… 339

2. 大魔法师 ·· 346

四、幼儿园韵律活动教育教学实践体会 ·· 350
（一）幼儿园创造性韵律活动指导技术的研究 ·· 350
（二）通过韵律活动培养幼儿共享空间的能力 ·· 354
（三）空间接近方式与儿童成长需要的满足 ·· 357
（四）幼儿园创造性律动的教育价值及其教学方法 ·· 360
（五）浅谈在集体舞教学活动中幼儿的学习动机激发问题 ·· 364
（六）自律、自我监控与教学秩序美感体验 ·· 368

一、幼儿园韵律活动的教育价值

人类的舞蹈史可以说源远流长。远古时候,人们为了驱赶寒冷、阴湿、恐惧和疾病而跳舞,为了送别死去的亲人和迎接新加入的社会成员而跳舞,为了狩猎和战争的演练而跳舞,为了收获和胜利而跳舞。他们健康也跳舞,生病也跳舞;快乐也跳舞,悲伤也跳舞……在集体跳舞的过程中,人们进行着身体和心灵的交流,进行着对灾难的分担和对幸福的分享……总之,古时候的人们一起舞蹈,主要目的是直接获取身体和心灵的安宁,而把跳舞作为一种职业、学问或个人身份地位的象征,则是在很久很久以后才慢慢产生的。

1997年夏天,美国早期儿童音乐舞蹈教育发展研究中心主任、康涅狄克州哈特福德大学音乐教育学院的博士生导师约翰·马汀·费尔阿班德教授应邀来我国讲学时,曾反复强调:我们跳舞,首先是为我们自己而跳的。我们教儿童跳舞,更是首先要让儿童感到,他们是在为他们自己而跳!

1999年夏天,我与来自非洲的留学生们讨论有关早期儿童音乐舞蹈教育的问题,他们更是异口同声地强调说:唱歌和跳舞本身就是我们生活的一部分。如果你在孤独时需要体验亲情,如果你在磨难中需要汲取力量,那就赶快投入到正在唱歌跳舞的人群中去吧!

多年以来,教育对于促进儿童发展一直有着十分具体而明确的目标。儿童的音乐舞蹈教育也毫不例外。虽然,目前已经有越来越多的人认识到集体跳舞活动的教育价值,如获得愿交往、善合作、守规则、能创造等舞蹈知识技能以外的品质,但是绝大多数人还是会觉得这种幼儿园蹦蹦跳跳的活动与人生观、世界观以及头脑思考等智慧活动没有什么直接联系。有人说舞蹈可以净化心灵,让人不断接近回归自然、回归人性的境界,然而大多数人也只是听听罢了。事实上也的确如此:

并不是所有的舞蹈活动都能够增强人的智慧,也并不是所有人在参与舞蹈活动的过程中都能够获得智慧增强的体验。只有教师自身不断接近那个境界,她的儿童才有可能不断接近那个境界。并不是所有的舞蹈活动都能净化人的心灵,也并不是所有的人在参与舞蹈活动的过程中都能获得心灵净化的体验。只有教师自身不断接近那个境界,她的儿童才有可能不断接近那个境界。

二、幼儿园韵律活动的教育教学要点

（一）幼儿园韵律活动的材料选编

一般人都会认为，幼儿园韵律活动的形式、内容越贴近幼儿生活就越容易激发幼儿的学习热情，也越容易为幼儿所掌握。但是，与此有关的科学研究告诉我们，所谓"贴近（适应）幼儿"和"离开（挑战）幼儿"的处理技术实际上并没有优劣之分，其中的关键仅仅在于"度量"上的适当和"比例"上的适当而已。在审美心理学领域，许多人曾经做过熟悉程度和喜爱程度的关系研究。最终，研究者们得到了一条形状好像倒过来的英文字母"U"的曲线。这条曲线表明：在较低的熟悉程度的水平上，随着熟悉程度的不断上升，喜爱的程度也不断上升。但是，当熟悉程度达到一定高度以后，情况就发生了变化，即随着熟悉程度的继续上升，喜爱的程度反而转为下降趋势，进而便是熟悉程度越向高走，喜爱程度越向低走。事情的关键正是在这里。

我们都知道，事物的性质是其两面性的对立统一。"贴近（适应）儿童"和"离开（挑战）儿童"，作为同一类处理技术在宏观上是统一的。我们还知道，感觉的好坏都离不开一个"度"字，凡事一过了"度"感觉就不会好。下面，我们就从"幼儿园韵律活动的材料选编"中的音乐、动作和内容三个方面入手，来谈谈有关把握"贴近（适应）"和"离开（挑战）"幼儿生活经验的"适度性"的问题。

1. 音乐

一般人往往以为，中国风格的音乐和儿童音乐应该更贴近幼儿，因而也更容易受到幼儿的喜爱。实际上,这种认识是不太科学的。新生婴儿对音乐的选择标准,主要是依据生理上的舒适感。随着幼儿的成长,后天环境中的主要音乐风格逐步被幼儿所熟悉,同时被幼儿喜爱的程度逐步提高。儿童音乐之所以越来越受到幼儿的喜爱,除了因为其风格样式逐步被幼儿所熟悉以外,还因为其心理和社会文化内涵逐步获得了幼儿的理解。这种被理解以后产生的喜爱是超越了生理舒适、熟悉感和满足感的更加高级的一种情感。随着幼儿的继续成长,一些幼儿过于熟悉的音乐风格和样式,又开始逐渐失去对年龄较大幼儿的吸引力。相反,我们往往认为离幼儿较远的异国风格的音乐和成人音乐,却在这时由于其所带有的适度的陌生性、新异性和挑战性,开始成为大龄幼儿自觉追求的对象。根据这一规律,我们在为韵律活动选择音乐时,可以考虑在托班阶段,以选择旋律舒缓及重复性较强(整个幼儿阶段都应相对比较重视音乐的重复性)的音乐为主,风格上可以比较随意,最好多选经典的音乐作品;在小班阶段,可注意逐步加大儿童音乐和一般性中国风格音乐的比例,让幼儿有充分的机会熟悉这些类型的音乐,产生喜爱的感觉;在中班阶段,特别是在中班的后期,可有意逐步加入具有明显民族个性的不同中国风格的音乐;在大班阶段,具有明显地域、民族个性的异国风格的音乐以及情绪健康向上、刺激适度的少量成人音乐都可以成为韵律活动的音乐选材对象。

  幼儿园韵律活动中的音乐可以分为三种类型。第一种音乐类型是中外民间舞蹈音乐。此类音乐一般都十分朴素和单纯,且优美和具有良好的舞蹈性。如我国安徽的花鼓灯音乐、东北的二人转音乐,以及各地少数民族的舞蹈音乐等;再如俄罗斯作曲家李亚多夫斯基根据本国民间舞曲创作的轻音乐小品《我和小蚊子跳舞》等。第二种音乐类型是中外作曲家以各国民间音乐为基础创作的舞蹈音乐和轻音乐作品的片段。这类音乐一般都具有民间舞蹈音乐的基本特点,且结构清晰,便于根据教学的需要节选和重组,其中有些甚至可以直接拿来使用。如中国成人舞蹈音乐《红绸舞》的片段,中国轻音乐曲《赶花会》;外国轻音乐曲《单簧管波尔卡》《特快列车波尔卡》《口哨与小狗》,外国芭蕾舞曲片段《拨弦》《西班牙斗牛舞》等。这些乐曲已经在许多幼儿园被成功运用。第三种音乐类型是少儿或成人歌曲。这类歌曲往往特指通过大众传媒,已经形成了弥漫性影响的健康向上且又具有潜在教育价值的作品。

2. 动作

幼儿园韵律活动中的动作可以分为三大类:"一般生活动作""律动模仿动作"和"舞蹈动作"。"一般生活动作"包括走、跑、跳跃、点头、弯腰、屈膝、屈伸、摇摆手臂和手掌等日常生活中经常使用的动作;"律动模仿动作"主要是指幼儿自己用动作对外界事物进行的模仿、象征性表现;"舞蹈动作"又可再分为中国的和外国的、儿童的和成人的。在儿童早期,最先开始发展的动作是"一般生活动作",然后就是"律动模仿动作"。这两种动作,即便没有成人进行专门性教育,幼儿也有可能通过自己的探索活动来获得。"舞蹈动作"则是几千年来人类舞蹈文化演进的结果,如果不通过成人教育的传递,幼儿是不可能通过创造性的探索活动来自行获得这些"文化积淀物"的。所以,"舞蹈动作"是最晚被幼儿关注和学习的动作,也是离幼儿生活最远的动作。按照这一顺序,在托班和小班早期阶段,选材时对动作的考虑应以"一般生活动作"为主,同时注意逐步增加"律动模仿动作"。另外,最简单的"舞蹈动作"在小班中后期应一点一点地加入。在中班阶段,一方面应注意提高"一般生活动作"本身的难度,提高"一般生活动作"与音乐配合的难度,另一方面也应进一步提高"律动模仿动作"的比例。同时,另一些难度稍高的基本"舞蹈动作"在总体学习内容中的比例也应逐步提高。到了大班阶段,"律动模仿动作"和"舞蹈动作"已逐步成为幼儿园韵律活动的主要学习内容,"一般生活动作"则会逐步退居次要位置。另外,在幼儿早期,"舞蹈动作"可能应该是更加儿童化的和更加"中性"的(即民族文化风格比较不太明确的);在幼儿中后期,可以考虑谨慎地、逐步地加入民族文化风格特性更明显的中外舞蹈动作。

3. 内容

根据人类舞蹈文化的发展历史,我们可以把舞蹈内容划分成"具有象征意义的"和"不具有象征意义的"两种。

在人类舞蹈文化发展的初期,舞蹈动作内容是没有象征性意义的。"具有象征性意义"的动作是在人类的思维、想象能力发达起来之后才逐步被创造出来的。"不具有象征意义"的动作可再细分为"运动性动作"和"秩序性动作"。"运动性动作"发展在前,"秩序性动作"是随着人类的秩序感的发展而逐步被创造出来的。"具有象征意义"的动作可再细分为"表达性动作"和"表现性动作"。"表达性动作"发展在前,"表现性动作"是随着人类认识能力和表现自身认识结果能力的逐步发展而逐步被创造出来的。

"运动性动作"的早期功用主要是满足人们对运动活动本身的需要。后来,人们又逐渐意识到运动对身体健康、身体发展、身体潜在能力的发掘等的作用。但是,无论怎样,"运动性动作"从总体上说,都是比较注重运动过程本身的、比较自由的动作。在新生儿时期,一种以满足生理需要为主的"运动性动作"的自我操练就开始了。在学步儿期间,有条件的家庭会有意识地逐步引导幼儿进入与音乐的节奏、性质相配合的身体运动;含有简单结构秩序的身体运动,大部分幼儿是在进入幼儿园后才开始接触到的。"表达性动作"和"表现性动作"的主要功能是满足人们交流思想和思维现象的需要。对表达内部情绪、情感的简单"表达性动作"和表现对外部事物看法的简单"表现性动作"的操练,应该从小班初期阶段就开始。在中、大班阶段,"运动性动作"向着身体各部位协调的复杂化的方向发展,以满足幼儿秩序感发展需要的"秩序性动作"向着动作编排秩序结构的复杂化的方向发展,"表达性动作"向着细腻化的方向发展,而"表现性动作"则向着丰富化的方向发展。当然,在良好的教育设计中,所有的发展都应该与音乐结合得越来越紧密,而且幼儿也应该适当获得一定的舞蹈文化的语汇和精神。只是在选材时,教师应注意处理好传授性内容与创造性内容的比例,不要让文化传统把幼儿的创新力消磨掉。

另外,世界上许多国家、民族和地区的民间舞蹈中都含有类似的自由展示个人运动技巧的舞蹈片段或称"炫技性舞蹈"片段。这种舞蹈的主要价值在于鼓励人们挖掘自身的体能潜力。如幼儿舞蹈表演《少林小子》,在集体的方阵舞蹈和环状舞蹈之后,几个孩子轮流进入集体围坐的圆圈,自由表演"武功"的设计就属于这种舞蹈的类型。再如,创造性律动"白雪公主和七个小矮人",白雪公主和七个小矮人随音乐轮流进入圆圈中心,独立表演"自由变化走"后,再带领其他人进行模仿的游戏,也属此类。

在含象征性意义的舞蹈内容选编当中,教师也应该注意追求熟悉度与新颖性的和谐。如"小牙的舞蹈"表现了幼儿换牙的经验,"小老鼠和泡泡糖"夸张地表现了玩泡泡糖的经验,"小老鼠和啤酒瓶"表现了柔软和坚硬、主动和被动的经验,"照相"表现了时间与空间的运动与静止。这些韵律活动在处理情感与事物的熟悉度和新颖性等方面已经做了大胆的尝试。其中成功的原因,是值得我们好好总结的。

(二)幼儿园韵律活动的教学程序设计

幼儿园教学活动程序合理与否,不仅是教育目标能否有效达成的重要因素,而且是幼儿能否在学习中较长时间地保持身心舒适愉快的重要因素。其实,在这个问题上,最根本的处理原则就是"动静交替"。当然,真实的韵律活动教学情境中的动静交替还不仅仅只是运动和静止的交替,其中还应该包括大小运动量的交替、熟悉与变化的交替、思考与表现的交替、不同活动媒介的交替等。只要教师努力在程序设计中注意安排节奏松紧的合理变化,幼儿舒适愉快的学习就能够得到有效的保障。下面就以"导入"程序为例,提供一些仅供参考的设计思路。

"导入"程序设计的三种处理思路分别是从"队形"开始、从"动作"开始和从"音乐"开始。

1. 从"队形"开始的处理

幼儿园的舞蹈队形学习是发展幼儿空间概念和人际交往能力的重要渠道。有些从基础队形学习开始进入的集体舞蹈教学设计,能够迅速地帮助幼儿了解舞蹈的整体"骨骼"和"轮廓",形成舞蹈形象的整体感和与众多同伴共舞的集体感。通常,选择这类导入方法的舞蹈作品所含的基本动作都应比较单一,难度也不应太高,以便使幼儿能够集中精力于空间变化和人际交往之中。

范例之一:《家庭之舞》(以色列,大班)。

队形:第一段音乐(4个乐句),单圆圈"面向圈上"(各人面对其前方舞伴后脑勺),按顺时针方向向前走动。第二段音乐(4个乐句),"面向圆心",一个乐句向内前进,一个乐句向外退出。重复:一个乐句向内前进,一个乐句向外退出。

程序:完整地走一遍队形变化路线;教师哼唱音乐伴奏,走队形变化路线;完整地走队形,第一段音乐加上肢姿态,第二段音乐仍同前,教师哼唱伴奏曲;专门练习第二段的上肢动作,后加入教师哼唱伴奏曲;专门练习第二段的上下肢协调动作,后加入教师哼唱伴奏曲;完整地跳舞蹈,教师哼唱伴奏曲。再之后,还可继续加入其他躯干或肢体的复杂变化……改用钢琴、风琴伴奏或录音音乐伴奏。

2. 从"动作"开始的处理

动作是韵律活动作品的"血肉"或"色彩"。动作学习不仅能够帮助幼儿积累越来越丰富的动作表达语汇,而且有助于幼儿发展"观察""模仿""迁移""探索""创编"等各种基本学习能力。

(1)从"动作观察"开始。

从观察开始的处理,不是仅限于观察教师的示范,而是从更开阔的思路出发。可以从观察"实物"、观察"直观教具"、观看"影像制品"、观看"舞蹈作品"等各种观察活动开始,还可以从观察幼儿同伴动作,回忆原有的有关经验或现实中欣赏美术、文学作品后的动作表述交流活动开始。

(2)从"动作模仿"开始。

传统的动作模仿学习中,幼儿模仿的对象主要是教师。但是,现在人们已经能够接受:幼儿除了可以模仿教师,还可以模仿由同伴、社会生活中的其他人们进行的活动,以及周围社会以及自然环境中的各种事物等提供的造型形象和运动方式。

范例之二:《跮步邀请舞》(维吾尔族,中班)。

队形:单圆圈"面向圈内",只有一段音乐。一人在圈内用跮步移动,找到被邀请者,与其双手相握,对转一圈,相互行礼交换位置。被邀请者成为新的邀请者,重新开始邀请别人。

程序:全体取坐姿,教师脱掉一只鞋,没穿鞋的脚跮动,让幼儿看清"只有一只脚在动",幼儿模仿尝试;教师带领幼儿模仿学习,教师哼唱伴奏曲;全体取立姿,加叉腰练习,教师哼唱伴奏曲,结束时,用维吾尔族动作行礼;加拍手,教师哼唱伴奏曲,结束时,用维吾尔族动作行礼;教师离位邀请幼儿,用"拖"的方法引导与自己共舞的幼儿用跮步的方式移动,教师始终充当邀请者,结束时可考虑适当更换动头、眨眼、耸肩等能激发情绪的动作。幼儿学习当邀请者,并学习更换角色。动作熟练后可改用伴奏音乐,加入较复杂的上肢动作……

(3)从"动作迁移"开始。

传统的舞蹈教学总是让幼儿以为是在学习一个个全新的动作。在为"学会学习"而学和为"迁移而教"等现代教学口号的启发下,以"动作迁移"开始的教学设计日益成为教师教学设计的重要备选思路。

范例之三:《多快乐多幸福》(藏族圆圈舞,大班)。

队形:一个大圆与多个小圆队形相互转换。

程序:多个小圆队形,复习"五人新疆舞";一个大圆,教师边唱伴舞歌曲,边示范藏族舞的"退踏步";与幼儿讨论藏族舞的"退踏步"与新疆舞的"进退步"之间的异同;幼儿跟随教师的示范参与歌舞(只做"退踏步");在教师引导下根据歌曲创编其他必要的动作;在大圆圈和小圆圈交替变换中唱歌和跳舞。

(4)从"动作探索"开始。

"探索"即指寻找和尝试各种未知的可能性。"动作探索"即指尝试各种未知动作的可能性。这种活动通常都从"提问式的教学引导"开始。教师提问后的任务是:鼓励幼儿尝试,反馈幼儿的尝试,组织幼儿交流和帮助幼儿分析整理探索的规律。

(5)从"动作创编"开始。

"动作创编"与"动作探索"略有不同。探索活动会给幼儿更多的自由探索的时间和空间;而创编活动则强调幼儿也在其中学习创编的知识技能,探讨创作所追求的审美标准,掌握更多动作表达的"字、词、句、段落、篇章"语汇。所以,这种活动很可能是从动作探索开始,但以后教师会有更多的参与和引导。

3. 从"音乐"开始的处理

从"音乐"开始的处理可以参照其他音乐表演和音乐欣赏活动的设计方式。可以从音乐的某一要素(如"声势节奏""语音节奏")开始,也可以从音乐的某一局部(如"动机""乐句")开始,还可以从有音乐伴随的画面("舞蹈表演""配乐美术作品""动画片欣赏")开始等。

我们虽然没有专门谈论总体程序的设计处理问题,但"动静""张弛"的规律是一样的。而且其中的可能性更是丰富多彩到无法穷尽。在结束程序的设计处理上,总的原则应在"享受"的境界中帮助幼儿消除身心疲劳,所以更要注意设计能够产生"恢复"作用的"调节性结束活动"。可以让幼儿欣赏自己的创作表演,也可以让幼儿欣赏教师或其他人(包括音像制品中的人)的表演。在这个环节中,一般不宜在幼儿最后的表演前再提技术性的要求,情绪性的要求也应用"暗示"来使幼儿自愿为之。幼儿表演之后也不宜再进行技术或价值的评判性谈话。师幼共同的自我享受性体验才是最好的结束性体验。

(三)幼儿园韵律活动中的空间处理

空间问题是幼儿园韵律活动教学中的一个十分重要的问题。下面,我们将从教与学两个方面来谈论空间处理的理论和实践问题。

1. 从教师教的方面看空间处理

(1)教师站位。

在韵律活动中,教师站位的主要功能是示范。在圆圈状态下,教师与幼儿同按站在圆圈上,不仅有利于形成师幼平等的氛围,而且有利于幼儿能够无障碍地看清教师全部的姿态和运动方式。在双圆圈的空间状态下,教师一般应该站在内圈上。幼儿在所围成的圆圈上按顺时针或逆时针运动时,教师一般应该站在圆圈内,并以正面迎着幼儿的正面,与幼儿做反方向运动,以便能够为幼儿提供正面示范的榜样和与幼儿进行目光交流。如果要学习的动作比较复杂,要学习的队形又并非是圆圈形态的,也可先从站圆圈开始,甚至为了集中注意力或减缓疲劳进程,还可先从坐在圆圈上开始,再逐步过渡到站圆、走圆以及其他非圆圈状态的队形。

在方阵或行列的状态下,教师可与幼儿相向而立,这一般是为了做"镜面示范"。教师也可以与幼儿同向而立,这是为了做正常示范。教师还可以与幼儿面对相同方向,但站在排头或排尾。这种站位方式的重要功能之一就是提示左右。这时教师的指示语可以是"老师这边的手(或脚)""向老师这边跨一步(或移动)"等。

(2)教师移动。

在韵律活动中教师移动的主要功能是调节。在"自由空间"即"散点"状态下,教师移动的调节功能主要体现在:教师"撤出"活动区域(通常更强调面对全体幼儿)——观察幼儿的创造性表现,了解幼儿的特殊需要,或避免幼儿过度依赖教师和模仿教师。教师"插入"活动区域(通常更强调面对个别幼儿)——向需要模仿的幼儿提供榜样,向需要思路的幼儿提供思路,向需要伙伴的幼儿提供伙伴,向胆怯或不够兴奋的幼儿提供鼓励,向过度兴奋的幼儿提供自我镇静的暗示,向发生矛盾或因其他缘故游离于活动之外的幼儿提供返回活动、享受活动的引导等。

2. 从幼儿学的方面看空间处理

(1)幼儿站位。

在韵律活动中幼儿的站位有多种不同的功能,其中比较重要的功能有:更好地观察示范、更好地发展空间知觉能力和解决空间辨认困难、更好地发展空间秩序感和在空间中运动的自我控制意识及能力等。

在圆圈状态下,最基本的空间站位方式有两种:一是"面向圆心",即正面朝向圈内,所有幼儿与教师呈面对面的空间状态;二是"面向圆上",即所有人按顺时针或者逆时针方向正面朝向前面另一人的后脑。在"面向圆心"状态下,宜做向上、下、前、后方向的上肢体运动或做前进、后退的舞步。因为做这些方向的动作有更大的空间,且不易发生空间混淆和互相干扰。在"面向圆上"状态下,宜做向圆里、圈外方向的上肢运动,即以个人为中心向左右方向的动作。同样也是因为做这些方向的动作有更大的空间,且不易发生空间混淆和互相干扰。在用语言对幼儿讲解时,如面向顺时针方向,一开始教师最好说"圈里的手(或脚)",而不说"右手(或右脚)";最好说"圈外的手(或脚)",而不说"左手(或左脚)"。待幼儿经验稍丰富时,偶尔也可以这样补充说"圈里的手,也就是……(待幼儿先反应)右手,对了"。

在"面向圆上"以及在方阵或行列的状态下,教师的示范不可能被所有幼儿同时无障碍地清楚观察到,教师应该教会幼儿通过"空间折射"的方法来进行间接性的观察,即观察能够看见教师示范的幼儿的动作,有时甚至也可以通过"多级折射"的方式来获取需要观察的信息。虽然有时难免会遇到"信息损失变形"的问题,但教师可通过改变站位的空间或个别辅导来解决。而且,教师故意这样要求幼儿的目的其实是要增强幼儿对不利学习条件的主动适应意识及能力。

在"自由空间"状态下,幼儿应该学会建设两种有益空间,即"个人独立空间"和"合作交往空间"。良好"个人独立空间"的标准含义是:做动作时不会使他人影响自己,也不会使自己影响他人。良好"合作交往空间"的标准含义是:与合作交往的伙伴之间建立最为和谐的空间运动关系,既使自己能舒适地应和伙伴,又使伙伴能舒适地应和自己。

年龄较小的幼儿最初倾向于挤在一起,或挤在教师周围。一开始教师应对此予以理解和接纳,特别是当他们能够基本保持不互相干扰甚至能够因挤靠在一起而感到安全和愉快时。但随着年龄的增长,教师还是应该逐步鼓励幼儿去尝试一下独立的滋味,并逐步学习在更高的水平上尝试进行富于创造性的空间建设。

(2)幼儿移动。

在韵律活动中幼儿的移动也有多种功能,除了与"站位"相同的那些功能外,最重要的功能还有:发展交往意识及能力、发展与他人共享有限空间的意识及能力、发展与时空运动有关的运算能力,以及发展身体在运动过程中的快速调控反应能力等。

一般来讲,教师应该知道如何根据空间状态的稳定性水平来主动调控幼儿韵律活动学习的稳定性水平。韵律活动是运动性的活动,本身的稳定性相对较低,所以,教师更应注意以下一般规律:坐着做上肢动作最稳定,坐着做下肢运动次之;坐着比站着稳,站着比移动稳定;在规定空间状态下移动,比在自由空间状态下移动稳定;个人在独立空间状态下移动,比在合作交往空间状态下移动稳定。

在"自由空间"状态下,"避让"是应该专门学习的。一是态度学习,因为幼儿经常会为了满足交往的需要而"故意碰撞"他人。因此,幼儿应该学会判断:在何种具体条件下,"交往的愿望"能够得到满足;哪些"交往"行为则会"遭到挫败"。二是技能学习,教师应该鼓励幼儿提高"避让"技能的水平,并不断创造出更为复杂的空间条件,向幼儿的"避让智慧"提出"挑战"。

在"规定空间"状态下,"避让"也需要专门学习。同样,无论是从态度方面还是从技能方面,教师都应该帮助幼儿逐步弄明白:共享有限的狭小空间,会带来某种程度上的更大快乐;而"空间争霸",只会让大家都感受到"伤害"。

集体舞蹈的空间设计,应该最大限度地为幼儿创造与不同伙伴交往的机会,这是提高幼儿社交水平的有效途径。世界各种文化背景中的集体舞蹈已在结交和交换舞伴方面积累了丰厚的遗产。因此,教师们还可以从传统舞蹈活动或电视中去搜寻有关思路。结交、交换舞伴的空间变化,还有助于发展幼儿的时空运算能力,教师也应该注意在组织幼儿进行集体舞蹈学习或创编的过程中自然地渗透时空运算的教育,如用问题引导幼儿思考和尝试,指导幼儿迁移已有经验,甚至还可以教幼儿看图或作图。同时,还要坚决杜绝在空间转变时将幼儿像"棋子"似地推来拉去。

(四)幼儿园韵律活动中的标记运用

在幼儿园的韵律活动教学中,标记的价值主要在于帮助幼儿解决空间辨认困难、角色记忆困难。同时,标记运用还具有发展幼儿审美想象能力和运用符号解决问题能力的功能。

1. 关于空间问题

在"自由空间"状态下,幼儿在运动时面对的空间状态是非常复杂且不易把握的,同时,提供"自由空间"状态活动方式本身就是为了更有效地发展幼儿的自由感和创造性,所以一般不对幼儿的运动方式作严格空间把握要求。在"规定空间"状态下,幼儿可能根据某种或某些相对稳定的空间参照物来降低空间辨认的难度,所以提供"规定空间"状态活动方式本身就已经含有更有效地发展幼儿的空间辨认和空间运算能力的教育目标。

但是,"规定空间"在活动中是不断变化的,而且不要说是幼儿,即便是教师,在快速运动的过程中迅速做出"左右"的反应也不是一件容易的事情,更何况在这种活动中,还有其他许多教育价值需要追求,不值得花费太多时间来专门训练左右反应的"动力定型"。因此,利用某种可随幼儿一起运动的身体标记,来帮助幼儿进行"以自身为定位参照标准"的左右方位提示,就显得很有价值了。

例如,在舞蹈《顽皮的小绅士》中,身体的右侧是舞蹈中相对更为重要的一侧:与舞伴连接需从右手开始,辨认与结交新舞伴需从右手开始,核心舞步需从右脚开始。因此,在学习的整个过程中,幼儿都需要随时能够对身体的右侧做出快速反应。这也就提出了如何为幼儿提供身体右侧自我提示的问题。

再如,在舞蹈《花之舞》中,有一种比较复杂的队形变化。幼儿间隔地面向顺时针和逆时针方向,各人在移动时,必须间隔地从迎面而来的舞伴右侧和左侧绕行,在平面空间中形成两条相互缠绕的"麻花"状纹样。因为这种缠绕是全体人员同时从右侧开始,如果有一个在开始时发生错误,整个队形的变化也就无法开始。同样由于这种缠绕必须是全体人员同时进行的,如果有一个人在中途发生错误,整个队形的变化也无法继续,由此提出了为幼儿提供身体左右侧自我提示的问题。

2. 关于角色问题

使用头饰来帮助幼儿明确表演中的角色分工,已经不是一种陌生的技术了。但是,头饰是戴在头上的,设想:在新内容的学习活动中或角色不断交换的情境中,如果出现同时有两个以上不同角色的情况,由于幼儿看不见自己的头饰形象,也记不住自己的角色,往往就会发生混乱。如在一个学习三种不同颜色的鱼相互配合的舞蹈当中,许多幼儿都在忙于指出他人所犯的角色错误,而恰恰不知自己也正在犯着同样的错误。

服装在过去也常常被用来帮助幼儿明确表演中的分工。但是,使用服装的成本很高:学习活动中穿、脱服装,需要占用过多更有价值的学习所必需的时间和精力;经常这样做还可能导致出现追求豪华奢侈和缺乏想象力的倾向。比如,在一次仅有 19 位幼儿参与的自由舞蹈创编学习活动中,活动总共 21 分钟,在 6 位教师参与帮忙的情况下,9 位女童穿礼服就占用了 6 分钟。而幼儿真正的舞蹈表演时间,不到 3 分钟!

3. 关于审美想象问题

审美想象是需要"想象空间"的。试想,如果教师都替幼儿想象了,幼儿还有什么可想的? 让我们回到前面已经提到的例子。

在舞蹈《顽皮的小绅士》中,教师只向每个幼儿提供了指定戴在右手上的一只白手套;在舞蹈《花之舞》中,教师只向每个幼儿提供了指定戴在右手上的一只女孩扎头发的花色松紧圈。在学习过程中,教师在提示认知问题时就可以说:"戴手套的手(或没有戴手套的手)""戴了手套这一边的脚""戴松紧圈的手(或没有戴松紧圈的手)"……在激发想象和情感时,教师还可以说:"顽皮的小绅士是怎样用白手套去逗那只小狗的?""想想你们这些美丽的花对着太阳时心情是怎样的?"

在关于三种不同颜色的鱼的舞蹈如何运用更合适的标记的讨论中,教师们也提出了鱼形胸饰、臂饰以及肩饰,但最终还是因太具体、缺乏想象空间和不利于自我提示而放弃了。后来,终于有人想到可以用彩色皱纹纸制成象征鱼鳍的腕饰。它既方便幼儿自我提示,又有利于刺激幼儿的情感体验和想象力,的确是个好主意!同样,如果是四种不同颜色的鸟的舞蹈,是不是可以考虑使用象征鸟羽的指饰(类似戒指的指环上固定彩色禽羽或类似物,将指环套在中指指根处,使羽状物向上)或掌饰呢?

再则,如果我们在设计舞蹈时使用了可以发出响声的物品,那为什么不能借助这些物品来帮助幼儿辨别左右呢?

有的教师可能会有一个疑问:如果幼儿对提示物形成了依赖性,不就影响幼儿辨别左右能力的发展了吗?其实,问题并非那么简单。一是"养成"需要循序渐进,顺带着不断进行;二是成人明明能够辨别左右,但在真实的工作、学习、生活中,辨别并不是最终目的,轻松、愉快地解决问题才是更重要的。

4. 关于符号运用问题

这样,也就自然地提出了下一个问题:幼儿如何在这种运用标记的学习中不断增强利用标记解决问题的意识和能力?

在舞蹈《顽皮的小绅士》教学活动结束时,设计并指导这个活动的教师向幼儿提了一个问题:"这只白手套在今天的学习中帮了我们什么忙?"马上就有幼儿举手回答说:"它帮助我们知道哪一只手是右手!"这一个环节在学习心理学理论中可以称为"组织者",由于它被安排在学习结束时,所以又可称"后继组织者"。它的作用是通过学习者对学习策略应用效果的自我反省过程,使得有效的学习策略能够得到进一步强化巩固,加大该策略日后被学习者自觉应用的可能性。

当然,教师应该帮助幼儿发展的是具有普遍意义的"标记应用"策略,而不是"手套标记应用"策略。因此,在各种不同的学习中,教师不但需要向幼儿提供各种不同的选用标记的思路,而且在幼儿经验稍丰富的时候,教师更应该随时注意创造机会,引导幼儿为有关的学习选择或设计制作空间提示标记。

(五)幼儿园韵律活动中的"先行组织者"

在前面一个问题中,我们已经简单地提到了"学习心理学"知识体系中"组织者"的问题。"先行组织者"原本的含义是：为新的学习提供一个有利于提高学习效率的思维切入点或思维框架。按照美国学习心理学家奥苏贝尔的看法，"先行组织者"是在新内容的学习开始之前向学习者提供的一种"引导性材料"，所以这种组织者又被冠以了"先行"二字。在奥氏的体系中，先行组织者又被划分为"陈述性组织者"和"比较性组织者"两种。按照奥氏原先的看法，组织者应该是比新内容更高级的观念，可以是一条定律、一个概念或一段概括性的说明文字。后来，许多人在具体应用中发展了奥氏的这一思想，其中著名学习心理学家梅耶就提出可以用具体形象化的模型来作为学习者的组织者。尽管设计的组织者在形式上可以各不相同，但运用组织者的基本目的都是从外部影响学习的认知结构，使其更易于进行新内容的有效学习。

1. "陈述性组织者"的理论及应用

自 20 世纪 80 年代末期以来，我们在音乐欣赏教学、打击乐器演奏教学中已经广泛地应用了梅耶所提倡的那种具体形象化的模型。其成功应用的主要原因之一就是：这些具体形象化的模型（在我们自己创造的体系中主要是文学作品式的和美术作品式的模型）能够有效地帮助幼儿迅速掌握新学习的音乐舞蹈作品的整体形象，降低了活动中的不确定性所造成的焦虑和紧张感，给音乐舞蹈的审美学习带来了更大的快乐。这种具体形象化的先行组织者更多的是奥氏所提供的那种"陈述性的先行组织者"。但我们过去一直把这种组织者称为"总谱"或"音乐舞蹈的地图"。

在更为传统的舞蹈教学中，对于象征性、情节性的舞蹈，教师在教学之前都会向学习者提供一个有关内容发展线索的"故事"。20 世纪 80 年代已有国内学者，如汪爱丽等对此做过专门性的比较研究。相关的实验研究证明，事前提供"故事"的教学与没有提供"故事"的教学相比，前者的学习效果要好得多。20 世纪 90 年代以来，许多幼儿园已经大胆地尝试引导幼儿将音乐、文学或幼儿自身的生活经验先行创造成"舞蹈故事"式的"组织者"。这种对舞蹈学习中"先行组织者"来源的创造性发展，不但大大开阔了我们的眼界，而且为幼儿留出了更为广阔的自主学习、创新学习的空间。

应用"舞谱"进行教学也不是全新的发明。我们的发明只不过是把这种教学策略与心理学理论联系起来并应用到幼儿园的韵律活动教学之中罢了。与音乐欣赏和打击乐器教学中图谱的应用一样,幼儿园教师在设计或引导幼儿设计这些图式化的"先行组织者"过程中,更多地研究了如何使这些图式对幼儿的舞蹈学习产生更加经济有效的帮助。另外,聪明的幼儿园教师们还特别精心地考虑了图式的审美性和童趣性等重要问题。因此,我们在实际的韵律活动教学中所看到的这些"陈述性的先行组织者"已经不再是冷冰冰的场记图,而是有新鲜可爱的形象、引人入胜的故事、富于动感的线条,以及结构鲜明而且美丽的图案。

21世纪初,提供给幼儿使用的"歌谱"也已经被开发出来了,自此,幼儿音乐舞蹈学习中的每个领域都有了我们可以称为"具体形象化模型式的陈述性的先行组织者"。同时,当这些又可以被称为帮助幼儿进入神秘的音乐舞蹈天地"地图"的技术能够被教师和幼儿通用、活用时就能够形成一种更为高级的应用"地图式学习策略"的意识和能力。这也是这种学习策略应用的更高级的价值。

2. "比较性组织者"的理论及应用

在前述的第二个问题"幼儿园韵律活动的教学程序设计"中有一个设计范例:藏族舞蹈《多快乐多幸福》,其中有一个进行"迁移性"动作学习的程序。具体步骤是先让幼儿回忆《五人新疆舞》中已经学习过的新疆舞的舞步"进退步",再组织幼儿观察教师示范的藏族舞的舞步"退踏步"。在幼儿比较出两种舞步中最主要的相同和不同之处后,再让幼儿按照教师演唱乐曲先轻后重的节奏风格和教师的示范进行尝试。幼儿观察比较后得出的结论是:①两种舞步都是一条腿移动,一条腿不移动的。②两种舞步的移动方式,都是一前一后不断反复。③新疆舞的移动模式是先向前,再向后;藏族舞的移动模式是先向后,再向前。④新疆舞,移动时,脚是踮起来的,而且没有声音;藏族舞,移动时,脚是不踮起来的,而且向后移动时会故意重重地踏地。⑤新疆舞,移动时,上身是挺直的,没有上下颠动;藏族舞,移动时,腰是向前弯的,而且故意上下颠动。⑥新疆舞的音乐,比较响的声音在前面;藏族舞的音乐,比较响的声音在后面……由于有了新疆舞的"进退步"作为"比较性的先行组织者",幼儿在学习藏族舞的"退踏步"这一新舞步的过程中,不但学习了如何更细致地辨别类似事物的异同,而且更好地把握了两种舞蹈步伐的不同运动风格。同时,由于这种学习中可能产生更多正向的迁移性学习,幼儿掌握新舞步的困难也明显地降低了。

学习过"迁移理论"的人都知道,先后学习的材料相似的情况下,可能导致两种不同的学习迁移结果:一种是前面的学习干扰后面的学习,使学习者混淆两者,不能明白其中的差异,甚至当前面的学习本身也不太扎实时,后面的学习还会干扰前面的学习结果,使已经初步习得的内容发生变异或退化。理论上把这种情况称为"负迁移",这是教学者和学习者都不希望看到的结果。另一种是前后的学习产生了相互支持的作用,就如同前例中所描述的那样。理论上把这种情况称为"正迁移",这是我们大家都期望的结果。

所以,根据学习心理学给我们提供的这些规律,教师还应该学会挑选幼儿已经学习过的知识经验,并将这些知识经验设计组织成新学习内容中的"比较性先行组织者"。在幼儿园的韵律活动教学中,不仅类似的舞蹈动作可以成为这种"组织者",而且舞蹈队形、舞蹈中结交或交换舞伴的方式、舞蹈的组织结构、舞蹈的音乐以及舞蹈学习中应用过的"标记"和"地图"等,都可以被利用起来,成为新学习的"比较性先行组织者"。

在前一节中我们也提到了"后继组织者"的概念,这个概念是我们在研究中自己发展出来的。它与"先行组织者"概念在理论上的联系还是"为迁移而教",只不过对于一个个具体的学习活动片断来讲,"后继组织者"在一个独立学习时间片断的最后出现,能帮助学习者澄清学习过的内容,为将来成为下一个新的独立学习时间片断中的"先行组织者"做好准备。

如前列举的"手套"之例,在后面的"小鸟舞蹈"学习中,教师就可以这样开始:记得上次跳《顽皮的小绅士》的舞蹈时手套帮了我们什么忙吗?今天我们要来学习"小鸟舞蹈"。如果我们还想提醒自己哪只手是右手,我们还用手套好不好呢?

(六)幼儿园韵律活动中的教师语言

教师在教学中运用的语言不仅包括有声的口头语言,还包括无声的体态语言。有声语言不仅包含运用语词表达的语言,还包含运用音调表达的语言。体态语言也可再分为肢体语言和面部表情语言(包括目光语言)。与其他教学活动相比,幼儿在韵律活动中大部分时间都会处在比较不稳定的状态之中,因此,教师用一般习惯了的慢条斯理的语言来指导这种教学活动,常常会把幼儿弄得注意力涣散、情绪烦躁,最终导致学习任务难以完成。

有关研究指出:语言信息是在时空中线性地传播和线性地输入的。在幼儿年龄较小、情绪又不太稳定的状态下,幼儿保持注意的时间有限,记忆的能力有限,短时信息加工的容量有限,语言含义的理解程度有限,行动反应的速度也有限。教师的语言越长,输出和输入的时间也就越长,幼儿记忆、理解和反应的困难也就越大。另外,幼儿的语言本身尚未分化,具有很强的情境性、情绪性、具体形象性和动作性,教师语言中的纯语言描述的成分越多,就会与幼儿的这种语言发展特征越不相配,给幼儿的动作学习造成的人为障碍也就越大。

那么,在韵律活动这种比较特殊的教学活动中,教师的语言形态究竟应该是怎样的呢?实际上前人的研究已经向我们提供了一些信息。

1. 体态语言的应用

在韵律活动教学中,体态语言的重要性往往会显得格外突出。在韵律活动中,教师的体态语言起码具有三种功能:示范或榜样功能、解释或强调讲解内容的功能、发起及维持或结束幼儿行动的功能。

首先,韵律活动本身就是用体态语言组织起来的艺术作品。因此,教师体态语言的示范榜样作用是毋庸置疑的。其次,韵律活动本身具有很强的具体形象性和动作性。各种韵律动作都具有独特的时空交互作用下的复杂结构,幼儿如果缺乏相应的运动经验,是很难理解他人用语言来描述的运动方式的。因此,无论是在探索性、模仿性的韵律活动中,还是在创造性的韵律活动中,教师在讲解运动要求时都应该同时配合体态语言的"注解"。特别是当预计幼儿可能缺乏具体经验或临时觉察到幼儿可能出现了理解上的困难时,教师更应该特别注意使用体态语言来"说明"那些正在被有声语言描述着的运动过程或身体姿态,当然其中也包括站位方式和移动方式。再次,由于韵律活动本身具有较强的不稳定性,在此过程中,教师如果经常使用有声语言来发起、维持或结束幼儿的行动,往往不但不能引起幼儿的注意和正确反应,相反还可能因制造了更多的嘈杂声而增加了自己和幼儿内心的烦躁和焦虑。甚至时常会出现这种情况,教师自身的身体运动或身体姿态与教师当时对幼儿提出的要求不一致,如教师在还没有让幼儿开始做动作时,自己却先开始动了;或教师已经要求幼儿开始做动作了,自己却没有任何动静;或教师要求幼儿停止运动,自己却还在动个不停;或教师要求幼儿继续做动作,自己却停下不动了等。教师的体态语言与有声语言表达的意思互相干扰的情况,对幼小儿童的负面影响大于对年长儿童的负面影响。一般来讲,年长儿童会倾向于对教师的有声语言指示做出反应,年幼儿童则更倾向于对教师的体态语言暗示做出反应。当然,这其中的反应关系往往也并不那么简单。师生关系、儿童先前的反应习惯、活动要求自身的合理性等问题,都会对幼儿反应性质产生影响。

2. 有声语言的应用

通过对体育专业出身的男教师与幼儿师范专业出身的女教师在幼儿园组织体育活动的差异进行研究,我们发现两者最大的不同之处也包括了语言使用的风格。男性专业教师,信奉精讲多练;信奉分散要求,讲一条练一条;信奉高频率个别反馈,讲解与示范紧密结合;信奉高频率使用体态语言,包括目光交流;信奉高频率使用"幽默语言""辅助语言"(如音调、音量、节奏、强弱,以及停顿、沉默等)和类语言(如呻吟、叹息、叫喊等)。女性幼儿教师则习惯于集中要求、集中反馈;习惯于讲解与示范分离;习惯于使用篇幅较长的描述性语言、劝导性语言以及"严肃、认真"的"公告式"的表扬或批评等。研究者比较一致的看法是,在运动性的学习活动中,女性幼儿教师应该努力学会:①精练讲解的语言,加强讲解与示范、讲解与练习、练习与反馈的紧密结合;②分散讲解的内容,多采用边讲解、边示范、边练习、边反馈的小单位快节奏递进的教学方式;③多使用"幽默语言""辅助语言""类语言"和"轻松愉快"的"谈话式"表扬或批评。总之,幼儿在运动性的学习活动中的"不稳定"需要教师快节奏的教学语言(包括有声语言和体态语言)与之匹配,配得好,结果就会好。请看下例:

以色列《家庭之舞》A段人际连接,大圈内缩成小圈的教学步骤。教师:现在大家把圈里的手(右手)伸出来(同时示范,下同)!(停顿、检查)手心向上!(检查)放在自己的肩膀上!(此处不易理解,特别注意检查、纠正)现在轻轻向圈里跨一大步,(检查)好!再跨一小步,(检查)好!看看圈还圆不圆!自己调整一下!(检查)好!现在把圈外的手(左手)轻轻放在前面小朋友肩膀上的手心里!(快速观察判断)现在还是有人够不着!我们一起再向圈里跨一小步!(检查)好!现在都连起来了,像一家人一样!现在我们可以跟着音乐跳舞了!(在这个片段中,教师使用了上一节中所述的"小单位、快节奏、分散讲解,边讲解、边示范、边练习、边检查、边反馈调整"的教学策略。所用语言都很简短、明确,幼儿很少有理解、记忆、反应的负担。"好"的含义是双重的,既表示肯定,又表示上一步骤已经完成,下一步骤即将开始)

"学站散点"(大班幼儿,缺乏有关经验,而且情绪不太稳定)。教师(音调低,但语气神情认真严肃,体态为收缩性的,暗示幼儿需要高度自控):现在轻轻起立。我数到"三",找一个"空"(音调增高)地方站好"不动"(增高)。(紧接着大声拖长腔)一……(观察幼儿是否在散开,给幼儿时间,满足其移动需要)二,二了啊!(语气外松内紧,提示终止时限将到;观察寻找可能需要帮助停止的个体,用体态、眼神提示时限问题,并向有关重点目标移动)……三!(突然用斩钉截铁的声音发出停止信号,并以最快的速度冲向重点目标,用身体接触的方式帮助其停止不动,坚持控制3秒钟左右,用严肃认真的眼神扫视全场,以示检查大家任务完成的情况)好!(大声,真诚肯定的语气;同时用力击掌,并做出高扬手臂之类的欢呼成功式的体态语言;露出满意的笑容,体态为开放性的,暗示可以稍稍放松;但双脚仍然坚定地岔开站立不动,暗示还需保持一定的自控警惕性)好极了!现在听音乐……(在这里:任务明确,松紧有度,节奏清晰紧凑,有要求、有榜样、有检查、有提醒、有反馈、有激励、有暗示,提前防止错误、避免冲突,保持师幼间的支持性关系)

(七)幼儿园韵律活动中的情绪调整

本书研究的幼儿园韵律活动是指教师有计划地组织的一种集体教学活动。一般情况下幼儿在韵律活动中情绪相对不太稳定。幼儿期总体上也是个人神经系统发展兴奋强于抑制的阶段,集体教学活动又是比较容易产生情绪波动的活动方式。因此,在这种不稳定因素大于稳定因素的特定活动中,将幼儿群体的情绪始终保持在舒适的、适度兴奋状态水平范围之内,对一个幼儿教师来说,不能不算得上是一种挑战。

这里提出的舒适,可以说是针对以下"不舒适"的状态而言的,如涣散、茫然、压抑、烦躁、焦虑,以及兴奋扩散等。幼儿在对活动缺乏兴趣时会涣散,不明确自己应该追求的目标时会茫然,感到被强迫被控制时会焦虑,被中心活动以外其他兴奋点控制时会兴奋扩散。无论以上哪一种情况出现，都是教师不愿意看到的，实际上，也是幼儿不情愿看到的。只不过教师的不愿意，教师自己一般都明确意识到了；而幼儿的不情愿，幼儿自己往往不太能意识到。研究工作所要达到的目的，不仅是帮助教师不断寻找可避免师幼双方不舒适的方法，而且包括帮助教师找到另一些路径：帮助幼儿逐步学会为创造和维护自己以及大家的舒适状态承担责任。下面，仅举一例，从如何建立心理、生理、物理秩序的角度来进行探讨。

原作品"包饺子"：音乐用《喜洋洋》。动作结构：擀面皮（全体一起擀，面皮越擀越大），包饺子（全体一起包—双人结伴包），煮饺子（饺子在开水中翻腾）。音乐结构：A段欢快—B段悠扬—B段悠扬—A段欢快。队形结构：小圆渐变成大圆（A段），大圆—大圆上双人结伴的小圆（B段），自由状态空间移动（A段）。

改编作品"包饺子"：音乐用《喜洋洋》。动作结构：擀面皮（各自擀面），包饺子（各自包饺子），煮饺子（各自表现：小火煮—中火煮—大火煮—饺子在开水中翻腾—熄火，水静，饺子静。鼓励不同造型，饺子可以粘在一起）。音乐结构：A段欢快—B段悠扬—A段欢快。队形结构：自由空间状态不移动（A段），自由空间状态不移动（B段），自由空间状态不移动（A段前3个乐句），自由空间状态移动（A段第4乐句，最后一拍做造型并保持静止状态几秒钟）。

分析1：如何避免"涣散感"。在作品的设计阶段，擀面皮动作更接近自然生活动作，幼儿显得压抑，师幼都很烦躁。旁观者也觉得：怎么还不结束。后经人建议，改成：教师引导幼儿把自己的身体当成面团，按乐句不断变化擀面动作对象（如在鼻子上擀、在肚皮上擀等）。现在，所有人都不再觉得烦躁了！

分析2：如何避免"茫然感"。原作品初步成形阶段，在再现A段中，饺子需要连续翻腾4个乐句，由于大部分幼儿还没有发展到能够享受4个乐句那么长时间的即兴创编快乐的水平，待感到想不出新花样的时候，也就不再感到"有趣"。在教师强迫幼儿整齐划一地将毫无想象的擀面动作连续重复4个乐句的情况下，幼儿因被迫机械重复而感到"无聊"，这种无聊是外部压抑所造成的——自我实现的需要被外部力量所束缚。在教师放任幼儿独自把想象不出新花样的翻腾动作连续重复4个乐句的情况下，幼儿因简单重复而感到"无聊"，这种无聊是由内部压力所造成的——自我实现的需要被自身能力所束缚。由此可看出："全放任的教学指导"导致"茫然"，"茫然"导致"无趣"，"无趣"导致"无聊"，"无聊"导致"压抑"，

"压抑"导致"兴奋扩散"。由此可看出：全限制和全放任的结果也是"殊途同归"的。后来有人将之改成：表现小火、中火、大火（教师引导幼儿想象、表现）3个乐句，剩下1个乐句表现饺子自由翻腾，在幼儿尚未感到想不出的"茫然"时，已经"熄火"造型（找到了新的自我实现目标）。

分析3：如何避免"兴奋扩散"。原作品为集体舞设计，有大量队形及队形变化要求。缺乏基础的班级，幼儿初学站圆时非常容易"兴奋扩散"。表现为一哄而上，一哄而散，继而还会发展到推搡打闹。这样，心理、生理、物理空间的秩序就全然混乱了。教师这时"亡羊补牢"，采用传统纪律管制的各种策略，都只会进一步造成师幼的情感对立。聪明的做法之一就是：教师先将自己的表情和体态控制在相对严肃、沉稳的状态下，指导幼儿谨慎地拉手成圈。然后教师用神秘的体态表情和语气提示幼儿："现在我们向这个圆圈里走一点点！再走一点点！还要再走一点点……一点点！"有严肃但没有对立，有紧张但没有压抑，神秘但没有茫然，有愉快但没有放肆……一切都似乎"顺理成章""秩序井然"，大家也都很舒适。

分析4：如何建立"生命节律"。总的来讲，除了改动之处，两个版本都较好地把握了"动静交替""有紧有松""有收有放""有模仿有创造"的生命需要平衡规律。原版本作为集体舞蹈设计方案，队形变化和人际配合的要求稍高，对幼儿当时发展水平上的"自由感"限制稍大，当幼儿通过学习掌握和超越了这些限制后，生命节律自由的发展成长收获也会稍多一些。而改编版本作为律动的设计方案，对幼儿当时发展水平上的"自由感"限制稍小，因此，幼儿在进行新内容学习时，感受到的自由、快乐也会稍多一些。但如果教师只考虑幼儿现实是否感受到更多的自由快乐，那么幼儿超越现有的自由感、发展更高水平的自由感的需要就无法得到更好的满足。这也是我们和幼儿都并不希望看到的结果。

注意：这个例子还提醒我们要用发展的眼光来看待教育指导与幼儿自由。

（八）幼儿园韵律活动中的人际交往

在很久很久以前，与人共舞曾经被认为标志着儿童进入了社会生活之门。现在我们在这里要讨论的是：教师如何在幼儿园的韵律活动中为幼儿创造更多的进行人际交往的机会，以及如何指导幼儿提高交往水平和享受交往的快乐。

在韵律活动中，幼儿进行人际交往的途径主要是：目光、体态和身体接触。幼儿交往的发展水平主要体现在：意愿、方式和分寸上。而目前交往教育的最大问题和主要工作则是：体验到交往的快乐！限于篇幅的问题，下面仅就幼儿园集体舞蹈设计中如何为幼儿提供更多与不同舞伴交往的机会提供一些思路。

1. 邀请模式

邀请模式。①封闭模式。邀请者（可以一人或几人为先定的邀请者，也可全体都是邀请者）出发，邀请在等待区等待的另一人或几人，进入表演区共同跳完一支舞蹈，再重新开始。（也可全体都是邀请者，这时无等待区，采取自由空间状态）②开放模式。邀请者（可以一人或几人为先定的邀请者）出发，邀请另一人或几人，共同跳完一支舞蹈，重新开始时，所有先前参加舞蹈的人都成为新的邀请者。③累加模式。开放模式的另一种特殊分支。（像"开火车"）④追逃模式。封闭模式的另一种分支。（像"丢手绢"）⑤竞技模式。被邀请进入表演区者并非与邀请者共舞，而是进行创造性的即兴表演或进行技巧展示性表演，在等待区的其他人可以呼应助兴或用模仿的方式表示支持。

2. 固定舞伴模式

固定舞伴模式。①单舞伴模式。②双舞伴模式。③多舞伴模式。无论在自由空间状态下还是在队形中，固定舞伴"从一而终"。

3. 单一方式更换舞伴模式

单一方式更换舞伴模式。①同方向连续更换舞伴模式。一般在内、外两圈的队形中，内圈或外圈连续向一个方向移动，移动一次更换一个新舞伴；也可内外圈同时向相反方向移动（对内圈或外圈上的人来说是连续同方向移动的）。在这样的情况下，幼儿掌握移动参照物的难度会大一些。②反方向固定双舞伴模式。一般在顺时针、逆时针两个圈间隔镶嵌成一个圈的情况下，每一个人可以得到两个固定舞伴。即在预定的第一种状态下，自己正面所对着的是"舞伴一"（教师也可以引导幼儿想出其他称谓来代替这种称谓）；但全体一起"向后转"之后，每一个人都会面对另一个新舞伴，即"舞伴二"（或相应的其他称谓）。③反方向连续更换舞伴模式。这种双向镶嵌式的单圈队形也可以进行连续的舞伴更换。即"舞伴一"

之间先在圈上交换位置,再各自向后转获得"舞伴二";"舞伴二"之间再相互交换位置,再各自向后转获得"舞伴三"……依此类推。

4. 稳定舞伴与不稳定舞伴交替模式

稳定舞伴与不稳定舞伴交替模式,即在同一支舞蹈中,某一个部分安排成连续更换舞伴的模式,而且间隔的时间较短;而在另一个部分则安排成与固定舞伴共舞较长的时间。

5. 多种方式换舞伴模式

多种方式换舞伴模式,即在同一个结构相对复杂的舞蹈过程中,每一个更基础性的部分都可能安排一种独特的更换舞伴的方式。

下面再请看两个比较独特的例子。

英国乡村舞蹈《五月之夜》是一种古老的"链状"队形舞蹈,一般被安排在乡村夜晚舞会结束时作为告别仪式。所有舞者手拉手结成长链,由领舞者带领,如长龙摆尾似地不断走"之"字形。音乐为柔美的三拍子音乐,旋律如歌,微含不舍之情。舞者向前走4步(4个三拍),再将身体转向相对的另一排舞者,身体随音乐前后摆动4次(4个三拍),同时用目光向面孔离自己最近的另一排的临时舞伴致意。舞蹈一直持续至音乐结束。舞蹈过程中的交流对象既可以被认为是较稳定的又可以被认为是较不稳定的。问题不在于将这种交流方式归为哪一类,而在于需要认真体验和表达这一舞蹈所要人们体验和表达的惜别之情。仔细体验个人对他人的依恋和融入社会之中的幸福感。

幼儿创作的舞蹈《小鸟之舞》是一个由六种色彩的"小鸟"共同表演的单圈舞蹈。舞蹈的创编者为幼儿安排了多种与不同舞伴交流的机会。①与同色彩组的所有成员同时用动作和目光交流。②与同色彩组的每一成员一一交流。③与不同色彩组相同序号的成员同时交流。④全体成员同时自由交流。在这里,所有交流都是目光交流,所以这里的关键不仅是有没有面对他人、注视他人,还是有没有感受到与目光注视对象进行心灵交流的愉悦。下面是交流队形示意图:

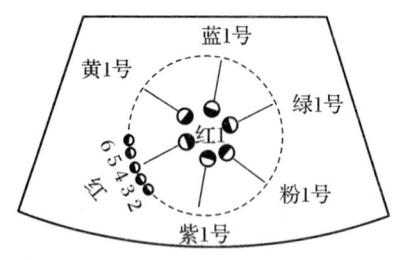

图1-1　从序号1开始,与同色彩组全体成员同时用动作和目光交流。

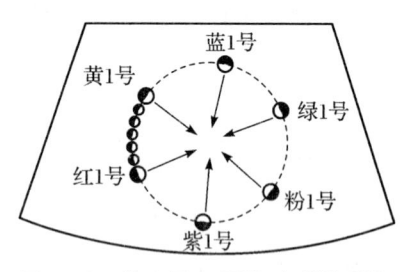

图1-2　从序号1开始,与同色彩组每一成员一一用动作和目光交流。

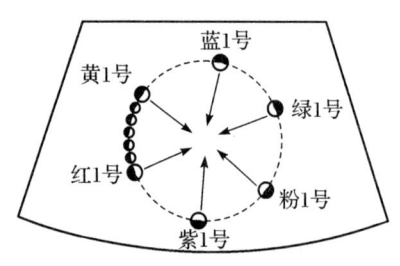

图1-3　从序号1开始,序号相同的成员同时用动作和目光交流。

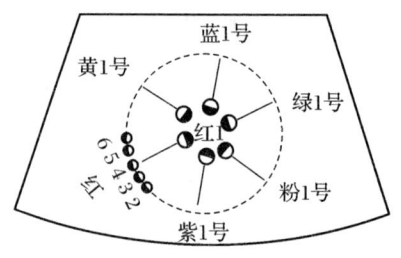

图1-4　全体成员同时用目光自由交流。

(注：-----表示其余各颜色组被省略)

(九)幼儿园韵律活动中的"学习素质"养成

"学习素质"在不同的理论体系中有着不尽相同的表述。现在我们只想从"学习的心向""学习的自我管理"和"学习的策略与技巧"三个方面来简要地探讨如何在幼儿园韵律活动中培养幼儿的"学习素质"。

"学习的心向"在具体的学习中是与"有没有意思"相关联的。如果一个孩子说一件事情"没意思",起码我们可以理解为：这个孩子还没能体会到这件事情"有什么意思"！在前文列举的"包饺子"中,教师和幼儿都觉得模仿真正的擀面动作"没意思",而将自己身体的各个部位想象成面团,来做擀的动作则"很有意思"。这里的"意思"来自人们对想象和幽默体验的兴趣。还是这个例子,最后"饺子"在激烈翻腾中听到音乐的结束拍(熄火的"信号"),做个造型并静止不动,"意思"是响应挑战,证明自己有能力迅速控制自己。如果幼儿能够意识到自己"发明"了某种"与众不同"的或"超越自身原有水平"的翻腾动作,或自己的"发明""超越"得到了教师或同伴的认可，也会感觉到"获得成就"是"有意思"的。这种种的"意思"，是"学习的心向""可持续发展"的内部动力，而新奇、精美的服装、道具、教具、学具等这些外部力量刺激出来的"兴趣"，只能是效果短暂的虚浮诱惑力，对"学习的心向"的作用是不长久的。

"学习的自我管理"不是指"遵守纪律"的习惯，也不是指"好好学习"的态度，而是指一种对后述这类问题的越来越清醒的意识：自己要干什么？自己在干什么？自己怎样干？自己要不要换一种方法干？自己能不能再试一试用别的不同的方法来干？如：一些低龄幼儿在刚开始学习"找朋友结伴"或在追捉游戏情境中"迅速上位"时，往往会弄不清自己要干什么。当别人都"完成任务"以后，他们就开始哭泣。其实，这些孩子有时甚至还不知道自己在哭、不知道自己为什么哭，也不知道哭有什么用。后来，他们逐步能够进步到：知道自己哭了，知道自己因为失败而哭，甚至还知道哭可以争取到别人的同情和帮助。再后来，他们逐步能够发展到更高水平，知道：哭是不值得的，哭会被别人看不起，哭也未必能够争得同情和帮助；相比哭而言，更值得去做的是靠自己寻找或尝试各种办法来解决问题。但是，许多教师在韵律活动过程中，往往更急于代替幼儿解决"结伴""排队""上位"等问题。因为这些在教师看来都是"小问题"，而表演才是学习的中心问题，是"大问题"。因此，将幼儿"推""拉""拖""拽"到相关位置上的情况"屡见不鲜"。在这种情况下，幼儿很难获得机会去"意识"上面提到的那些重要问题，也自然难以获得机会去发展"学习的自我管理能力"。

过去，人们似乎习惯于用"四肢发达，头脑简单"来评价那些专门从事体育和舞蹈工作的人员。虽然今天人们已经认识到身体运动的能力是另一种智力，但不得不承认：许多这方面的专业人员在自己达到了较高的发展水平后仍很难将有效的经验进行传播或迁移。他们不能很好地成为自己领域中的专业教师，不能很好地成为自己领域中的专业研究人员，也不能很好地用自己的领域特长来帮助自己获得其他方面的成长。这似乎是专业教育中最遗憾的结果了。正因为如此，"学习策略与技巧"的问题才成为今天备受关注的学习心理学问题。我们必须重视学习策略和学习技巧本身的教和学。

在前面各节中，我们所描述的许多韵律活动教学中的师幼互动实例，换一个角度，都可以看作是在与幼儿讨论学习的策略和技巧问题。比如：用"舞谱"来解决记忆的问题,用"标记"来解决空间辨别的问题,用"组织者"来解决"迁移性学习"的问题,用"折射法"来解决观察示范的问题等。又如:有一次,一位幼儿教师采用"脚印地图"的方法来指导幼儿学习"秧歌十字步"。孩子们在探索地图符号的空间关系上花费了不少时间。为此引发了"值不值得这样理性地来学习舞蹈"的大争论。当然,更有效地学会这个动作还可以有多种方法,但学习从"平面静止的空间"中想象出立体运动的空间,本身也是一种学习解决空间问题的策略和技巧。再如:人们经常可以看到教师用数节奏或数动作个数的方法来教授新的舞蹈。与此种教授的方法相匹配,幼儿(包括成人学生)也用这种数数的策略来记忆所学的舞蹈。当这些幼儿(包括自己已经是教师的学习者)再把这些舞蹈转教给别人时,往往会由于计数的问题,数不下去了。这时,许多人采取的策略就是一遍遍地重数,碰上一遍能配上就继续下去;如碰不上就从头再来,经常错了多次还没能找到原因。其实,问题就出在他们不知道舞蹈从创作时就是与音乐一体化的,因此,在记忆舞蹈时也必须采用与音乐一体化的感知和记忆策略。当然,从更高级的水平上讲,还应该结合内容的理解、结构图式的把握,以及情绪情感的体验等更多要素,在更完善的一体化水平上来感知和记忆。如果在培训教师的过程中,我们就要明确采取这种一体化的教学策略,也必须明确让"准教师"们清醒地意识到——在创作或学习任何新舞蹈时,都必须有意识地运用这种一体化的策略,那么我们就不会再遇到这种总是反复尝试同一种低级教学策略的教师,也就不会再有总是犯同一种低级错误的儿童了。

(十)幼儿园韵律活动中的"创造性"培养

"发散性"与"集中性"是两种不同的进行一般创造性活动的思考路径。"联想性"与"结构性"是两种不同的进行幼儿园创造性韵律活动教学的思考路径。"流畅性"与"新颖性",则是评价是否提高了创造性思考品质的思考路径。

"启而不发"是创造性教学活动中最让教师伤脑筋的事。其实,真正弄清上面这些问题,对改善幼儿园韵律活动"启而不发"的状况是会有一定帮助的。

"流畅性"(主要与发散思维品质有关)是指创造出新思想的速度。一个人在一定时间内想出的新主意越多,就可以说他在创造活动中思维的流畅性品质越好。在幼儿园韵律活动中,教师引导幼儿使用"联想性"思考路径的主要方法是:

尽量利用幼儿已有的生活经验,用提供问题或回忆线索的方法引导幼儿用自己的动作来"讲述"自己的有关经验;或者引导幼儿进行即时观察,再鼓励幼儿用自己的动作来"模仿"自己的观察、体验。引导幼儿使用"结构性"思考路径的主要方法是:尽量利用幼儿学习过的结构要素,用提供问题或回忆线索的方法,引导幼儿用自己的动作来"体现"原有的特定结构线索;或者引导幼儿对自己(或其他幼儿)的范例进行即时观察,再鼓励幼儿用自己的动作来"再现"从范例中抽取出来的结构要素。因为"流畅性"鼓励的就是想得快,而且是越快越好。所以在进行这种锻炼时,就应该着重使用能够加快速度的一些策略。

在创造性思考中,要尽可能快、尽可能多地想,就需要先找到某一类事物。在同类事物中利用上属种类事物的相同性质,创造性地表现下属种类事物的不同性质,相同性质与不同性质都会成为"牵引"思考快速前进的有效线索。如"鱼(各种各样的鱼)游(各式各样地游)"。回忆有关鱼的经验:各种鱼——金鱼、鲨鱼、剑鱼、蝴蝶(鳐)鱼,鱼的动作——吐泡泡、身体摆动、在水中移动位置。回忆自己的生活经验:吃饭、睡觉、做游戏;独自一人、与同伴在一起;快快乐乐、慌慌张张、扭扭捏捏、无精打采、愣头愣脑……这些线索就被称为"联想性"的线索。回忆结构要素的知识和应用这些要素进行创造性运动表达的经验:动作的高低、大小、快慢、硬软;身体前进、后退、旋转;做动作,摆出不同身体造型;手臂在身体的不同方位用不同的轨迹摆动;双臂在相同位置上用相同方式运动、在不同位置上用不同方式运动;身体沿着不同的运动路线移动;与同伴用不同方式连接并共同运动……这些线索都被称为"结构性"的线索。当然,一个独立的创造性韵律活动学习时间总是有限的。教师不可能一次性倾尽自己已经掌握的所有思路,幼儿也不可能一次性接受和消化过多的"营养"。要想获得舒适、愉快的学习体验(幼儿不感到过度紧张和疲劳)和能够产生审美吸引的创造结果(幼儿为自己作品的美而感动),引导幼儿发现更具有新颖性的创造,逐步提高幼儿思考的新颖性品质,就显得与"流畅性"培养同等重要了。

"新颖性"(主要与集中思维品质有关)即指创造性的新思想在一定时空范围内具有独特性。通俗地讲,当具有新颖性的意见被创造者提出来时,绝大多数接受者的体验是:"这我可想不到!"如在一个幼儿园中班的鱼游律动中,一位男孩把双掌当成鲨鱼的上下颌,把十个手指当作鲨鱼的牙齿,瞪着眼睛,躬着背,做出很凶恶的样子……立即引起班上许多幼儿兴奋尖叫和自动效仿。这个例子也就说明，该创意的新颖性在这个范围内得到了确立。当然，可能在更大范围中，这个创意也是相当独特的。新颖性比流畅性更难培养，其中的原因之一也就在于，"新颖"的标准会"水涨船高"。但在幼儿园中，整体的起点都比较低，幼儿思想上的束缚也比较少，更何况新颖性也是可以从流畅性中"诞生"出来的。所以，在提高幼儿创造性思维的新颖性水平方面，教师还是可以有所作为的。

教师通过"联想性"路径提高幼儿创造的新颖性水平的策略是：帮助和鼓励幼儿养成不断主动积累更加丰富的生活经验的习惯，幼儿了解的事物的独特细节越多，能让他人惊讶的创意也就越多。如在前例中，那位幼儿如果没有有关鲨鱼的经验，是不可能产生那般"轰动"效应的。通过"结构性"路径提高幼儿创造的新颖性水平的策略是：系统地提供与韵律动作创造有关的结构要素知识，并帮助和鼓励幼儿对这些知识不断进行迁移性的运用，以提高幼儿使用这些要素的熟练性和灵活性。幼儿了解的要素和要素不同组接的可能性越多，提出能让他人惊讶的组接方式的可能性就越大。例如，当许多幼儿都提出了双手在胸前用各种姿态持续向外互相环绕滚动的动作后，一名幼儿提出了一句向外一句向内环绕的新运动模式，就又引起并增加了快速变化反应紧张度在内的新颖的感觉。

当然，教师也要注意引导幼儿养成"海阔天空"自由遐想的习惯。幼儿的想象空间越开阔，束缚越少，能让他人惊讶的思路就越多。另外，教师还要重视引导幼儿养成注意他人提出创意意见的习惯，要使幼儿知道：在他人意见的基础上进行思考，吸收他人意见中的合理因素，再稍稍加以改造，不但可以提高创造性思考的速度，而且可能通过避免过多的雷同，产生新颖性程度更高的效果。如一名大班幼儿在其他人想出各种啄木鸟在树干上（身体前方虚设的树）啄虫的动作后，改变了手（作鸟喙）运动的方向，调转"鸟头"在自己的脸上、身上（将自己想象成树）啄动，造成含触觉在内的新颖感觉，引起了全班幼儿的热烈响应。再如，另一名大班幼儿，在观摩了若干位同伴的仅含一两个动作的舞蹈即兴表演后，将几位同伴的动作创造性地组合了起来，这也是创造，而且在利用创造资源方面更高一等。

（十一）幼儿园韵律活动中的知识、技能"网络体系"建构

网络是一种很有意思的东西。现在我们想象自己面前有一张网，无论用手捏

着哪怕是一处最最微小的部分,这张网都会被提起来。现在我们再来想象一个管理有序的图书馆,无论你想寻找其中任何一本藏书,都可以通过查询系统迅速地达到目的。最后我们再来想象,如果你家有30本书,只要你平时习惯于把它们堆在一起,临时从中找出要看的书无论怎样都不会太困难。但如果你家中的藏书数量达到3 000本,你还习惯于只是把它们堆在一起,那么当你想从中找出特定的一本,就绝不是一件轻而易举的事了。但话又说回来,怎样才能在需要时最快地找到那本特定的书呢?答案显然大家都知道,那就是"分类",即用分类的方法建立一个专业图书馆式的"分类系统",按你自己的阅读需要和阅读习惯将各种层次的"相同"与"不同"组织起来。你的图书越多,你的分类就要越细。你的分类系统越精细、合理,你利用它查找就越有效。

在幼儿园的韵律活动教学中,教师们已经习惯于告诉幼儿:昨天学的是一个"新"本领,今天又学了一个"新"本领。但是,我们的教师们却不太习惯于告诉幼儿,今天的这个"新本领"与昨天的那个"新本领"有哪些地方是相同的;也不习惯于让幼儿去发现已经积累起来的许多新本领中是不是存在某种共性。当然,有些幼儿自己最终也能发现其中的某些联系,而且发现联系越多的幼儿就会成长得越"聪明"。但在缺乏教师引导的条件下,幼儿的发现会很少,大部分幼儿的进步也会很慢。许多学有所成的"大家"都说过:真正的知识是学过的知识被遗忘以后所剩下来的东西。其实那就是"关于联系"的高级知识和"建立联系"的能力。

在幼儿园的韵律活动中,教师也是可以进行"知识技能网络体系建构"方面教育的。下面就两种移动方式的教学来举例说明这个问题。

1. 主力腿保持的移动模式

"踏步"。幼儿平时走路时,重心是在左右两腿之间交替轮换的。学习踏步时,幼儿动作认知的关键就是:重心主要保持在一条腿(称"主力腿")上,另一条腿(称"动力腿")专门负责移动。幼儿对动作与音乐关系认知的关键是:动力腿在音乐的"强拍"上,向下踏。学习的初级阶段,可以取坐姿,重点帮助幼儿了解:只有一条腿踏动,动力腿的踏动与音乐的强拍有关。(参见前述第二个问题。注:最后真正踏动起来时,重心还是有短暂时间落在动力腿上的)"进退步",通常是在"踏步"之后学习的。与"踏步"相同的是:主力腿、动力腿的重心关系和动力腿与音乐强拍的关系。不同的是："踮步"的动力腿一般是原地踮动，而"进退步"的动力腿则是按一前一后的顺序踮动。"退踏步"，一般应该安排在"进退步"之后。与"进退步"相同的是：踮动也是有进有退的。不同的是："退踏步"按一后一前的顺序踮动。而且"退踏步"前进时还强调要重重踏地发出响声。（参见前述第二与第五个问题）蒙古族舞蹈"踏步扬巾"动作的脚步也是类似的"进退"模式，不同的是，前三种动作中的动力腿都是在体侧原地或前后移动的，这种动作中的动力腿则是在身体以及动力腿前"横着"左右移动的。与"退踏步"相同的是，"扬巾步"也有重重踏地的要求；不同的是，在后退时，而不是在前进时重踏。另外，表现军队生活题材的舞蹈中也有这种舞步，其独特之处除了横着左右移动以外，就在于它将身体压得很低，就像在模仿"匍匐前进"的军事动作一样。

2. 主力腿轮换的移动模式

"侧点步"可以被看作是这类动作最原始的状态。因为需要改变重心和方向，所以，初学时可以利用脚印地图或地面上的 A（左移点）B（原位点）A（右移点）结构标记来演示或探索。下面是在原始的侧点步基础上生成的动作网络体系：①节奏的联系（音乐与动作时间配比关系的变化）：二拍子，一左一右；四拍子，两左两右；三拍子，一左一右（三拍移一次）或两左两右（"蹉步"）；散拍子，走横移的碎步；五拍子，彝族舞特定风格动作，向左走三步，动力腿在空中踮动两次，再向右反复一次。②下肢姿态的联系（动力腿造型的姿态的变化）：动力腿在主力腿后侧，落地或不落地；膝盖直或弯曲，脚背直或弯曲；动力腿在主力腿旁，落地或不落地；膝盖直或弯曲，脚背直或弯曲；动力腿在主力腿前侧，落地或不落地；膝盖直或弯曲，脚背直或弯曲。③上肢姿态的联系（上肢舞蹈动作或造型的姿态变化）：如拍手，手拉手，用不同方式摆动手中的扇子、手巾花、水袖等。④移动路线的联系（移动时身体在地面以及在空间中形成的轨迹的变化）：向前、向后、原地、旋转、直线、曲线、拍线、圆弧线等。⑤表现内容的联系（想象表现事物的各种不同变化）：如鱼和水草、鲜花和雨滴、牧童和牛羊等。⑥整体风格的联系（包括各种幼儿可能感受和模仿的细节的变化）：一般儿童舞蹈的风格，芭蕾舞蹈的风格，体育舞蹈的风格，中国民族、民间舞蹈的风格（包括各种少数民族舞蹈的风格），世界上其他国家或地区的民族、民间舞蹈的风格，各种现代舞蹈，如霹雳舞、太空舞、街舞的风格，以及教师和幼儿创造出来的某种特殊的个人风格等。

如果教师能在韵律活动的教学中注意引导幼儿学会发现其中的种种联系,并将发现和建立联系的习惯沿用到其他学习领域中去,早期的这些身体运动的学习才可能对幼儿的智慧发展产生更大的促进作用。

三、幼儿园韵律活动教育活动设计

（一）歌表演

小班

1. 谁 饿 了

【歌曲】

谁 饿 了

汪爱丽 词曲

$1=D$ $\dfrac{2}{4}$

```
          [1]                [3]
(2 4·  7 2· | 1 1 1)| 3 3  3 1 | 5 5 5 | 3 3 3 3 1 3 | 2 — |
              一只  小狗  出来了,肚子饿得咕咕  叫,
              一只  老狼  出来了,肚子饿得咕咕  叫,

[5]           [7]              [9]
 6  4 2 | 5 5 3 | 2 4· 7 2· | 1 1 1 | 2 4· 7 2· | 1 1 1 ‖
 看  见了  肉骨头,咔吧 咔吧  吃掉了,咔吧 咔吧  吃饱了。
 这  边找  那边找,啊呜 啊呜  找不着,啊呜 啊呜  还是找不着。
```

❀ 动作建议

第一段歌曲

[1]—[2]小节,幼儿一拍一下地做小狗走的动作。

[3]—[4]小节,两脚并拢直立,双手捂住肚子,做小狗肚子饿的动作。

[5]—[6]小节,在强拍处,幼儿一拍一下地指着肉骨头。

[7]小节,两手手心向内放于胸前,握成拳头,一拍一下地做小狗啃骨头状。

[8]小节,两手臂伸直,手心向上,做吃掉骨头的样子。

[9]小节,与第[7]小节动作相同。

[10]小节,双手一拍一下地拍肚子,做吃饱的动作。

第二段歌曲

教师和幼儿都可参与扮演大灰狼,边唱歌边寻找小动物,小动物们原地蹲下不动,以防被大灰狼发现。大灰狼没有找到小动物,便走远了。小动物们又可以高高兴兴地出来找东西吃了,游戏继续进行。

【教育活动设计】

活动目标

1. 在熟悉歌曲旋律的基础上,根据歌词内容进行歌表演。
2. 借助教具和创设的情境创编歌词,进行音乐游戏。
3. 体验并享受游戏的快乐。

活动准备

1. 幼儿已学会唱《谁饿了》。
2. 大灰狼头饰。
3. 一根肉骨头。
4. 幼儿围坐成半圆形。

活动过程

1. 复习歌曲《谁饿了》。
2. 教师提问,引导幼儿根据歌词内容创编小狗的动作。

(1)教师:"小狗肚子饿得咕咕叫,是什么样子?"

(2)教师出示肉骨头,幼儿学习一拍一下地用手指着肉骨头。

(3)教师:"小狗怎么啃肉骨头?"(随音乐练习)

(4)教师:"妈妈看看,哪只小狗吃饱了?"(表扬幼儿做出各种吃饱的动作)

3. 随音乐边唱边做动作。
4. 创编歌词内容。

(1)教师:"小狗吃饱了,还有谁没吃饱?吃什么?"

(2)幼儿边唱新歌词,边进行歌表演。

5. 引导幼儿玩音乐游戏"谁饿了"。

(1)教师:"××小动物想跟妈妈出来找东西吃吧?他是怎样走的?"(幼儿选择地方)教师:"大灰狼可喜欢吃小动物呢!大灰狼出来的时候,我们要赶快蹲下来,可别让大灰狼发现了。"

(2)进行音乐游戏"谁饿了"。

(3)请个别幼儿扮演大灰狼,全体幼儿进行游戏。

(设计者:南京师范大学幼儿园　董俏燕)

2. 小猪睡觉

【歌曲】

小猪睡觉

1=C 2/4

刘明将　词曲

(5 1　5 3│5 1　5 3│5 1　3 2│1　1)│3 5　3 5│1　5│
　　　　　　　　　　　　　　　　　　　　　　　　小猪　吃得　饱　饱,

3 5　3 5│1　5│6 1　1 6│5　3│6 1　1 6│5　5│
闭上　眼睛　睡　觉,　大耳　朵在　扇　扇,　小尾　巴在　摇　摇,

5 5 5 5　1 0│5 5 5 5　1 0│5 1　5 3│5 1　5 3│5 1　3 2│1　1‖
咕噜噜噜噜,　咕噜噜噜噜,　咕噜　咕噜　咕噜　咕噜,小尾　巴在　摇　摇。

动作建议

间奏,两脚分开,双手做抱着大肚子状,一步步地随音乐走动,找个朋友面对面站立。

[1]—[2]小节,双手随音乐拍"大肚皮"四下。

[3]—[4]小节,双手合十放在耳边,闭上眼睛做睡觉状。

[5]—[6]小节,双手分别放在两耳边,用大拇指按在太阳穴上,其余四指张开,随音乐扇四下。

[7]—[8]小节,双手放在身后作小尾巴,弯下腰,身体随音乐扭一扭。

[9]—[10]小节,前一小节,两手臂屈肘于胸前,快速绕动,后一小节,伸出一只手的食指指着朋友的鼻子。

[11]—[12]小节,两手臂屈肘于胸前,随音乐绕动四下。

[13]—[14]小节,重复[7]—[8]的动作。

【教育活动设计】

活动目标

1. 初步学习用欢快、活泼的歌声演唱歌曲《小猪睡觉》,并与同伴结伴进行歌表演。

2. 根据歌词创编"小猪吃得饱饱""睡觉""扇耳朵""摇尾巴"等各种表演动作。

3. 在间奏处迅速找到朋友,体验与同伴合作进行歌表演的快乐。

活动准备

1. 小猪模样的胸饰1个,用毛线编的小尾巴1个。
2. 音乐《小猪睡觉》。

活动过程

1. 创设情境。

教师戴上小猪模样的胸饰,让幼儿明确教师是猪妈妈,自己是猪宝宝,并知道猪妈妈和猪宝宝今天要共同进行游戏。

2. 按歌词创编前半段的动作。

猪妈妈逐句念出[1]—[8]小节的歌词,猪宝宝为其创编动作。

3. 学习后半段的动作。

(1)猪妈妈念[9]—[12]小节的歌词,并随机与某一个猪宝宝玩"点鼻子"的游戏,猪宝宝自然跟学。

(2)猪妈妈和猪宝宝共同念歌词,并做出[13]—[14]小节的动作。

4. 自然地跟唱,并随音乐有规律地做动作。

(1)猪宝宝听猪妈妈歌唱,坐在椅子上跟随音乐做律动。

(2)猪宝宝走到中间,边歌唱边表演。

5. 找朋友进行歌表演。

(1)尝试在间奏处找个朋友进行歌表演。

(2)完整地进行两次歌表演。

活动建议

在活动中,教师在做摇尾巴的动作时,可以背对幼儿,让大家看到老师身后的毛线小尾巴,让幼儿体会到快乐,积极地参加活动。

(设计者:南京师范大学幼儿园 周 洁 王红珊)

中班

1. 卡通的歌

【歌曲】

卡通的歌

$1=C \dfrac{2}{4}$　　　　　　　　　　　　选自《大风车》主题曲

[1] 5 6 5　i | [2] 5 6 5　3 | [3] 5 6 5　i i | [4] 5 5 6 5　3 |
卡通的 墙,　卡通的 瓦,　卡通的 小房子　是那大南 瓜。

[5] 5 6 5　i | [6] 5 6 5　3 | [7] 5 6 5　3 3 | [8] 1 2 3 2　1 ‖
卡通的 车,　卡通的 马,　卡通的 小弟弟　是那布娃 娃。

(道白):卡通的皮皮王讲童话,卡通的欢乐鼓小朋友的家,小朋友的家!吧!

动作建议

[1]小节,双手上举,掌心相碰。

[2]小节,双手下拉至胸前,掌心对外。

[3]—[4]小节,双手交叉画圈打开,做抱南瓜的动作。

[5]小节,做开车动作。

[6]小节,做大马动作。

[7]—[8]小节,双手交叉画圈打开,手指脸部,做一个布娃娃动作。

【教育活动设计】

活动目标

1. 学唱歌曲,能唱清歌词,并随歌曲进行歌表演。
2. 尝试不断地加快速度念歌词或做动作。
3. 不怕困难,积极迎接挑战。

活动准备

1. 图片:卡通的车、马、南瓜房子、小弟弟。
2. 音乐音频(见U盘)。

活动过程

1. 引导幼儿进入歌曲情境。

(1)教师:"小朋友,你们喜欢看卡通片吗?卡通片里都有什么?"引发幼儿的兴趣。

(2)教师:"下面,你们听一听,老师的卡通世界里有什么?"教师较慢地示范念歌词,"道白"处不念。

2. 幼儿挑战加速念歌词,逐步熟悉歌词。

(1)教师:"刚才你们听到卡通世界里都有什么呀?我们一起来说。"教师带领幼儿较慢地念第一遍,同时琴声伴奏。

(2)教师:"真能干!下面我们稍微加快些,你们能行吗?"教师给幼儿一个稍微快一些的速度,加速念第二遍,同时琴声伴奏。

(3)不断激励幼儿,加快念第三遍、第四遍,并以琴声伴奏。

(4)告诉幼儿用"最最最最……快的速度,像飞一样"来念,让幼儿体会"念得飞快到都说不清"的幽默、滑稽。

3. 教师范唱,幼儿创编动作匹配歌词,再次熟悉歌词。

(1)教师用正常速度范唱、清唱。

教师:"你们休息一下,我来念给你们听,比较一下,我们刚才念的有什么不一样?"

(2)引导幼儿创编动作。

教师唱一句,幼儿做一个动作。

(3)教师演唱,带领幼儿把创编的动作完整地做一遍,同时,幼儿可跟着唱。

4. 幼儿挑战加速做动作,熟练掌握歌词和旋律。

(1)教师不断加快演唱速度,让幼儿跟着做动作。第一遍、第二遍、第三遍、第四遍逐步加快,但要让幼儿能做到,通过努力战胜困难,逐步加快速度演唱。

(2)第五遍飞快地唱,飞快地做动作。然后,让幼儿放松一下,体会手忙脚乱的幽默感、滑稽感。

5. 带领幼儿完整演唱。

(1)教师:"卡通国的国王说,要到卡通王国去,得有一张通行证,就是把《卡通的歌》唱好!"幼儿随教师一起用常速演唱。

(2)教师:"唱得都很好,国王发给你们每人一张通行证,走!到卡通王国去吧!"幼儿散点站,边唱边做动作。

(3)幼儿唱完,教师边拍节奏,边念出"道白"的部分,念到"吡"时停下,做一个"吡"的动作,让幼儿自己会念出"吡",给幼儿一个新的兴奋点。

(4)音乐响起,教师与幼儿边唱边跳,完整地唱出歌曲,进一步体验歌曲欢快、轻松的情趣。

(设计者:南京市白下路幼儿园　周宁娜　茚　宁)

2. 羞答答

【歌曲】

羞 答 答

寒 枫 词
冯 奇 曲
王树芳 改编

1=C 2/4

[1]
1 1 1 3 | 5 5 | 1 6 3 | 5 5 | [5] 2 2 2 3 | 2 2 |
你的 眼睛 里 呀， 藏 着 我 呀， 我的 眼睛 里 呀，

5 3 1 | 2 2 | 1 1 3 | 5 5 | [9] 1 6 3 | 5 5 |
藏 着 你 呀。 你 看着 我 呀， 我 看着 你 呀，

[13]
2 2 3 | 5 5 | 3 5 5 6 | 1 1 | [17] 5 6 1 6 | 5 3 |
看 得 我 呀， 羞 答 答 呀。 哎 呀呀， 哎 呀，

6 1 6 5 | 5 3 | 2 2 3 | 5 5 | [21] 3 5 5 6 | 1 1 ‖
哎 呀呀， 哎 呀， 看 得 我 呀 羞 答 答 呀。

✿ **动作建议**

[1]—[2]小节，右手食指指着对方的眼睛。

[3]—[4]小节，右手食指指自己，动作在强拍上。

[5]—[6]小节，右手食指指自己的眼睛。

[7]—[8]小节，右手食指指对方，表现好奇的神情。

[9]—[12]小节，面对面的两人相互配合左右对视。

[13]—[16]小节，创编羞答答的动作和神态。

[17]—[18]小节，两人相互扭身，做摇手动作。

[19]—[20]小节，在强拍上加跺脚，做扭身、摇手动作。

[21]—[24]小节，动作同[13]—[16]小节。

【教育活动设计】

活动目标

1. 在熟悉旋律的基础上学唱歌曲,能唱出两句"哎呀呀,哎呀"的不同强度。
2. 根据歌词创编歌表演动作,学习用不同的姿态、神情表现羞答答的样子。
3. 体验并表现好奇、害羞的情绪。

活动准备

幼儿已熟悉歌曲的旋律。

活动过程

1. 通过游戏理解"羞答答"的意思。

幼儿面对面观察同伴的眼睛里藏着什么。(幼儿在教师的引导下说出"朋友的眼睛里藏着我,我的眼睛里藏着朋友")

2. 观看表演:一名幼儿和教师互看,幼儿根据教师的提问回答出"如果别人一直盯着我看,我会不好意思,会害羞"。

3. 教师小结,幼儿了解除了用"不好意思""害羞",还可以用"羞答答"这个词来表示,并知道新歌名字叫《羞答答》。

4. 幼儿听教师范唱歌曲。

(1) 幼儿在教师的提问下回忆歌词,熟悉歌词。

(2) 幼儿在教师的引导下学唱歌曲2~3遍,能唱准"藏"的发音以及唱出"哎呀呀,哎呀"的不同强度。(第一遍唱轻一点,第二遍唱强一点)

5. 创编歌表演动作。

(1) 幼儿在教师的引导下创编羞答答的动作和神态,如捂着脸、低着头、玩弄手指、晃动身体、扭头摆手等。

(2) 幼儿边完整地演唱歌曲,边在唱到"看得我呀羞答答"这句时,自由地做害羞的动作。

(3) 幼儿迁移游戏中的经验,创编第一、第二句的动作。

(4) 幼儿边演唱第一、第二句,边做动作,并能表现好奇的情绪,在与同伴对视时相互配合。

(5) 幼儿能将两处"哎呀呀,哎呀"唱出不同强度,并创编相应的强弱动作。

如:第一遍做摇手的动作,第二遍做摇手的动作并加跺脚。

6. 幼儿一边演唱,一边完整地做动作,表演富有表情,与同伴做对应动作时配合默契。

(设计者:南京市北京东路小学附属幼儿园　王树芳)

3. 两只懒乌鸦

【歌曲】

两只懒乌鸦

龚爱书　词
李从陆　曲

1=D 2/4

诙谐地

(1 55 6565 | 1 55 6565 | 1 5656 | 1 - | 1 5 1 5)|

[1]
| 1 5 | 4 2 1 | 7·1 2 3 | 2 0 | 1 5 | 4 2 1 | 7·1 2 1 | 5 0 |
高　高　杨树上，有个乌鸦　窝，　　住　着　兄弟俩，一对懒家　伙。
窝　上　有个洞，哥俩互推　脱，　　大　懒　等小懒，小懒不出　窝。
北　风　呼呼吹，吹落乌鸦　窝，　　哥　俩　没处住，冻得打哆　嗦。

[9]   [13]
| 6·5 | 4244 | 6·5 | 4244 | 3·6 53 | 2 0 | 3·6 53 | 5 0 ‖
哎　呀　呀呀呀呀，哎　呀　呀呀呀呀，懒得没法　说，　　懒得没法　说。
哎　呀　呀呀呀呀，哎　呀　呀呀呀呀，转眼窝儿　破，　　转眼窝儿　破。
哎　呀　呀呀呀呀，哎　呀　呀呀呀呀，你说怨哪　个，　　你说怨哪　个。

🐝 动作建议

第一段:

[1]—[2]小节,两人高举双手架在一起表示一棵树。

[3]—[4]小节,手指撑开呈圆形表示乌鸦窝。

[5]—[8]小节,两人抱在一起,相互拍拍。

[9]—[12]小节,相互指点,嘲笑对方是懒家伙。

[13]—[16]小节,两人相倚而睡。

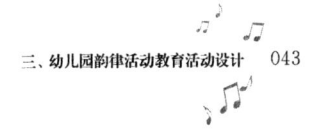

第二段：

[1]—[2]小节，两人边指边抬头看。

[3]—[4]小节，两人手对手推来推去。

[5]—[6]小节，一人托着头望着对方。

[7]—[8]小节，另一人转身做不理睬的样子。

[9]—[12]小节，相互指点，叫对方去补洞。

[13]—[16]小节，瞠目结舌，做惊讶的样子。

第三段：

[1]—[2]小节，双手来回摆动做刮风的动作。

[3]—[4]小节，双手从上往下做飘落的动作。

[5]—[8]小节，两人挤在一起，做打哆嗦的动作。

[9]—[12]小节，两人相互指点，相互埋怨。

[13]—[16]小节，两人做垂头丧气的动作。

【教育活动设计】

活动目标

1. 复习歌曲，用歌声表现出懒乌鸦的形象，用同一动作的不同力度、幅度表现歌词的不同含义。

2. 根据对歌词含义的理解，用合适的动作表现歌词内容。

3. 体验并用动作表现出惊讶、懊悔的情感。

活动准备

学唱过歌曲《两只懒乌鸦》。

活动过程

1. 复习歌曲《两只懒乌鸦》，在教师的提醒下，唱完一段后要想好下一段歌词。

2. 在教师的引导下，创编表演动作。

(1)分段创编表演动作，表现乌鸦懒惰的样子、合作搭乌鸦窝等。

(2)幼儿两人一组合作表演。

(3)在教师的启发下，表现乌鸦惊讶的样子，两人配合表现谁也不愿补乌鸦窝、乌鸦懊悔及冷得打哆嗦的样子。

(4)完整地边唱歌边表演,创编"哎呀,呀呀呀呀"两人相互指的动作,并在教师的启发下,区分三段主动作的不同含义。第一段是"你是懒家伙",第二段是"你去补",第三段是"就怪你",在教师的带领下练习主动作。

3. 幼儿完整地表演,看教师反馈个别幼儿的神态后,有表情地表演。

4. 在教师提问的引导下讨论,幼儿初步明确要做个勤劳的人。

(设计者:南京市北京东路小学附属幼儿园　王树芳)

4 小蚂蚁避雨

【歌曲】

小蚂蚁避雨

$1=E$　$\frac{2}{4}$　　　　　　　　　　　　　　选自《幼儿教育》1999年7、8期

[1]			[5]			
3·5 65 | 6 0 | 6·1 32 | 3 0 | 55 55 | 55 5 | 66 5 |

一群 小蚂　蚁，　　正在 搬东　西，　　沙沙 沙沙　沙沙 沙，
两个 小蘑　菇，　　呼唤 小蚂　蚁，　　快快 快快　快快 快，

				[11]	[12]	
35 65 | 1 33 | 2 — | 35 17 | 6 — ‖ 6 65 |

忽然 天上　下 起了　雨，　　下 起了　雨。　　天 晴
到我 伞下　避 一　避，　　避 一　避。

| 6 0 \| 3 32 \| 3 0 \| 5 65 \| 12 3 \| 53 56 \| |

了，　　　雨 停　了，　　小蚂　蚁 　要回 去，　说声 谢谢

| | | [21] | [22] | | | |
| 5 — \| 56 53 \| 2 — \| 35 53 \| 2 \| 35 17 \| |

你，　　谢谢 你，　　小蘑　菇 说声　不 客

| [25] | [26] | | | | | |
| 6 — \| 66 6 \| 33 3 \| 16 12 \| 3 — \| 66 6 \| |

气。　　你帮 我，　我帮　你，　世界 最美　丽，　　你帮 我，

```
3 3 3 | 5. 3 | 5̂ 6 7 | 6 — | 6 0 ‖
    我 帮 你，世  界  更 美       丽。
```
                              [34]

动作建议

准备：扮小蘑菇的幼儿蹲在地上，扮小蚂蚁的幼儿扛食物。

第一段

[1]—[11]小节，小蚂蚁做搬食物过程中遇到下雨的动作。

第二段

[1]—[11]小节，小蘑菇做呼唤、邀请的动作。

[12]—[21]小节，小蚂蚁做感谢状。

[22]—[25]小节，小蘑菇做不客气状。

[26]—[35]小节，一组(小蚂蚁、小蘑菇)围成一小圆圈，做手拉手、亲热等动作。

【教育活动设计】

活动目标

1. 熟悉歌曲，用简单的动作表现歌词。

2. 商量分配角色，合作进行表演。

3. 萌发关心他人的美好情感。

活动准备

1. 桌面教具：一群蚂蚁，两个蘑菇。

2. 雨声音效。

3. 钢琴。

4. 蚂蚁、蘑菇图片各一幅。

活动过程

1. 创设情境，用故事的形式帮助幼儿理解歌词。

(1)教师一边操作桌面教具，一边讲述："一群小蚂蚁正在搬东西，(雨声音效)忽然怎样了？"

(2)教师："小蚂蚁想，这可怎么办？（操作蘑菇）两个小蘑菇，呼唤小蚂蚁，'快快快,到我伞下避一避'。"

(3)(操作蚂蚁、蘑菇教具,使其抬头看)教师:"天晴了,雨停了,小蚂蚁要回去了,向小蘑菇说声'谢谢你!'小蘑菇回答说'不客气'。"

(4)教师唱:你帮我,我帮你,世界更美丽。

2. 学唱新歌。

(1)教师操作桌面教具,幼儿学说歌词。

(2)教师范唱整首歌曲。

(3)师幼随琴声学唱歌曲。

3. 幼儿根据歌词逐句创编表演动作,完整地表演。

4. 自选角色,分角色表演,幼儿分别站在蚂蚁、蘑菇图片下,明确自己的角色,进行歌表演。

5. 分组讨论(5～6人一组),商量分配扮演角色,"小蘑菇"蹲下来,"小蚂蚁"搬好"食物",进行表演唱。

🎵 活动建议

此活动可分两次进行,第一次为学习歌曲,用简单动作表现歌词,进行歌表演。第二次幼儿商量分配角色,进行合作表演。

(设计者:东部战区总医院第一幼儿园 葛 蓓)

5. 小 青 蛙

【歌曲】

小 青 蛙

1=D 2/4

前奏
(4 2 2 2 | 4 2 2 2 | 4.5 4 2 | 3 1 0) | 5 3 3 3 | 5 3 3 3 |
　　　　　　　　　　　　　　　　　　　　　　　　　　　小青 蛙呀 小青 蛙呀,

5.6 5 3 | 4 2 0 | 4 2 2 2 | 4 2 2 2 | 4.5 4 2 | 3 1 0 |
他在 池塘 游玩,　　 东边 跳跳 西边 跳跳, 多么 快乐 逍遥,

```
             间奏                                            [9]
              5  —  | 5  —  | 4.5  42 | 31  0  ) | 53  33 | 53  33 |
                                                   咕儿 呱呱  咕儿 呱呱，

                              [13]
    5.6  53 | 42  0  |  42  22 | 42  22 | 4.5  42 | 31  0  ‖
    咕儿 咕儿 咕呱，    咕儿 呱呱 咕儿 呱呱， 咕儿 咕儿 咕呱。
```

🦋 动作建议

前奏，在"池塘"里找空地方，和朋友手拉手。

[1]—[2]小节，双手五指分开，置于脸颊两旁做青蛙状，和朋友面对面学青蛙蹦跳两次。

[3]—[4]小节，双手做划水动作，小碎步游泳。

[5]—[6]小节，重复[1]—[2]小节的动作。

[7]—[8]小节，和朋友手拉手转一圈。

间奏，前两小节，仔细聆听"害虫"发出的声音，后两小节，各自找空地方准备捉"害虫"。

[9]—[11]小节，双手做青蛙状，东边看看，西边看看，再仔细看准"害虫"的位置。（共看3次）

[12]小节，向"害虫"的方向蹦跳一次，并用舌尖舔掉"害虫"或用双手扑住"害虫"。

[13]—[15]小节，重复[9]—[11]小节的动作。

[16]小节，重复[12]小节的动作，可变换方向。

【教育活动设计】

🦋 活动目标

1. 学习用活泼、欢快的声音及动作来演唱和表现《小青蛙》。

2. 根据角色动作的暗示，迁移生活经验填充第一段歌词，并探索用动作表现小青蛙捉害虫的情景。

3. 积极地投入到"青蛙捉害虫"的游戏中，体验劳动所带来的快乐。

🦋 活动准备

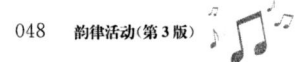

青蛙袋偶一个。

活动过程

1. 在情境中学唱第一段歌词并创编动作,初步用动作表现歌曲《小青蛙》。

(1)根据教师提问、袋偶的暗示创编歌词。

(2)学唱歌曲第一段,创编与歌词相应的动作。

(3)集体模仿反馈的动作。

(4)两两结伴坐在池塘边,随音乐边唱边做动作。

2. 探索用动作表现小青蛙捉害虫。

(1)说出青蛙的本领,并模仿青蛙是如何捕捉害虫的。

(2)幼儿根据教师的体态暗示,在乐句句末处捉害虫,并尝试用语言描述青蛙捉害虫的动作。

(3)在"池塘"里,有节奏地捕捉害虫,体验捉害虫带来的快乐。

3. 完整地进行歌表演。

(1)在"池塘"边及教师的暗示下,听音乐,用歌声、动作、表情表现小青蛙在池塘里游玩、仔细听害虫的声音以及捉害虫的情节。

(2)结伴完整地进行歌表演,进一步体验与同伴游戏、劳动的快乐。

(设计者:南京师范大学幼儿园 王 茜)

(二)律 动

小班

1. 小鸡出壳

【乐曲】

小 鸡 走

$1=^bB$ $\frac{2}{4}$ 选自《早早起》音带

[1]   [3]   [5]   [7]
| 1 - | 1 - | 1 - | 1 - | 5.6 5.6 | 5 1 | 1 54 4 | 53 3 |

[9]　　　　　[11]　　　　　　[13]　　　　　　[15]
5.6 5.6 | 51 1 | 77 67 | 1 - | 5.6 5.6 | 51 1 | 54 4 | 53 3 |

[17]　　　　　[19]
5.6 5.6 | 51 1 | 77 67 | 1 - ‖

动作建议

[1]—[4]小节，两手向前交叉抱膝蹲下。

[5]—[10]小节，两手按节拍左右摇动做揉眼动作。

[11]—[12]小节，两手打开同时站起。

[13]—[20]小节，两手合拢作小鸡的嘴，在每小节的第一拍做小鸡点头、边走边找食的模仿动作。

【教育活动设计】

活动目标

1. 尝试随音乐合拍地做小鸡出壳、边走路边找食等模仿动作。
2. 探索小鸡在壳里睡觉、揉眼和破壳而出的模仿动作。
3. 与同伴保持间距，寻找适当的空间进行活动。

活动准备

1. 幼儿认识鸡蛋和小鸡。
2. 音乐音频，母鸡头饰一个。
3. 座椅排成半圆形。

活动过程

1. 看教师头戴母鸡头饰，有积极参与活动的愿望。
2. 倾听音乐，熟悉旋律，了解动作的含义。

(1)边倾听音乐，边看教师按音乐做相应的动作边听故事：鸡妈妈下了许多鸡蛋，小鸡们躲在蛋壳里睡着了。过了几天，小鸡醒了，它们揉揉眼睛，伸伸懒腰，终于顶破蛋壳，钻了出来。饿了几天的小鸡跟着鸡妈妈在草地上边走边学着找食吃。

(2)用语言表现音乐的情境内容。

3. 探索小鸡在鸡蛋里睡觉、揉眼、破壳而出的动作。

(1)探索小鸡在鸡蛋里睡觉的动作,并随教师唱的曲谱练习。

(2)探索小鸡揉眼的动作,并随教师唱的曲谱合拍地练习。

(3)探索小鸡破壳而出的动作,并随教师唱的曲谱合拍地练习。

(4)跟随教师唱的曲谱或伴奏音乐,做小鸡边走边找食吃的模仿动作。

4. 在教师的鼓励下,寻找空间随音乐合拍完整地做动作。

(设计者:东南大学幼儿园　钱　莉)

2. 快乐的小袋鼠

【乐曲】

小鸟和大象

A段

选自《唱唱跳跳》(下)

$1=C$ $\frac{2}{4}$

5 6 5 3　5 1	5 6 5 3　5 1	7 6 5 4　3 2 3 4	5　—
5 6 5 3　5 1	5 6 5 3　5 1	7 6 5 4　3 4 3 2	1　—
5 6 5 3　5 1	5 6 5 3　5 1	7 6 5 4　3 2 3 4	5 1　5
5 6 5 3　5 1	5 6 5 3　5 1	7 6 5 4　3 4 3 2	1 5　1 ‖

B段

$1=C$ $\frac{4}{4}$

‖: 5 1 2　3 5 1 | 2 7 1 2 5· | 5 1 3 5 3· | 4 5 4 5 2· |
　 5 1 2　3 5 1 | 2 7 1 2 5· | 5 1 3 5 3· | 4 5 4 2 1· :‖

动作建议

A 段　双手半握拳,屈肘放胸前,做袋鼠跳的动作。

B 段　做表达友好的动作。

【教育活动设计】

活动目标

1. 熟悉音乐旋律,会合着音乐按节拍做袋鼠跳,并根据音乐的变化交替做跳和休息的动作。

2. 迁移日常生活中同伴间表达友好的动作经验,用触摸、碰、拍等动作表现袋鼠相亲相爱的情节。

3. 触摸同伴身体时,能控制动作的力度,不碰疼同伴。

活动过程

1. 幼儿在教师讲述故事的基础上了解"快乐的小袋鼠"的游戏情节。

2. 幼儿完整地欣赏音乐,初步感受音乐 A 段与 B 段的不同,在教师的引导下用身体动作表现音乐,如:A 段拍手、B 段拍腿。

3. 学习袋鼠跳。

(1)引导幼儿边听 A 段音乐边用手指按节拍练习袋鼠跳。

(2)幼儿在教师的带领下,边听 A 段音乐边按节拍一起做袋鼠跳。

(3)个别幼儿示范袋鼠跳,其他幼儿观察腿部的动作,明确跳的要求。

(4)幼儿听 A 段音乐做袋鼠跳。

4. 幼儿创编相亲相爱的动作。

(1)幼儿在教师的语言引导下,迁移日常生活中和同伴相互表达友好的动作经验,创编相亲相爱的动作。

(2)反馈个别幼儿的动作,并引导其他幼儿模仿。

(3)幼儿听 B 段音乐做相亲相爱的动作,教师用语言提示幼儿轻轻触摸对方。

5. 幼儿听音乐完整地做游戏"快乐的小袋鼠",教师用语言提示幼儿变换动作。

(设计者:南京市北京东路小学附属幼儿园　马　骏)

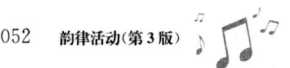

中班

1. 小熊运西瓜

【乐曲】

进 行 曲

1=C 2/4

[俄]柴可夫斯基 曲

Aa 段
[1]　　　　　　　　　　　　　　[5]
| 5̃555 | 6 0 6 0 | 7 0 5 0 | 6· 0 | 5̃555 | 6 0 6 0 | 7 0 5 0 | 6· 0 |

Ab 段
[1]　　　　　　　　　　　　　　[5]
| 4̇·5 4·3 | 2·1 7·2 | 5̇·6 5·4 | 3·2 1·3 | 6̇·5 4·6 | 7·6 5·7 | 1̇·7 6·7 | i 0 ‖
　　　　　　　　　　　　　　　　　　　　　　　　　　　　　　　　Fine

B 段
[1]
‖: i 7654 | 3 3434 | 2 2323 | 1271 6· | i 7654 | 3 3434 | 2 2323 | 1271 6· :‖
　　　　　　　　　　　　　　　　　　　　　　　　　　　　　　　　D.C.

🌸 动作建议

　　第一遍 Aa 段　模仿小熊走路沉重缓慢的样子。

　　第一遍 Ab 段　在每个乐句的句首重音处做不同的摘西瓜的动作。

　　B 段　用手臂及身体连续晃动旋转等动作,按乐句表现西瓜的滚动。

　　第二遍 Aa 段　动作同第一遍 Aa 段。

　　第二遍 Ab 段　在每个乐句的句首重音处做捡西瓜的动作。

【教育活动设计】

🌸 活动目标

　　1. 合拍地模仿熊走、熊摘西瓜等动作,学习随下行音乐做由上至下的身体动作。

三、幼儿园韵律活动教育活动设计　053

2. 根据对西瓜外形的认知迁移皮球滚动的动作经验,用手臂及身体连续晃动、旋转等不同动作表现西瓜滚动的样子。

3. 体验小熊运西瓜的情趣。

活动准备

1. 幼儿已观看录像或图片,了解小熊的外形特征,模仿熊走路的动作。

2. 音乐音频(见U盘),小熊头饰。

活动过程

1. 了解游戏情节,熟悉乐曲的旋律及结构。

(1)听教师讲故事,了解游戏情节。

(2)欣赏音乐,了解乐曲结构及性质。

2. 分段欣赏音乐,练习熊走、熊摘西瓜、西瓜滚动等动作。

(1)随Aa段音乐合拍地用屈膝动作模仿熊走路,表现肥胖、笨重的小熊走路沉重、缓慢的样子。

(2)在琴声提示下,在Aa段乐句的句首重音处用不同的动作表现摘西瓜,如:剪藤、用手摘、抱西瓜、用刀砍藤等。

(3)根据对西瓜外形的认知迁移滚皮球的动作经验,在教师语言引导下,用手臂的不同方位动作及身体的连续旋转等动作表现西瓜滚走时的连贯、轻快;在B段琴声每一乐句的起始停顿暗示下,辨别下行音乐表示西瓜滚走了;在句末处蹲下,表示西瓜已滚走了一个。

(4)在故事情节的引导下,随Ab段音乐做追西瓜、捡西瓜的动作。

3. 根据乐曲变化做出相应的动作,并注意动作合拍、协调。

(设计者:南京市北京东路小学附属幼儿园　张　琴)

2. 小兔捉迷藏

【乐曲】

飞 飞 曲

1=D $\frac{2}{4}$　　　　　　　　　　　　　　　　黎锦辉　曲

中速

前奏

（4 3 2 1 | 7 1 2 3 | 1· 0 | 1· 0 | 1 0 3 0 | 1 0 3 0 | 1 0 3 0 | 4 3 2 1）|

A段

7 0 2 0 | 7 0 2 0 | 7 0 2 0 | 3 2 1 7 | 1 0 3 0 | 1 0 3 0 | 1 3 | 5 — |

4 3 2 1 | 7 1 2 3 | 1· 0 | 1· 0 ‖

B段

1 7 6 | 5 4 | 3 4 | 5 — | 1 7 6 | 5 4 | 3 5 | 2 — |

1 7 6 | 5 4 | 3 4 | 5 — | 4 3 2 1 | 7 1 2 3 | 1· 0 | 1· 0 ‖

动作建议

前奏：身体站直，双手放在头两侧做兔耳朵状。

A 段：按节奏做蹦跳步。

B 段：兔妈妈走小碎步找小兔，小兔做花的不同造型并保持不动。

【教育活动设计】

活动目标

1. 初步熟悉音乐的旋律，学习蹦跳步，动作较合拍。在 B 段做花的造型并静止不动。

2. 通过观察花，创编表现花的不同造型动作。

3. 体验游戏活动中小兔和兔妈妈捉迷藏时的愉快情绪。

❀ 活动准备

1. 小兔木偶1个,音乐音频(见U盘)。

2. 教师在日常生活中带领幼儿观察并模仿花的造型。

❀ 活动过程

1. 教师操作小兔木偶,引发幼儿对活动产生兴趣,明确活动内容。

2. 学习随音乐做有节奏的蹦跳步。

(1)幼儿在教师的语言引导下回忆已有小兔跳的认知经验,并用动作来表现。教师问:"小兔是怎样跳的?"

(2)看教师操作木偶的动作,随A段音乐用手拍节奏。

(3)在教师的带领下,幼儿随A段音乐用手指在自己的腿上点拍小兔跳节奏。

(4)在教师的带领下,幼儿随A段音乐在座位上用双脚脚尖轻轻点地练习蹦跳步。

(5)在教师的带领下,幼儿学习小兔跳动作,并将手指竖起保持兔耳朵的造型。

(6)教师用语言反馈,观察个别幼儿动作。

(7)全体幼儿随音乐进一步练习小兔跳,明确动作要求。

3. 创编花的不同造型。

(1)在教师的启发下,幼儿回忆花的不同造型。教师问:"散步时你看到了什么花?请你用动作学一学、做一做。"

(2)观察个别幼儿的示范动作后,全体幼儿模仿练习。

(3)听B段音乐,全体幼儿自由创编花的不同造型。

4. 学玩游戏"小兔捉迷藏"。

(1)在故事情节"去花园—捉迷藏—回家"的引导下,了解动作的顺序"小兔跳—做花的造型—小兔跳"。

(2)在教师语言提示下游戏,明确A段做小兔跳动作、B段做花的不同造型。

(3)听音乐,师幼分角色做游戏,教师(扮演兔妈妈):"妈妈来了!"幼儿(扮演小兔)听B段音乐做花的造型静止不动。

（4）听音乐，师幼分角色做游戏若干遍。

（设计者：南京市北京东路小学附属幼儿园　蒋锡云）

3. 开碰碰车

【乐曲】

小小巡逻兵

选自音带《飞舞的小花朵》

$1=B$　$\frac{4}{4}$

A 段

[1]
| 1̇ 3 5̲6̲5̲ 3̲5̲ | 1 3 5 — | 4̲4̲ 5̲5̲ 4̲4̲ 5̲5̲ | 4 5 2 — |

[5]
| 1̇ 3 5̲6̲5̲ 3̲5̲ | 1 3 5 — | 2̲3̲ 2̲3̲ 2̲3̲ 2̲3̲ | 2 5 1 — ‖

B 段

[1]
| ⁵⁶5 — ⁵⁶5 — | 4̲4̲ 6̲6̲ 5 — | ⁵⁶5 — ⁵⁶5 — | 4̲4̲ 6̲6̲ 5 — |

[5]
| ⁵⁶5 — ⁵⁶6 — | 4̲4̲ 6̲6̲ 5 — | ⁵⁶5 — ⁵⁶5 — | 4̲4̲ 6̲6̲ 5 — |

尾声
| 1̇ — 3̇ — | 2̇ — 5 — | 5̲5̲ 3̲3̲ 5̲5̲ 3̲3̲ | 2̲3̲ 2̲5̲ 1 — ‖

❀ 动作建议

A 段

[1]—[2]小节，做手握方向盘状，脚原地做滚动步，表现停车情节。

[3]—[4]小节，做手握方向盘状，脚做小碎步，表现开车情节。

[5]—[6]小节，动作同[1]—[2]小节。

[7]—[8]小节，动作同[3]—[4]小节。

B段

[1]小节,身体某一部位与他人相碰撞,表现碰车的情节。

[2]小节,自转一圈。

[3]—[4]小节,动作同[1]—[2]小节。

[5]—[8]小节,动作同[1]—[4]小节。

尾声:做开车回座位的动作。

【教育活动设计】

活动目标

1. 熟悉乐曲旋律,学习滚动步,能随音乐做开车、碰车、转圈等舞蹈动作。

2. 根据已有的生活经验,创编碰车、转圈的动作。

3. 碰车时知道控制自己的动作力度,不碰疼别人;转圈时知道团紧身体,控制身体的运动幅度,体验用身体动作与同伴进行接触性交流的快乐。

活动准备

1. 请家长利用节假日带幼儿去坐碰碰车,使幼儿获得有关经验。

2. 娃娃布袋木偶两个。(在木偶身上套一个泡沫快餐盘子,当作碰碰车)

3. 录有A段、B段、ABA段的音乐的音频。

活动过程

1. 边看教师演示教具边听音乐,初步感知A段乐曲与B段乐曲的不同性质。

(1)在教具提示下,回忆开碰碰车的情景,并自由模仿。

(2)边看教师演示教具边完整地欣赏音乐,初步了解音乐结构。

2. 听A段音乐,练习做"开车""停车"动作。

(1)边听A段音乐边看教师示范动作,观察开车、停车的交替动作,并在教师语言的启发下发现新舞步——滚动步。教师问:"'开车'是小碎步,'停车'是什么舞步?"

(2)在教师的带领下,听教师哼唱音乐,学习滚动步的分解动作。

(3)在教师的带领下,听A段音乐,练习滚动步。

(4)在教师的带领下,练习开车、停车交替动作。

(5)听音乐,做开车、停车动作。

3. 练习用身体动作表现 B 段音乐碰车和转圈的情节。

(1)边听教师哼唱 B 段音乐,边与邻近同伴两两合作,表现碰车和转圈的情节。在教师语言的提示下,明确碰车时与同伴轻轻对击手掌;转圈时团紧身体转一圈,不碰到别人。

(2)在教师语言的提示下,边听 B 段音乐,边与同伴自由结伴练习两两碰车和转圈的动作。

4. 边听完整的音乐,边游戏,进一步熟悉游戏规则。

(1)在教师语言的提示下,知道随音乐变化更换动作。

(2)在教师的提问下,熟悉游戏规则。

活动延伸

在幼儿熟悉音乐和游戏规则以后,教师可以启发幼儿触碰除头部以外的其他身体部位,表现碰车的情节。动作力度以不碰疼别人为宜。也可以启发幼儿两人或多人组合,表现几辆车相碰的情景,体验合作游戏的快乐。

(设计者:南京市北京东路小学附属幼儿园　蒋锡云)

4. 走迷宫的小士兵

【乐曲】

勇敢的苏格兰

A 段　1=F　4/4

[1]

1　1.2 3　-　| 1　1.1 1　-　| 4　6.4 3　5.3 | 2　5.5 5　- |

[5]

1　1.2 3　-　| 1　1.1 1　-　| 4　6.4 3　5.1 | 2　1.7 1　- |

[9]
$\dot{1}$ $\underline{\dot{1}.\dot{1}}$ $\dot{1}$ - | $\dot{1}$ $\underline{\dot{1}.\dot{1}}$ $\dot{1}$ - | 4 $\underline{6.4}$ 3 $\underline{5.3}$ | 2 $\underline{5.5}$ 5 - |

[13]
1 $\underline{1.2}$ 3 - | $\dot{1}$ $\underline{\dot{1}.\dot{1}}$ $\dot{1}$ - | 4 $\underline{6.4}$ 3 $\underline{5.1}$ | 2 $\underline{1.7}$ 1 - ‖
Fine

B段 转1=C $\frac{4}{4}$

[17]
$\dot{1}$ $\underline{3\ 5}$ $\underline{4\ 3\ 2}$ 3 | $\underline{3.2}$ $\underline{2\ 2}$ $\underline{3\ 2}$ 2 | $\dot{1}$ $\underline{3\ 5}$ $\underline{4\ 3\ 2}$ 3 | $\underline{\dot{1}.6}$ $\underline{6\ 5\ 6}$ $\underline{\dot{1}\ 6}$ 6 |

[21]   [23]
$\underline{5.4}$ $\underline{3\ 2}$ $\underline{1\ 6\ 2}$ 3 | $\underline{3.2}$ $\underline{2\ 2}$ $\underline{3\ 2}$ 2 | $\underline{5.4}$ $\underline{3\ 2}$ $\underline{1\ 6\ 2}$ 3 | $\underline{\dot{1}.6}$ $\underline{6\ 5\ 6}$ $\underline{\dot{1}\ 6}$ 6 ‖
D.C.

动作建议

A 段　小士兵有精神地走步到玩具城。

B 段　小士兵用各种不同的走路姿态走迷宫。

【教育活动设计】

活动目标

1. 熟悉音乐旋律，用动作表现 A 段雄壮有力与 B 段欢快诙谐的音乐性质。
2. 合着 B 段乐曲，创编小士兵走迷宫的不同走路姿态。
3. 按照一定的队形走迷宫，注意保持与同伴的距离。

活动准备

通过谈话活动，理解"迷宫"的含义。

活动过程

1. 教师简单介绍游戏情节。

教师："有一位小士兵来到一座有趣的玩具城，他在玩具城兴致勃勃地走着，不知不觉地走进了迷宫。这是一个很奇怪的迷宫。必须做两种与平时走路不一样的姿势，才能走出迷宫。小士兵想了许多方法，最后终于走出了迷宫。"

2. 结合游戏情节，完整地欣赏音乐，明确 A 段表现士兵走进玩具城，B 段表现走迷宫。

3. 倾听B段音乐,学习创编各种走迷宫的脚部动作。

(1)全体幼儿随B段音乐拍手。

(2)幼儿在座位上创编不同的脚部动作,如双脚踮着走、两脚交叉走、单脚跳着走、双脚蹦跳着走等,并选择两种,在教师带领下做相反的动作。

(3)寻找空间,创编不同的脚部动作,随B段音乐练习。

4. 听音乐,完整地进行游戏。

(1)教师带领幼儿,在行进中练习创编的脚部动作。

(2)幼儿志愿者带领大家游戏,注意与同伴保持距离。

(3)随音乐再次练习,教师提醒幼儿在B段音乐,尽量做与他人不一样的脚部动作。

(设计者:南京市商业幼儿园 吴锦蓉)

5. 捉 螃 蟹

【乐曲】

水 族 馆

(节选)

1=C 2/4　　　　　　　　　　　　　　　　　　　　[法]圣桑 曲

前奏
[1]
(3 1 5 3 | 3 1 5 | 2 3 2 | 1 - | [5] 3 1 5 3 | 3 1 5 | 2 3 2 | 1 -) |

A段
[1]
‖: 3 5 6 | 6 1 1 | 3 2 · | 2 - | [5] 3 5 6 | 3 2 1 6 | 2 1 1 | 1 - :‖

B段
[1]
6 - | 6 5 3 | 6 6 0 5 | 0 3 · | [5] 2 - | 2 3 5 | 6 5 3 | 0 2 1 |

[乐谱：]

```
[9]                          [13]
6 - | 6 53 | 66 05 | 0 3· 35 6 | 32 16 | 2 1 | 1 1 | 1 - ‖

C段
[1]                                    [5]
31 53 | 31 5 | 23 2 | 1 - | 31 53 | 31 5 | 23 2 | 1 -

[9]                          [13]
53 15 | 53 1 | 45 4 | 3 - | 53 15 | 53 1 | 43 2 | 1 -

A′段
[1]                                    [5]
‖: 3 5 6 | 61 1 | 3 2· | 2 - | 3 5 6 | 32 16 | 2 1 | 1 1 | 1 - ‖

尾声 4/4
‖: 3#2 3 2 | 3 6 - - | 3#2 3 2 | 3 6 - - | 3#2 3 4 |♮2 1 2 3 | 1 7 1 2 | 7 - - - ‖
```

🐝 动作建议

前奏

双手背在身后,音乐响起时放到胸前屈肘,十指随音乐任意上下抖动,模仿螃蟹的动作。

A段

第一遍音乐

[1]—[8]小节,双手轮流伸向左、右上方,伸出的一只手的五指轻轻抖动,两小节交换1次,共4次。

第二遍音乐

[1]—[8]小节,单脚脚跟点地,左右晃动脚尖,四小节交换另一只脚。

B段

[1]—[4]小节,双手手心向外,放于嘴前,做吹泡泡状,同时嘴巴用力吹泡泡两次。

[5]—[8]小节,双手放在身体两侧,踩小碎步横向快速移动。

[9]—[12]小节,动作同[1]—[4]小节。

[13]—[16]小节,动作同[5]—[8]小节,但方向相反。

C段

[1]—[4]小节,前两小节拍手,后两小节在身体任意部位挠痒痒。

[5]—[16]小节,动作同[1]—[4]小节,变换挠痒痒的部位。

A′段

A′段动作与A段动作相同。

尾声

教师扮演捉蟹人,四处捉蟹,幼儿躲闪。

【教育活动设计】

活动目标

1. 学会随音乐合拍地做"螃蟹跳舞、吐泡泡、挠痒痒"动作。
2. 通过教师的体态提示和语言引导,创编螃蟹的各种动作。
3. 在做"螃蟹横行、躲藏动作"时不影响同伴。

活动准备

1. 音乐音频(见U盘)。
2. 自制捉螃蟹网一张。

活动过程

1. 学习A段动作。

(1)教师:"你们见过螃蟹吗?看,我是一只大螃蟹。螃蟹有很多条腿,你们有吗?伸出一条腿,动一动。"

(2)教师:"螃蟹的小腿可多了,这儿还有一条,(教师示范伸出一条腿)它可以怎么动?"

2. 创编、学习B段动作。

(1)教师:"螃蟹最喜欢在河里干什么?"(吹泡泡)"我们一起来吹个大泡泡吧。"

(2)教师:"螃蟹是怎样走路的?"请一名幼儿示范螃蟹走。然后,大家散点站立,学习螃蟹横行的动作。

3. 创编、学习C段音乐的动作。

(1) 教师:"哎哟,哎哟(教师做挠痒痒动作),我怎么了?"

(2) 引导幼儿从不同方位创编螃蟹的多种动作。

(3) 教师:"我们想一个办法,把动作做得整齐一些,好看一些。"(引导幼儿拍两下手,再挠痒痒)

4. 听音乐,完整地练习动作。

(1) 教师:"我们一起来跳个螃蟹舞。"

(2) 教师:"螃蟹还可以对着谁吐泡泡呢?"幼儿练习吐泡泡动作。(注意提醒幼儿对着旁边的小伙伴吐,但不能吐出口水)

(3) 教师与幼儿再次练习动作。

5. 游戏。

(1) 教师:"小螃蟹在河里玩得正高兴,忽然谁来了?它来干什么呢?"幼儿倾听尾声音乐。

(2) 师幼共同讨论游戏方法。

(3) 幼儿散点站立,听音乐完整地做动作。同时,教师告诉幼儿在转换动作时自己会用体态提示幼儿。(用两个体态提示动作)

(4) 提醒幼儿,在横行躲闪时不要碰撞别人。

(5) 幼儿再次听音乐并完整地做动作。

(设计者:南京市白下路幼儿园　赵　倩)

6. 地毯上的游戏

【乐曲】

加伏特舞曲

1=G　2/4　　　　　　　　　　　　　　[比利时]戈赛克　曲

(5 3 7 1 | 4 2 6 7 | 1 1̇ | 1 -) | [1] 5 6 5 3 | 4 5 4 2 | 1 1̇ | 1 - |

[5] 4 5 4 2 | 3 4 3 1 | 2 5 | 5 - | [9] 5 6 5 3 | 4 5 4 2 | 1 1̇ | 1 1 2 |

[13]
3 1̠6̠ | 1 6̠4̠ | 5 5 | 5 — | [17] 2̠4̠3̠5̠ | 4̠3̠2̠1̠ | 7 2 | 4 — |

[21]
3̠5̠4̠6̠ | 5̠4̠3̠2̠ | 1 3 | 5 — | [25] 6̠5̠5̠4̠ | 4̠3̠3̠2̠ | 2 4 | 6 — |

[29]
5 3̠7̠1̠ | 4̠2̠6̠7̠ | 1 1̇ | 1 — ‖ [33] 3 3 | 4 4 | 5̠1̠̇7̠̇1̠ | 5 — |

[37]
1 1 | 2 2 | 3̠5̠4̠5̠ 6̠5̠4̠3̠ | 2 — | [41] 6̠ 1̠6̠ | 6 6 | 5 1̠6̠ | 5 5 |

[45]
4 5 | 3 5 | 2 2̠3̠4̠3̠ | 2 — ‖ [49] 4 4̠3̠2̠1̠ | 7 7 | 1̇ 1 | 1 — |

[53]
4 4̠3̠2̠1̠ | 7 7 | 1̇ 1 | 3 — | [57] 6 1̠7̠6̠5̠ | 4 6 | 5 5̠6̠5̠4̠ | 3 5 |

[61]
4 6̠5̠4̠3̠ | 2 7 | 1̇ 1 | 1 — ‖

🎵 动作建议

[1]—[4]小节,动作节奏模式为 X—|X—|X X|X O|。幼儿盘腿围坐成大圆,面向圆心。[1][2]小节,双手握空心拳,同时轻击两膝内侧,2拍一次,共做2次;[3][4]小节,双手同时轻击自己左侧同伴的右膝内侧,1拍一次,共做3次。

[5]—[32]小节,动作同[1]—[4]小节,以4小节为一个完整动作,共做8次。

[33]—[48]小节,前8小节,双手撑地,双腿屈膝抬起,用臀部作为支点向右自转一圈;后8小节,双腿贴地,两拍一次轮流做蹬、伸和缩回动作。音乐重复,动作重复。

[49]—[56]小节,前4小节向后半躺,双腿并拢上举;后4小节双腿还原,身体坐起。

[57]—[62]小节,盘腿坐好,双手自双脚脚踝处分别往膝盖方向"爬",一拍一下地爬动。

[63]小节,拍两下手。

[64]小节,右手伸出食指和中指,同时喊"嘿"。

【教育活动设计】

🎵 活动目标

1. 初步学会律动,在教师提示下较准确地随乐段、乐句更换动作和按节奏做动作。
2. 学习根据情节提示,努力记忆动作顺序。
3. 在较拥挤的空间状态下与同伴亲密交流,转圈时能注意不碰到别人。

🎵 活动准备

1. 可供席地而坐的场地,如铺有地毯的场地。
2. 音乐音频(见 U 盘)。

🎵 活动过程

1. 教师与全体幼儿手拉手围成圆圈坐下,面向圆心。教师通过示范,让幼儿明确左边同伴的右腿在哪里。

2. 幼儿学习律动。为了强化幼儿对动作的记忆,教师特意设计以下情节与指导语。

(1)教师:"我们的小手会和自己说话,还会和朋友说话。"(启发幼儿在轻敲自己和他人膝部时口中发出有趣的声音,如:巴巴|答答答|)

(2)教师:"小屁股转一圈玩玩,小腿伸出去玩玩。"

(3)教师:"后背也想躺下去玩玩,它和小腿玩起了跷跷板。"

(4)教师:"小手玩起了爬大山的游戏。"

(5)教师:"小手玩得真高兴,两只小手拍一拍,然后举起右手喊'嘿'。"

3. 教师用哼唱旋律的方法帮助幼儿理清音乐结构。

4. 幼儿随音乐完整地表演动作若干次,教师逐步减少语言提示,把幼儿的情绪逐步推向高潮。

(设计者:南京市白下路幼儿园 黄 莹 茹 宁)

7. 小熊和小鸟

【乐曲】

小熊和小鸟

1=F 2/4

选自《贝贝舞曲》

Aa段

5　6｜5　6｜5 1 3　6 6｜5　5｜3 3　4 4｜5　-｜

3 3　4 4｜5　-｜1 1　1 5｜6 6　5｜4 3　2 7｜1　-‖

Ab段

‖:1 2 3 1　1 2 3 1｜2 3 4 2　3 2 5｜3 4 5 3　1 2 3 1｜2 3 #4　5 0 5 0｜

1 2 3 1　1 2 3 1｜2 3 4 2　3 1 5｜5 6 5 4　3 4 3 2｜1　0｜

Ac段

5 6 5 4　3 4 5 3｜4 6　1｜3 5　5｜2 3 4 5　6｜7 1 7 6　5 6 5 4｜

3 5　1｜4 3 2 1　7 6 6 7｜1　1｜1 2 3 4　5 6 7 1｜3　0｜

Ba段　转1=♭B

‖:5 3 3 1 5｜4 3 3｜4 3 2｜3 2 1｜5 3 3 1 5｜4 3 2｜3 2 2 5｜1 3 1 0:‖

Bb段　转1=F

2　2 3 2 7｜1 7 1 3　5｜4 5 6 4　2 3 4 2｜3 4 5 3　1｜

3 5　4 3｜2　2 1 7 6｜5　5 4 3 2｜1　0‖

【教育活动设计】

❀ 活动目标

1. 初步熟悉乐曲的旋律,感知 Aa 段乐曲节奏平稳的音乐性质和 Ab、Ac、Ba、Bb 段乐曲欢快的舞曲性质,并学习用小熊走、小鸟飞等动作来表现。

2. 迁移日常生活经验,创编不同动作,表现小熊走、小鸟飞的形象。

3. 知道寻找空间律动,不与别人碰撞。

🦋 活动准备

音乐音频(见 U 盘),小熊和小鸟的图片各一张。

🦋 活动过程

1. 欣赏图片,引出角色,迁移生活经验创编小熊走、小鸟飞的动作。

2. 欣赏乐曲,区分各段的音乐性质,并用小熊走、小鸟飞、小熊和小鸟跳舞等情节表现各个乐段。

3. 分段欣赏。

(1)Aa 段:重点练习小熊走的动作。教师反馈幼儿规范动作,帮助幼儿掌握小熊走时膝盖弯曲的要点。幼儿学习按乐句交替做小熊走和转圈的动作,一句换一次,走时一拍一下地走。

(2)Ab、Ac 段:在教师引导下听出该段音乐欢快的音乐性质,练习小碎步,做小鸟飞的动作。

(3)跟随 A 段音乐分角色表演有关情节,进一步熟悉音乐及角色形象和动作,并掌握游戏规则:小熊运动时,小鸟不动;小鸟运动时,小熊不动。

(4)Ba 段:在教师引导下听出 Bb 段音乐欢快的舞曲性质,学习结伴自由舞蹈。

4. 完整地听音乐,分角色做游戏。

🦋 活动延伸

第二次活动时,让幼儿用学过的舞步和对称技能创编 B 段舞蹈动作,按乐句变换动作。

(设计者:南京市北京东路小学附属幼儿园　陈德玲)

大班

1. 小熊滑冰

【乐曲】

圆 舞 曲

选自《世界名曲5》
上海海文音像出版社出版

1＝C

前奏 2/4

(5 5 5 5 5 4 | 3.1 5 | 5 2 2 2 2 3 2 | 1 $\dot{1}$) |

A段 2/4

[1]
5 1 2 | 3 5.6 | 7 6.5 | 3 — | 2 5 3 | 2 5 3 | 6 7.5 | 6 — |

[9]
$\underline{5}$ 1 2 | 3 $\dot{1}$ | 7 5.3 | 5 — | 7 1 2 | 3 6 2 | 5 — | 5 — ‖

间奏

(2 5.3 | 2 3.7 | 1 — | 1 —) |

B段 3/4

[1]
$\dot{1}$ — — | 5 — — | 6 — — | 3 — — | 4 — 3 | 4 3 2 | $\dot{2}$ — — | $\dot{2}$ — — |

[9]
$\dot{2}$ — — | 6 — — | 7 — — | 3 — — | 5 — 5 | 5 4 3 | $\dot{3}$ — — | $\dot{3}$ — — |

[17]
$\dot{3}$ — — | 6 — — | $\dot{1}$ 7 6 | 3 — — | 7 — — | 3 — — | $\dot{1}$ — — | $\dot{1}$ — — |

[25]
$\dot{1}$ — — | 5 — — | 6 — — | 3 — — | 4 5 6 | 3 — 2 | $\dot{1}$ — — | $\dot{1}$ — — ‖

动作建议

A 段　小熊走。

B 段　小熊滑冰。

【教育活动设计】

活动目标

1. 学习滑步。学熊滑冰时动作合拍,有三拍子的感觉,学熊走时屈膝有弹性。

2. 结合录像中有关滑冰动作,掌握滑步动作要领。

3. 在活动中,努力控制自己的步幅,不影响他人活动。

活动准备

1. 录有 AB 段、A 段和 B 段音乐的音频。

2. 玩具熊一个。

3. 幼儿看过"短道速滑"的录像。

活动过程

1. 教师出示玩具熊,让幼儿初步了解音乐中的角色形象。幼儿倾听老师讲述小熊滑冰的故事,对音乐产生兴趣。

2. 幼儿欣赏音乐,在教师的提问、引导及动作暗示下理解音乐的性质及表达的内容。

3. 幼儿听 A 段音乐并找空地方练习小熊走路,在教师提醒下注意走路时屈膝有弹性。

4. 学习滑步。

(1)幼儿欣赏录像"短道速滑"的内容,在教师引导下自由做滑冰的动作。

(2)看教师随 B 段音乐示范滑步。

(3)全体幼儿随 B 段音乐练习滑步,掌握滑冰的动作要领。

(4)教师观察与反馈个别幼儿的表演动作,进一步明确要在音乐的重拍迈出滑步。

(5)全体幼儿随 B 段音乐练习滑步,逐步使动作合拍,表现出三拍子的感觉。

5. 听音乐,把小熊走与小熊滑冰连起来做。

6. 在教师启发下大胆创编出音乐结尾处的造型,教师用语言提示:"小熊越滑越高兴,最后转了一圈,还摆了一个造型。"

7. 幼儿随音乐完整地做动作。

❀ **活动延伸**

第二课时,可让幼儿欣赏花样滑冰的录像,丰富经验,创编不同的上肢动作。

(设计者:南京市北京东路小学附属幼儿园　刘　晶)

2. 椅子律动

【乐曲】

泼　水　歌

1=F　2/4　　　　　　　　　　　　　　　　　　民　歌

[1] 11 123 | 11　5 | 3232 123 | 11 1 | [5] 44 46 | 5654 3 |

44 46 | 5654 6 | [9] 3232 123 | 11 5 | 3232 123 | 11 1 ‖

❀ **动作建议**

[1]—[2]小节,蹲在椅子背后,双手扶住椅背从左右两侧探头,做捉迷藏状。

[3]—[4]小节,双手扶椅子背,上下探头做捉迷藏状。

[5]—[6]小节,右手叉腰,伸出左手做摇手状。

[7]—[8]小节,与[5]—[6]小节动作相反。

[9]—[10]小节,双手叉腰,踩着小碎步从椅子后面跑到椅子前面,面向椅子蹲下。

[11]—[12]小节,双手同时按照ХХ|ХХХ|的节奏拍击椅面。

【教育活动设计】

活动目标

1. 学习律动,随音乐合拍地做游戏动作。
2. 以小椅子作为道具,进行动作创编。
3. 体验、表现律动的情趣,感受活动的快乐。

活动准备

1. 幼儿已熟悉音乐。
2. 每人一张椅子,座位排列成秧田式。

活动过程

1. 倾听音乐。

(1)听一遍音乐。

(2)随音乐拍手。

2. 创编游戏动作。

(1)在教师的启发下,自己与小椅子捉迷藏。

(2)2~3名幼儿在集体面前做游戏动作。(教师合着幼儿的动作哼唱曲谱)

(3)全体幼儿合着音乐节奏自由地创编动作。

(4)逐句创编:个别幼儿在集体面前创编,与教师共同讨论后,理顺动作并学习。

3. 练习游戏动作。

(1)随着较慢的旋律,练习游戏动作。

(2)重点练习按ХХ|ХХ Х|的节奏做动作。

(3)随着音乐完整地做游戏动作。

活动延伸

幼儿熟悉律动以后,可在教师的引导下进一步创编其他不同的动作。[11]—[12]小节,拍不同的节奏型。

(设计者:南京市逸仙小学附属幼儿园　李　漫)

3. 小老鼠和泡泡糖

【乐曲】

小老鼠和泡泡糖

1=C 6/8
佚名 曲

前奏
(1 3 2 | 1 7 6 | 5 5 1 0)

A段
[1] 1 1 3 5 3 1 | 7· 6 5 0 | [3] 7 7 2 4 2 7 |

[1] 1 6 5 0 | 1 1 3 5 3 1 | 7· 6 5 0 | [7] 7 7 2 4 2 7 | 1 5 1 0 |

B段
[9] 6· 6· | 6· 6· | [11] 6· 4 6 1 | [12] 5· 5· | 5· 5· | [14] 5· 3 5 1 |

[15] 4· 4· | 4· 4· | [17] 4 4 2 4 2 0 | [18] 1 3 4 5 6 7 | 1 5 1 0 ‖

🐝 动作建议

A 段

[1]—[2]小节，按节奏做老鼠跑出洞的动作。在第[2]小节 **6 5** 处做左看一下、右看一下的动作。

[3]—[8]小节，动作同[1]—[2]小节的动作，共做 3 次。

B 段

[9]—[11]小节，做小老鼠用力拽泡泡糖的动作；在[11]小节 **4 6 1** 处做泡泡糖弹回来打到自己的动作。

[12]—[17]小节，动作同[9]—[11]小节，共做 2 次。

[18]—[19]小节，做小老鼠迅速跑回家的动作。

【教育活动设计】

活动目标

1. 尝试合拍地做老鼠走、左右张望的动作,较形象地做出小老鼠拽泡泡糖的动作。
2. 通过将积累的生活动作进行夸张表现,较大幅度地合乐做律动动作。
3. 做幅度较大的动作时,注意自己站的位置,不影响别人。

活动准备

1. 音乐音频(见U盘)。
2. 玩过泡泡糖,对泡泡糖的黏性有感性认识。

活动过程

1. 听故事,按故事情节做动作。

(1)教师讲故事:有一只小老鼠,在妈妈睡午觉时,悄悄溜出去玩。他跑几步就左看看、右看看,跑几步就左看看、右看看。到了草地上,小老鼠不小心踩到了一个黏糊糊的东西。他不知道这是泡泡糖,赶忙用手去拽,呀,泡泡糖粘到手上了,他用另一只手去拽,泡泡糖又粘到了另一只手上,拽来拽去,泡泡糖像根绳子一样把小老鼠的手捆了起来。一只猫冲了过来,小老鼠飞快地跑回家。

(2)按故事情节做玩泡泡糖的动作。

2. 幼儿听音乐,按故事情节做动作。

(1)教师:"现在我请你们听音乐,这段音乐就是告诉我们小老鼠和泡泡糖的故事。请你们在座位上按故事情节用动作表现出来。"

(2)幼儿在座位上做动作,教师用小幅度的动作提示幼儿,在B段开始处用语言提示幼儿。

(3)玩游戏。

①第一遍游戏:幼儿与教师一同听音乐做动作。

教师用律动动作与幼儿生活动作相比较的方法来引导幼儿理解"夸张"。

②第二遍游戏:教师提醒幼儿在游戏中注意,泡泡糖弹回来时可粘在身体的不同部位。

例如:左手去拽右手上的泡泡糖时,泡泡糖弹回来可粘在腿上。

(4)听音乐,按故事情节完整地做"小老鼠和泡泡糖"游戏。

(设计者:南京市白下路幼儿园　陈薇薇)

4 啄 木 鸟

【乐曲】

单簧管波尔卡

$1={}^{\flat}B$ $\quad \dfrac{2}{4}$

[波]普罗修斯卡 曲

A段、A′段

[1] (i i | i) 0 5 4 | 3 5 1 3 5 1 3 5 | [2] 3 3 3 3 5 | [3] 3 3 5 3 3 5 | [4] 5 4 2 7 5 6 5 |

[5] 4 5 7 2 5 7 2 4 | [6] 7 7 7 6 4 | [7] 7 6 4 7 6 4 | [8] 6 5 3 1 5 5 4 | [9] 3 5 1 3 5 1 3 5 | [10] 3 3 3 3 5 |

[11] 3 3 5 3 3 5 | [12] 5 4 2 7 5 6 5 | [13] 4 5 7 2 5 7 2 4 | [14] 7 7 7 6 4 | [15] 5 7 6 5 4 3 2 | [16] 1 1 1 0 ‖ A′[16] i i i ‖
Fine

B段

[1] ‖: 5 6 5 4 5 6 5 4 5 | [2] 3 5 1 3 5 | [3] 3 5 4 3 2 4 3 2 | [4] 1 3 3 2 1 7 6 5 |

5 6 5 4 5 6 5 4 5 | 3 5 1 3 5 | 3 5 4 3 2 4 3 2 | i i i ‖ i i i 5 4 :‖

C段

[1] 0 5 | 5 · 3̄1̄6̄ | [2] 5 · 5 4 | [3] 3 5 1 5 3 5 1 5 | [4] 4 5 7 5 4 4 |

[5] 4 · 2̄7̄6̄ | [6] 5 · 5̄6̄5̄ | [7] 7 7 | [8] 6 5 3 1 5 5 |

[9] 5 · 3̄1̄6̄ | [10] 5 · 5 4 | [11] 3 5 1 5 3 5 1 5 | [12] 4 5 7 5 4 4 |

[13] 4 · 2̄7̄6̄ | [14] 5 · 5̄6̄5̄ | [15] 5 6 5 4 5 6 7 | [16] i i i 5 4 ‖

🐝 **动作建议**

A 段

[1]—[4]小节,幼儿坐好,左手叉腰,右手掌放在耳边做倾听状,随乐摆动 4 下。

[5]—[8]小节,双手做鸟嘴状,向右边随乐啄虫 4 下。

[9]—[16]小节,动作同[1]—[8]小节,方向相反。

B 段

[1]—[2]小节,两手从上往下摊开,下垂,表现劳动后无力的样子。

[3]—[4]小节,两手五指分开,放在头两边做扇动翅膀的动作。

[5]—[8]小节,动作同[1]—[4]小节。

C 段

[1]—[2]小节,眼睛随着手指动,表示寻找虫子,在[2]小节第一个重音处用手指点一下,表示找到了虫子。

[3]—[4]小节,捉住虫子放进嘴里吃掉,并表现出啄木鸟吃掉虫后的愉快心情。

[5]—[16]小节,动作同[1]—[4]小节,每 4 小节为一个动作单位,共做 3 次。

A′段

[1]—[4]小节,双手向两侧伸平,手心向下,随乐做 4 下提压手臂动作,表示啄木鸟快乐地跳起舞来。

[5]—[8]小节,动作同[1]—[4]小节,方向相反。

[9]—[15]小节,动作同[1]—[8]小节。[16]小节,双手手心相对,自下而上举起,结束。

【教育活动设计】

🐝 **活动目标**

1. 感受乐曲 ABCA′的结构,初步学习律动。

2. 在理解乐曲的基础上,创编简单的动作,随乐合拍地表演啄木鸟捉虫等情节。

3. 在律动时加入表情,使表演更逼真。

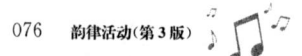

活动过程

1. 讲故事,导入活动。

教师:"果园里,有些苹果树病了,一点精神也没有,啄木鸟医生来为它们治病。啄木鸟医生仔细地检查,发现原来是害虫在捣乱。于是,它就'笃笃笃'地为大树治起了病。一会儿,啄木鸟医生满头大汗,可真累呀!它用两只翅膀当作扇子扇了起来,然后,又接着工作了,啄木鸟医生的眼睛可真厉害,一只虫子都逃不掉。终于,啄木鸟医生把虫啄完了,苹果树的病好了,又长出了茂盛的树叶。啄木鸟医生高兴地抖动着双翅,跳起了舞。"

2. 幼儿听音乐,根据故事情节,分辨乐曲结构。

教师:"有一段音乐,说的就是啄木鸟的故事,听听看,音乐的哪些地方和故事里的哪些地方是一样的?"

幼儿听音乐,自由表演。

3. 幼儿在理解乐曲的基础上,根据故事情节创编相应动作。

教师:"啄木鸟是怎么帮苹果树检查的?先干什么?后干什么?""啄木鸟啄虫啄累了,是什么样的?它用翅膀当扇子,又是怎么做的?""啄木鸟吃掉虫子后很得意,是什么样的?"(幼儿用表情、动作表现)"最后啄木鸟帮苹果树治好了病,跳起了舞,它可以怎样跳?"

4. 完整地随音乐表演。

(1)教师根据幼儿的创编,带领幼儿按情节边听音乐边完整地做动作。

(2)教师提出表情要求,幼儿进行练习。

(3)个别幼儿带领其他幼儿集体练习。

(设计者:南京市白下路幼儿园　邹　俊)

5. 熊与蜜蜂

【乐曲】

海琼斯小夜曲

1=D 2/4　　　　　　　　　　　　　　　　　　　　［奥］舒伯特　曲

前奏
[1]
(1̇616 5 | 3252 5 | 3151 6̇6̇ | 33 1 | 1̇616 5 | 3252 5 | 3151 6̇6̇ | 33 1‖

A段
[1]
3̲5̲ 3 | 4̲3̲ 2 | 1̲2̲ 3̲1̲ | 5̣ 5̣ | 4̲5̲ 4 | 3̲5̲ 3 | 2̲ #4̲ 7̲6̲ | 5 — |

[9]
3̲5̲ 3 | 4̲3̲ 2 | 1̲2̲ 3̲1̲ | 5̣ 5̣ | 6̲1̲ 4̲6̲ | 5̲3̲ 1 | 3̲5̲ 2̲5̲ | 1 — ‖

B段
[1]
‖: 2̲1̲7̣̲ 4̲3̲2̲ | 5̲3̲5̲1̲ | 7̣̲5̲6̲4̲ | 5̲3̲ 2̲7̣1̲6̲ | 2̲1̲7̣̲ 4̲3̲2̲ | 5̲3̲ 5 | 2̲7̣̲ 6̲2̲ | 5 — :‖

C段
[1]
6̲6̲3̲3̲ 4̲4̲3̲3̲ | 2̲2̲4̲4̲ 5̲5̲6̲6̲ | 3̲3̲5̲5̲ 4̲4̲3̲3̲ | 2 6 | 6̲6̲3̲3̲ 4̲4̲3̲3̲ | 2̲2̲6̲6̲ 5̲5̲4̲4̲ | 3̲3̲2̲2̲ 4̲4̲#5̲5̲ | 6 — |

6̲6̲3̲3̲ 4̲4̲3̲3̲ | 2̲2̲4̲4̲ 5̲5̲6̲6̲ | 3̲3̲5̲5̲ 4̲4̲3̲3̲ | 2 6 | 6̲6̲3̲3̲ 4̲4̲3̲3̲ | 2̲2̲6̲6̲ 1̇1̇♭7̲7̲ | 6̲6̲5̲5̲ #4̲4̲5̲5̲ | 1̇ — |

尾声
[1]
1̇616 5 | 3252 5 | 3151 6̲6̲ | 33 1 | 1̇616 5 | 3252 5 |

3̲2̲5̲1̲ 6̲6̲ | 33 1̲5̲1̲3̲1̲3̲ | 5̲3̲5̲1̲5̲1̲ 3̲0̲7̲0̲ | 1̇ — ‖

🐝 **动作建议**

　　A段　随音乐合拍地模仿熊走。

B段　按乐句用不同的动作及神态表现小熊喝蜂蜜时的满足感。每句交替做仰头喝蜂蜜状和舔嘴、拍肚子等动作。

C段　用静止的动作及恰当的神态表现小熊紧张、害怕、躲藏不敢动的样子。

尾声　小熊偷看蜜蜂打哈欠,趁其不备赶紧逃回家。

【教育活动设计】

活动目标

1. 合拍地模仿熊走,用动作及神态自由表现小熊喝蜂蜜时的满足感以及躲避蜜蜂时的恐惧感。

2. 根据游戏的情境,借助角色的暗示,知道"蜜蜂"追捉时,"小熊"应迅速躲避并逃跑。

3. 注意倾听音乐尾声,遵守乐曲结束时迅速回到座位的游戏规则。

活动准备

1. 组织幼儿观看录像或图片,了解小熊的外形特征,模仿熊走路的动作。

2. 音乐音频(见U盘),幻灯片,蜜蜂头饰一个。

活动过程

1. 了解游戏情节,熟悉乐曲旋律及结构。

(1)听教师讲述故事,了解游戏情节。

(2)边欣赏音乐,边看幻灯片,了解乐曲旋律及结构。

2. 分段听音乐,练习小熊走、喝蜂蜜、躲藏等动作。

(1)在教师语言的启发下,幼儿根据小熊的外形特征,练习随A段音乐合拍地做熊走路的动作。

(2)在教师情境语言的提示下,幼儿随B段音乐,按乐句用不同的神态及动作来交替表现小熊喝蜂蜜后的满足样子(如擦嘴、拍肚皮、舔嘴等)。

(3)随C段音乐用不同的静止动作及恰当的神态自由地表现小熊躲藏的姿态及紧张害怕的样子(如:一头扎进水里、躲在树后、跳进草丛、闭上眼、抱着头浑身发抖等)。

(4)反馈个别幼儿的表情和动作,幼儿间相互学习。

3. 分角色玩游戏。

(1) 根据乐曲变化做相应的动作。

(2) 教师或个别幼儿戴上头饰扮演蜜蜂，其他幼儿扮演小熊，随音乐做游戏。在乐曲结束时，蜜蜂以追逐方式督促小熊迅速回座位。

(设计者：南京市北京东路小学附属幼儿园　张　琴)

6. 玩 具 店

【乐曲】

贝贝拍球

选自《宝宝迪斯科》
上海翻译出版公司出版

$1=C \quad \frac{4}{4}$

A段　活泼欢快地

[1]
5 1 5 1 5 3 1 | 5 5 3 2 3 3 | 5 2 2 2 1 2 2 | 5 4 2 3 1 2 |

[5]   [8]
5 1 3 5 5 2 | 6 6 5 — | 4 2 3 5 | 3 2 1 1 — |

B段
[1]
‖: 6 — 2 1 7 2 1 6 | 7 5 3 5 — | 4 — 4 3 2 4 3 2 | 3 1 1 1 — :‖

C段　幽默滑稽地
[1]   [3]
‖: × × × × | × × × × | 1 7 6 5 4 3 2 1 6 5 #4 | 5 — — — |

[5]   [7]
× × × × | × × × × | 7 6 5 4 3 2 1 7 3 2 1 2 | 3 — — — :‖

🐝 动作建议

A段　幼儿跑跳步出来，扮玩具自由摆造型不动。

B段　幼儿扮作玩具，按节奏相互打招呼。

C段　幼儿玩玩具。在乐句的前半句,幼儿给玩具上发条,玩具不动;在乐句的后半句,玩具自由做动作,幼儿不动。

【教育活动设计】

活动目标

1. 感知A段和B段音乐活泼跳跃、C段音乐滑稽幽默的性质,并用跑跳步、转身打招呼、与玩具一起做游戏的动作来表现。跑跳步时,注意动作正确合拍。

2. 根据已有经验用不同的身体动作表现玩具的不同运动方式。

3. 遵守合作的规则:上发条时,扮玩具的幼儿要控制自己,不能动。

活动准备

1. 音频两段(一段录有完整音乐,一段录有C段音乐)。

2. 幼儿曾摆弄多种玩具,熟悉玩具的不同运动方式。

活动过程

1. 听教师讲述故事,倾听音乐,初步感受乐曲的性质。

教师:"许多小朋友蹦蹦跳跳地来到了玩具店,学着玩具的样子和朋友打招呼。他们说,我们来玩玩具吧!他们给玩具上足了发条,玩具们调皮地表演起来了。"

2. 边听音乐边跟随教师在座位上做身体动作,如:拍腿、招手、上发条等,感受乐段的变化。

3. 学习小朋友玩玩具的配合动作及玩具的不同运动形式。

(1)在教师的讲解指导下,幼儿理解"上发条时,玩具不动,玩具动时,小朋友不动"的配合动作的关系。教师:"现在我来上发条,上紧后我停下,玩具才能动。"

(2)教师与幼儿分别扮演小朋友和玩具,练习配合动作,教师哼唱音乐。

(3)在教师的启发下,幼儿调动已有经验,用各种动作表现玩具的不同运动方式。在教师反馈规范的动作的启发下,幼儿大胆表现。

(4)听音乐,完整地练习配合动作。在教师的鼓励下,用不同动作表现并能较好地控制自己的身体。

4. 在教师的启发下,幼儿用跑跳步表现 A 段,并练习跑跳步。

5. 看教师用走走、转告打招呼的动作表现 B 段,练习一句换一个朋友。

6. 分角色听音乐,完整地做游戏数遍,进一步练习,遵守上发条时玩具不动的规则。

(设计者:南京市北京东路小学附属幼儿园　俞燕婷)

7. 小 木 匠

【乐曲】

小 木 匠

1=C　2/4　　　　　　　　　　　　　选自《幼儿律动选》

[1]　　　　　　　　　　　　　　[5]
‖: 5555 | 5 1 3 | 5 6 5 1 3 | 5 2 2 | 5555 | 5 2 2 | 3 5 6　5 1 | 5 4 3 2 1 |

[9]　　　　　　　　　　　　　　[13]
1 1 1 1 | 1 2 1 6 | 5 5 5 5 | 5 6 5 3 | 1 1 1 1 | 1 2 1 6 | 7 6 5 6 7 1 2 3 | 1 1 1 :‖

动作建议

第一遍音乐

[1]—[4]小节,模仿木工运木头的样子。

[5]—[8]小节,模仿木工锯木头的动作。

[9]—[12]小节,模仿木工刨木头的动作。

[13]—[16]小节,模仿木工吊线的动作。

第二遍音乐

[1]—[4]小节,模仿木工钉钉子的动作。

[5]—[8]小节,模仿木工擦汗的样子。

[9]—[16]小节,表现木工欣赏自己的作品时得意的样子。

【教育活动设计】

🐝 活动目标

1. 倾听音乐,初步学习按乐句做动作。

2. 在观察与感知木工劳动过程的基础上,学习有序地创编"小木匠"的律动。

3. 做动作时注意调整与同伴间的距离,不相互碰撞。

🐝 活动准备

参观木工的劳动场面或观察木工劳动的图片。

🐝 活动过程

1. 导入活动。

(1)教师:"木匠想做一张小椅子,他要做哪些事呢?"

幼儿根据教师的提问讨论、回答。

(2)幼儿自由地用动作表现木工的劳动。

2. 感受音乐。

(1)完整地听一遍音乐。

(2)感受并熟悉乐句。

3. 创编动作。

(1)听音乐,自由地表演。

(2)按木工劳动的流程创编动作。先逐句创编动作,然后重点创编:表现做好椅子后的高兴与得意的动作。

第一遍,注意按照顺序做动作。

第二遍,注意动作合拍,并能较好地表现木工欣赏作品时的高兴与得意的样子。

(3)幼儿跟着音乐完整地表演。

(设计者:南京市逸仙小学附属幼儿园　陶　蓉)

8. 老鼠逗猫

【乐曲】

钟 表 店

1=D 4/4 　　　　　　　　　　　　　　　　　[德]查理·奥尔特 曲

引子
| x x x x | x x x x | x x x x ‖

A段
[1]
‖: 1 2 3 1 | 2· 3 4 05 | 7 1 2 7 | 1·7 12 7 05 |
[5]
1 2 3 1 | 2· 3 4 05 | 2 3 5 4 | 0 3 2 1 5 :‖ 0 3 2 1 ‖

间奏
(5 - - 5 | 5 - - 5 | 5 - - - | 5 06 50) |

B段
[1]
5 5 | 5 - - 5 5 | 5 - - 5 5 | 5 5 4 3 | 5 - - 3 3 |
[5]
3 - - 3 3 | 3 - - 3 3 | 2 2 2 2 2 | 2 - - 5 5 |
[9]
5 - - 5 5 | 5 - - 5 5 | 5 5 4 3 | 5 - - 3 3 |
[13]
3 - - 3 3 | 3 - - ♭3 3 | 3 2 2·3 #4 2 | #1 - - - | x x x x ‖

A′段
[1]　　　　　　　　　　　　　　　　　　　　　　　　　　　　　　　[5]
5 ‖: 1 2 3 1 | 2· 3 4 05 | 7 1 2 7 | 1·7 12 7 05 | 1 2 3 1 |
　　　　　　　　　　　　　　　　　　　　　[10]
2· 3 4 05 | 2 3 5 4 | 0 3 2 1 5 :‖ 3 0 2 0 | 1 xxxxx | xxx 0 ‖

🐝 **动作建议**

引子 "老鼠"按节奏做开锁状。

A 段 "老鼠"悄悄地走出来找食吃。

间奏 有"猫"来的声音,"老鼠"停住,仔细辨听。

B 段 "猫"按乐句大步追捉"老鼠"。"老鼠"踩小碎步,迅速向相反方向躲闪,并在每句后两小节表现出各种戏弄、取笑"老猫"的样子及得意的神态。最后一小节|ⅩⅩⅩⅩ|处,"猫"筋疲力尽,垂头丧气地走了。

A′段 "老鼠"随音乐走回家。

【教育活动设计】

🐝 **活动目标**

1. 合拍地模仿老鼠走路。学习用不同的神态和动作表现老鼠逗猫的得意样子。

2. 在"猫"追捉动作的暗示下,"老鼠"按乐句向"猫"的相反方向躲闪。

3. "老鼠"躲闪时,注意兼顾周围同伴,控制速度,把握好空间位置,避免碰撞。

🐝 **活动准备**

1. 幼儿观看过录像或图片,了解老鼠和猫的外形特征。

2. 音频 2 段(完整的与分段的音乐各 1 段)。

3. 猫的头饰 1 个。

🐝 **活动过程**

1. 倾听教师讲述"老鼠逗猫"的故事。

2. 完整地欣赏音乐,初步熟悉乐曲旋律和结构。

3. 随 A 段音乐用身体动作表现老鼠的外形特征,并随音乐节奏做老鼠鬼鬼祟祟找食的样子。在教师的提醒下,注意动作合拍且脚步轻巧。

4. 根据游戏情节随 B 段音乐创编"老鼠躲闪"及"逗猫"的动作。

(1)根据教师的语言提示,练习小碎步,来回躲闪。

(2)在教师扮演的"猫"的带领下,听教师哼唱 B 段音乐,按乐句踩小碎步做躲闪动作，注意找空地方及控制速度，不与同伴碰撞。

（3）在教师扮演的"猫"的动作暗示下，随B段音乐，按乐句做相反方向的躲闪动作。注意奔跑时快速轻巧且兼顾周围同伴。

（4）在教师引导下听音乐练习，相互模仿，学习用不同的神态和动作表现"老鼠"躲过"猫"并戏逗、取笑"猫"的得意样子。

（5）随B段音乐完整地做"躲闪""逗猫"的动作。

5. 听音乐，完整地做游戏。

（1）在教师扮"猫"的提示下，幼儿随音乐变化做"老鼠走、躲闪、逗猫、回家"等相应动作，注意动作的合乐性。

（2）教师或个别幼儿扮"猫"，带领全体幼儿随音乐完整地做游戏。在教师的提醒下，注意"猫"在音乐间奏时做好准备，在B段音乐每句强拍时追逐。

（设计者：南京市北京东路小学附属幼儿园　张　琴）

9. 可爱的小精灵

【乐曲】

钟　表　店

[德]查理·奥尔特　曲

间奏
[1]
$5 - - \underline{5} | 5 - - \underline{5} | 5 - - - | 5 \underline{0 6} 5 \underline{5.5} |$

B段
[1]
$5 - - \underline{5.5} | 5 - - \underline{5.5} | 5 5 4 3 | 5 - - \underline{3.3} |$
(铃)　　　　　　(铃)

[5]
$3 - - \underline{3.3} | 3 - - \underline{{}^\flat 3.3} | 2 \underline{2.2} 2 2 | 2 - - \underline{5.5} |$
(铃)　　　　　　(铃)

[9]
$5 - - \underline{5.5} | 5 - - \underline{5.5} | 5 5 4 2 | 5 - - \underline{3.3} |$
(铃)　　　　　　(铃)

[13]
$3 - - \underline{3.3} | 3 - - \underline{{}^\flat 3.3} | 2 \underline{2.3} {}^\sharp 4 3 | {}^\sharp 1 - - - \|$
(铃)　　　　　　(铃)

🎵 动作建议

前奏　按节奏做开锁的动作,两拍一下。

A段　按乐句交替做矮人走(屈膝蹲着走)和娃娃步(走时抬起的腿屈膝向外侧踢起)动作。

间奏　静止不动。

B段　看"魔法棒",迅速用身体动作表现小动物的典型特征,并随音乐做简单的舞蹈动作。

附:自编故事《可爱的小精灵》

魔术师有一个魔盒,里面关着许多小精灵。一天,魔术师出门了,一个淘气的木偶人打开了魔盒。(前奏)

小精灵们从盒子里逃了出来,来到森林里,看到许多娃娃在跳舞,就学着娃娃的样子跳起了娃娃舞。(A段)

魔术师回来后发现小精灵都逃走了,便来到森林里寻找小精灵。(间奏)

魔术师用魔法棒将小精灵变成各种小动物,谁变得慢,谁就受到魔术师的惩罚。(B段)

小精灵们的出色表演让魔术师不再生气了。他带着小精灵们回到了家。(A段)

【教育活动设计】

❀ 活动目标

1. 听音乐,合拍地做矮人走和娃娃步动作,且动作比较协调、合拍。

2. 根据教师出示的形象标记及挥"魔法棒"动作的暗示,创造性地用身体动作来表现小兔、小狗、小鸭、小猴的典型特征,准确地在 B 段乐句句首处迅速做出与之相应的小动物动作。

3. 做娃娃步动作时能控制好动作幅度,踢腿时不碰到同伴。

❀ 活动准备

1. 小兔、小狗、小鸭、小猴头饰,画有动物头像的"魔法棒"。

2. 幼儿已听过故事《可爱的小精灵》。

3. 幼儿已能较熟练地听辨该音乐,并能跟着音乐做相应的身体动作。

❀ 活动过程

1. 引导幼儿巩固对音乐的认识,感受音乐的结构。

(1)一边听音乐《钟表店》,一边在教师提问的引导下将故事情节与音乐进行匹配,进一步感受乐曲的性质。

(2)在教师动作的暗示下,听音乐做身体动作,区分两段音乐。A 段:用手指在腿上一下一下地做走路的动作。间奏:静止不动。B 段:(铃响)教师做按铃动作,幼儿自由变换各种动作。

2. 在教师出示的"魔法棒"上的动物头饰和教师提问的引导下,听 B 段音乐迁移已有经验,创造性地用身体动作表现小兔、小狗、小鸭、小猴的典型特征。

(1)全班幼儿集体创编,表现出各种小动物的典型特征。

(2)全班幼儿模仿学习。

(3)听 B 段音乐,根据教师出示的动物头像表现出各种动物的典型特征,且注意动作协调、合拍。

3. 在教师的语言引导和动作示范下,幼儿听 A 段音乐,学做矮人走和娃娃步动作。

(1)个别幼儿示范矮人走。

(2)全班幼儿模仿学习,注意动作合拍。

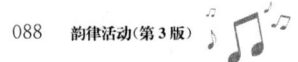

(3)看教师示范娃娃步,幼儿找出踢腿和手臂摆动的方向的规律。

(4)全班幼儿模仿学习,注意娃娃步动作协调合拍。

(5)听教师哼唱,跟着教师交替做矮人走和娃娃步动作。

(6)在教师带领下听 A 段音乐,根据乐句的变化做相应的动作。

4. 在教师启发下了解游戏过程及游戏规则,听 ABA 结构音乐,完整地做游戏。一遍。

(1)在教师的引导下,知道看见"魔法棒"后,再根据"魔法棒"上的头像迅速做出相应动作的动作。

(2)教师扮演魔术师,幼儿扮演小精灵,听 ABA 结构的音乐,完整地做游戏。

活动延伸

1. 待幼儿对音乐及动作熟悉后,可以请个别幼儿扮演魔术师。

2. 在 B 段音乐,幼儿可一对一地玩游戏,按乐句交替做模仿动作。

(设计者:南京市北京东路小学附属幼儿园　沈敏姿)

10. 包 饺 子

【乐曲】

喜 洋 洋

$1=D$　$\dfrac{4}{4}$　　　　　　　　　　　　　　　　　　　刘明源　曲

A段(一)　　　　　　　　　　　　　　　　　　　　(二)
5 5 6 5 3 2 5 5 6 5 3 2 | 5 6 5 2 6 5 6 5 2 3·2 1 2 3 | 5 5 6 5 3 2 5 5 6 5 3 2 |

　　　　　　　　　　　　　　(三)
5 6 5 2 5 6 5 2 1 2 6 5 1 5 | 3 3 5 2 2 5 3 3 5 2 2 5 | 4 5 4 3 2 3 2 1 7 1 2 5 2 3 2 1 |

(四)
7 7 1 7 7 1 2 2 5 4 4 3 | 2 3 5 6 3 2 1 5　1 1 | (5 1 2　1 5　5 1 2　1 5) |

B段(一)　　　　　　　　　　　　　　　　　　(二)
5 · 6 1　5 · 6 | 1 2 1　6 4　5 - | 5 · 6　1 2　5 2　2 1 |

　　　　　　　　(三)
6 6 5　4 5 6　5 - | 1　1 · 6　5 · 6　1 2 | 5 6 1　5 1 6 5　4 · 3 2 |

(四)　　　　　　　　　　　　　A段
5 · 1　5 · 3 | 2 3 2 1　7 1 2　1 1 | 5 5 6　5 3 2　5 5 6　5 3 2 |

5 6 5 2　5 6 5 2　3 · 2　1 2 3 | 5 5 6　5 3 2　5 5 6　5 3 2 | 5 6 5 2　5 6 5 2　1 2 6 5　1 5 |

3 3 5 2 2　5 3 3 5 2 2 5 | 4 5 4 3　2 3 2 1　7 1 2 5　2 3 2 1 | 7 7 1　7 7 1　2 2 5　4 4 3 |

2 3 5 6　3 2 1 5　1　1 ‖

🦋 动作建议

1. 音乐结构为 ABA：A 段音乐表现擀饺子皮和饺子沸腾，B 段音乐表现包饺子。

2. 擀饺子皮动作：A 段音乐有四个乐句。每个乐句的前一小节在小圆圈队形上做擀面皮的动作，后一小节双臂自然打开，小碎步向后表示面皮变小。反复四次。

3. 包饺子动作：B 段音乐有四个乐句。每个乐句的前 6 拍，手臂自然打开表示等着装馅，原地做小碎步，最后 2 拍，双手在胸前拍一次手表示捏饺子。反复 4 次。

在幼儿动作做熟练后，教师可以扮演发饺子馅的人，增加游戏气氛，提高幼儿的兴趣。

4. 游戏玩法：在幼儿表现饺子沸腾时，教师扮演大厨师，手持大漏勺捞饺子。幼儿扮演饺子，凡被大漏勺碰到的幼儿，要安安静静地待在教师事先贴示的"大盘子"里。

【教育活动设计】

🦋 活动目标

1. 随音乐基本合拍地做"擀饺子皮""包饺子"的动作，并学习从小圆变换到大圆的队形。

2. 通过教师讲解、挂图提示,尝试创编"饺子沸腾"的动作。

3. 在表现饺子沸腾的过程中找空的地方,不与别人碰撞。

活动准备

1. 已熟悉包饺子的过程,对饺子沸腾时的样子有印象。

2. 在场地上贴一个能容纳全体幼儿的椭圆形(轮廓线),表示"大盘子"。

3. 大漏勺一个。

4. 音乐音频(见U盘)、教学挂图(饺子在锅里沸腾的图片)。

活动过程

1. 活动导入。

教师:"你们吃过饺子吗?饺子是怎么包的?"(引导幼儿说出包饺子的过程)"包好饺子,怎么样才能吃?"

2. 创编饺子沸腾部分的动作。

(1)教师出示挂图,引导幼儿创编小饺子在锅里跳舞的样子。

(2)幼儿创编饺子跳舞的动作。

幼儿运用已有经验并结合图片创编出"自转""四处游动""向上跳"及"自由舞蹈"等动作。

(3)教师和幼儿一起随音乐学习"小饺子"跳舞。

(4)幼儿随音乐自由表现。

3. 学习擀饺子皮的动作。(见动作建议2.)

(1)创编擀饺子皮的基本动作:单手擀饺子皮、双手擀饺子皮。

(2)动作迁移:幼儿在自己身体上做擀饺子皮的动作,提高幼儿活动的兴趣。

(3)学习由小圆到大圆队形上的擀饺子皮动作。

幼儿站成小圆圈,像一个"小面团"。教师边哼唱音乐旋律,边带领幼儿擀饺子皮向后退,重复4次。小圆圈逐渐变成大圆圈,即"小面团"变成"大饺皮"。

4. 学习包饺子的动作。(见动作建议"3.")

(1)学习包饺子。

(2)学习两人结伴包饺子。

(3)随音乐包饺子。

5. 将动作连起来,完整练习一遍。

6. 完整地做一遍"煮、捞饺子"游戏。

教师出示大漏勺,讲解游戏的玩法和规则(见动作建议"4.")。师幼随音乐一起游戏。

(设计者:安徽省委机关幼儿园　潘　茜　李　静　彭　晖)

11. 川剧表演《梨园小儿郎》

【乐曲】

梨园小儿郎

$1=D$ $\frac{2}{4}$

陈国礼　词
蓝　天　曲

活泼地

(6·5 3 5 | 6 — | 3 5 6 7 6 | 5 — | 3 1 | 6·1 6 5 | 4 3 2 5 | 1·2 3 |

1 1 0 2 3 | 1 1 0 6 7 | 5 5 0 6 7 | 5 5 0 6 7 | 5 6 1 7 6 7 6 5 | 3 5 6 1 5·3 |
一、 二、 三、 四、 五、 六、 七、 八。

　　　　　　　　　A段[1]　　　　　　　　　　　　　　　[4]　　　[5]
2 3 5 1 6 5 3 2 | 1 5 1 0) | 1 5 5 | 1 5 5 | 1 1 1 5 5 | 6 6 5 | (1 1 5 5 |
　　　　　　　　　　　　　　　你七岁、我八岁, 我们是梨园　新一辈。

[6]　　　　　[7]　　　　　　　　　　　　[10]　　[11]　　　　　[12]
6 6 6 6 5 0) | 1 5 5 | 1 5 5 | 3·1 6 5 | 3 2 1 | (3 1 6 5 | 3 4 3 2 1 0) |
　　　　　　　　早早起、早早睡, 练功场上　不怕累。

[13]　　　　　[15]　　　　　[16]　　　　[17]　　　　　　　[20]
6·5 3 5 | 6 5 6 | (6·5 3 5 | 6 5 6) | 1 1 2 1 2 | 1 6 5 | (1·2 1 2 | 1 6 5) |
有人问我　苦不苦,　　　　　　　　　我只道本领　强中强,

[21]　　　　　　　　　　　　　　　[26]　　　[27]
2 - | 2· 1̲ 6 1̲ | 2̲ 1̲ 2 | (2̲·1̲ 6̲1̲ | 2̲1̲ 2) | 1̲ 1̲ 6 5̲6̲ 1̲ |
我　们　是　梨园　小儿郎，　　　　　　　　　我们　是　梨　园

　　　　　　　[30]　　　[31]　　　　　　　　[34] B段 二胡
6̲ 6̲ 5̲ 6̲ 3̲ | 5̲ 0 0 | 2̲ 0 0 | 6̲ 0 0 | 1̲ 0 0 | 0 5 - | 6 6̲ 5̲ |
小呀么小儿　郎、　　小　　儿　　郎。

3 - | 3 3̲ 3̲ | 6·1̲ | 1̲ 6̲ 1̲ 2̲ | 3 - | 3 2̲ 3̲ | 5·6̲ | 5̲ 6̲ 4̲ 3̲ |

2̲ 3̲ 1̲ | 1 2 | 3̲· 5̲ | 6̲ 2̲ | 1̲ 7̲ | 6̲ 1̲ | 5̲ 6̲ 5 | 5 6 | 1̲· 3̲ | 2̲ 3̲ 1 |

0 2̲· 3̲ | 1̲ 2̲ 6̲ 5̲ | 3· 2 | 3̲ 2̲ | 3 0 | 6̲ 1̲ | 5̲ 3̲ 5̲ 6̲ | 1̲· 2̲ | 7̲ 7̲ 6 |

5· 6̲ 4 3 | 2̲· 3̲ 5̲ 1̲ | 6̲ 5̲ 3̲ 2̲ | 1 - | 1 5̲ 5̲ | 1 5̲ 5̲ | 1 5̲ 5̲ |
　　　　　　　　　　　　　　　　　　　　　　A段

1 5̲ 5̲ | 1 5̲ 5̲ | 1 5̲ 5̲ | 1̲ 1̲ 1̲ 5̲ 5̲ | 6̲ 6̲ 5̲ | (1̲ 1̲ 1̲ 5̲ 5̲ | 6̲ 6̲ 6̲ 6̲ 5̲ 0) |
　　　　　　　你七岁、我八岁，我们是 梨园 新一辈。

1 5̲ 5̲ | 1 5̲ 5̲ | 3̲·1̲ 6̲ 5̲ | 3̲ 2̲ 1 | (3̲ 1̲ 1̲ 6̲ 5̲ | 3̲ 4̲ 3̲ 2̲ 1̲ 0) | 6̲·5̲ 3̲ 5̲ |
早早起、早早睡，练功场上 不怕 累。　　　　　　　　　　　　有人 问我

6̲ 5̲ 6 | (6̲·5̲ 3̲ 5̲ | 6̲ 5̲ 6) | 1̲ 1̲ 2̲ 1̲ 2̲ | 1̲ 6̲ 5 | (1̲·2̲ 1̲ 2̲ | 1̲ 6̲ 5) |
苦不苦，　　　　　　　我只道 本领 强中 强，

2 - | 2· 1̲ 6 1̲ | 2̲ 1̲ 2 | (2̲·1̲ 6̲1̲ | 2̲1̲ 2) | 1̲ 1̲ 6 |
我　们　是　梨园　小儿郎，　　　　　　　　　我们　是

5̲6̲ 1̲ | 6̲5̲6̲ 6̲3̲ | 5̲ 0 0 | 2̲ 0 0 | 6̲ 0 0 | 1̲ 0 0 | 0 0 |
梨　园　小呀么小儿郎　　小　　儿　　郎。

(1̲ 1̲ | 6̲·1̲ | 6̲ 5̲ | 3̲ 5̲ | 6̲ 2̲ | 1̲ - | 1̲ - | 1̲ - | 1̲ - | 1̲ 0 0)‖

🐝 动作建议

A段

[1]—[4]小节（你七岁……新一辈）：男，提襟，小碎步；女，旦步。

[5]—[6]小节（间奏）：向左顺风旗。

[7]—[12]小节（早早起……不怕累）：做反方向动作。

[13]—[14]小节（有人问我苦不苦）：小跑步。

[15]—[16]小节（间奏）：男，向左提襟三膀；女，向左寸腰三膀。

[17]—[20]小节（我只道本领强中强）：做反方向动作。

[21]—[26]小节（我们是梨园小儿郎）：女，提襟三膀、小碎步自转一圈；男，造型。

[27]—[30]小节（我们是梨园小呀么小儿郎）：男，寸腰三膀、小碎步自转一圈；女，造型。

[31]—[34]小节（小儿郎）：男，虚步，双扬掌；女，坐蹲，双扬掌。

B段

幼儿自由结伴模仿川剧绝活：变脸、吐火。

结束音乐（鼓点）。

教师带领幼儿走圆场步，自由选择动作造型结束。

【教育活动设计】

活动目标

1. 熟悉乐曲的ABA结构，能通过曲调的变化分辨A、B两段的不同。

2. 学习川剧中具有代表性的元素动作——顺风旗、寸腰（提襟）三膀、双扬掌；能分清川剧中男女不同的手型和基本步伐。

3. 与同伴结伴造型。

活动准备

1. 音乐音频（见U盘）。

2. 场地：多功能活动室。

活动过程

1. 欣赏活动。

（1）幼儿席地而坐，教师播放音乐，幼儿熟悉乐曲ABA结构，并随教师进行简单的动作模仿。

(2)教师用四川方言报数1—8,激发幼儿的兴趣。

2. 游戏"拉大旗"。

幼儿扮演川剧小演员,通过游戏跟随教师学习三个元素动作。

(1)顺风旗——双手撑起一面大旗子,顺风向左、向右飘。

(示范动作)单手上举、翻腕手心向上;单手侧平压腕指尖向前。

(2)寸腰(提襟)三膀——单手将大旗子向左、向右放平。

(示范动作)单手背手叉腰(提襟);单手侧平压腕指尖向前。

(3)双扬掌——双手托起大旗子。

(示范动作)双手外划手至头顶——抛,至顺风旗位,双手手心向上。

3. 分段练习。

A段:

(1)教师唱词并示范男女动作各一遍,幼儿模仿练习。

(2)播放乐曲,教师示范男女动作各一遍,幼儿跟着学。

B段:

播放乐曲,幼儿根据自己对川剧中绝活的兴趣自由进行表演。如:模仿吐火(葫芦娃吐火)、变脸(孙悟空七十二变)等。

4. 播放完整乐曲,幼儿正式表演两遍。

5. 活动结束。

幼儿跟教师走圆场步,自由选择动作做结束造型。

活动延伸

幼儿(分为演唱、配器、舞蹈3组)合作演出川剧《梨园小儿郎》。

附:小资料

1. 变脸:川剧中表现人物情绪的瞬间变化。

2. 吐火:将杂耍中的吐火运用到川剧中。

(设计者:四川省直属机关红星幼儿园　单雪婷)

（三）集体舞

小班

1. 逗 狮

【乐曲】

杜鹃花开

1=C 2/4　　　　　　　　　　　　　　　　选自磁带《中华民谣》

[1] 5 5　[2] 3 2 3 5 | 2.3　2 2 | [3] 6 1 6 5 2 1 6 | [4] 5.6　5 | [5] 2 1 2 3 5 | [6] 2 3 2　1 |

[7] 6 5 6 1 2 3 5 | [8] 2.3　2 5 | [9] 5 5　3 2 3 5 | [10] 6.6　6 5 | [11] 3 6 6 5 3 2 | [12] 1.6　1 2 |

[13] 3 5 2 3 5 3 5 | [14] 6 1 5 6 1 6 1 | [15] 5 2 3 2 1 6 | [16] 5 - ‖

动作建议

[1]—[4]小节，教师把绣球举在头顶，幼儿模仿小狮子做双手上举动作。

[5]—[8]小节，教师把绣球放在脚边，幼儿模仿小狮子做下蹲动作。

[9]—[10]小节，教师把绣球往左抖动，幼儿模仿小狮子双手向左做扑球动作。

[11]—[12]小节，动作同[9]—[10]小节，方向相反。

[13]—[16]小节，结伴转圈，后面幼儿跟着前面幼儿转一整圈回原位。

间奏部分：两名幼儿互换前后位置。

【教育活动设计】

活动目标

1. 感受乐曲欢快的情绪，并在教师的提示下做小狮子与绣球逗乐的动作。

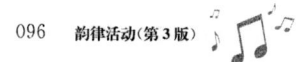

2. 尝试创编小狮子与绣球逗乐的动作。

3. 乐意结伴表演逗狮舞。

活动准备

1. 红色绣球。

2. 教师已组织幼儿观看民间舞狮录像。

活动过程

1. 活动导入。

教师:"我手里是什么？（出示绣球）小狮子可喜欢玩绣球了。我是逗狮子的人,我的绣球到哪儿,小狮子也跟到哪儿。小狮子是什么样的?"

2. 引导幼儿做出小狮子与绣球逗乐的动作。（散点站）

(1)引导幼儿跟着教师手中的绣球做动作。

(2)教师扮演逗狮子的人,和幼儿一同游戏。

3. 幼儿结伴舞蹈。

(1)请两名幼儿合作扮演一只小狮子,前面的幼儿作狮子头,后面的幼儿作狮子尾巴,后面的幼儿抱住前面幼儿的腰。

(2)教师边唱乐曲边引导幼儿做动作。

(3)学习结伴转圈的方法。

教师手拿着绣球说:"绣球跑到小狮子后面了,小狮子要去找绣球。"引导幼儿做转圈动作。

(4)听音乐完整练习。

4. 前后幼儿交换位置。

(1)用游戏的口吻引导幼儿换位置。

(2)听音乐,练习交换位置。

(3)完整练习两遍"逗狮"。

（设计者:南京市白下路幼儿园　黄　悦）

2. 可爱的虫虫

【乐曲】

可爱的虫虫

1=F 2/4

选自《外国民间音乐》

[1] 3 3 3 | 2 1 5 | 6 1 1 6 1 1 | 3 · 5 | [4] [5] 6 1 1 6 1 1 | 2 1 6 5 |

3 3 2 1 2 | 1 5 | [8] 6 1 | 3 3 | [9] 3 | 2 1 5 | 6 1 1 6 1 1 | 3 · 5 | [12]

[13] 6 1 1 6 1 1 | 2 1 6 | 5 | 3 3 2 1 2 | 1 − ‖ [16]

🦋 动作建议

第一遍音乐

[1]—[4]小节，幼儿双手叉腰，小碎步，自由走动。

[5]—[8]小节，走小碎步，找到一位朋友，与朋友面对面站好。

[9]—[16]小节，幼儿面对面站立，自由地做拥抱、握手等表示友好的动作。

第二遍音乐

[1]—[2]小节，双手食指轻轻相碰，每小节2次。

[3]—[4]小节，双手食指竖起，从胸前向上升，经头顶从身体两侧慢慢落下。

[5]—[6]小节，动作同[1]—[2]小节。

[7]—[8]小节，动作同[3]—[4]小节。

[9]—[10]小节，双手叉腰，身体左右晃动，每小节2次。

[11]—[12]小节，双手叉腰，身体快速左右扭动。

[13]—[16]小节，动作同[9]—[12]小节。

【教育活动设计】

❀ 活动目标

1. 学习随乐合拍地做虫虫飞、虫虫跳舞的动作。

2. 在教师语言的提示下,能在规定音乐部分找到朋友。

3. 愿意和同伴进行身体的接触。

❀ 活动准备

音乐音频(见 U 盘)。

❀ 活动过程

1. 学习基本舞蹈动作。

(1)教师以妈妈带孩子玩游戏的形式,让幼儿学习舞蹈的基本动作——虫虫飞、虫虫跳舞。

(2)幼儿听音乐,练习基本动作。

(3)创编小虫虫跳舞的动作。

教师提问:"小虫虫可喜欢跳舞了,它可以怎样跳呢?"

2. 学习两两结伴,进行邀请舞表演。

(1)学习两两结伴方法。

教师示范→幼儿学习→听教师哼唱音乐,练习→听音乐找朋友。

(2)探索表示友好的动作,随音乐自由表达。

3. 随音乐完整地表演邀请舞。

(设计者:南京市白下路幼儿园 赵 倩)

3. 开 汽 车

【乐曲】

开 汽 车

1=F 2/4

选自《幼儿园舞蹈教学指导》盒带

前奏
(24 42 | 44 42 | 11 33 | 1 -) | [1] 132 15 | 132 15 |

55 1234 | 5 - | [5] 44 42 | 44 42 | 55 5671 | 2 - |

[9] 132 15 | 132 15 | 565 45 | 6 - | [13] 24 42 | 44 42 |

11 33 | 1 - | 尾声 5.5 5.5 | 5.5 5.5 ‖

🦋 动作建议

前奏：面向圈上，双手前平举呈握方向盘状，双脚立正站好，准备舞蹈。

[1]—[4]小节：双手前平举呈握方向盘状，在圈上走小碎步开汽车。

[5]—[8]小节：双手前平举呈握方向盘状，面向圈上起踵四次停车。

[9]—[12]小节：同[1]—[4]小节。

[13]—[16]小节：同[5]—[8]小节。

尾声：双脚立正站好，圈外的手不动，圈内的手向圆心伸拇指按喇叭，并用目光打招呼。

【教育活动设计】

🦋 活动目标

1. 初步熟悉音乐，在圈上顺时针行进跳舞。学习"开车""停车""按喇叭"的动作，表现音乐的变化。能听音乐较轻快地走小碎步。

2. 初步感知圆圈舞的队形,以椅子为圆形参照物,区分圈上圈内。在手腕花的提示下,区分圈内圈外的手。

3. 初步知道在圈上移动时与同伴保持距离。

🐝 活动准备

1. 椅子排列成圆形。

2. 幼儿右手套上手腕花。

3. 音乐音频(见 U 盘)。

🐝 活动过程

1. 初步熟悉音乐,学用开车、停车、按喇叭的动作,表现音乐的变化。

(1)坐在椅子上,边欣赏音乐边在教师的语言提示下感知音乐的变化。教师问:"乐曲最后是什么声音?前面会干什么?"

(2)进一步感知音乐,边听音乐边自由做开车、按喇叭的动作。

2. 看教师示范动作,听音乐做开车、停车、按喇叭等表演动作。

(1)坐在椅子上,听音乐看教师示范动作,学习舞蹈动作,在教师的语言提示下,练习用有手腕花的手做按喇叭动作。

(2)站在椅子前,听音乐学习舞蹈动作。

3. 学习在圆圈上表演集体舞。

(1)站在椅子后,听教师讲解,借助椅子、手腕花,了解圈内、圈外、圈上的方位,以椅子为圆圈参照物,练习顺时针在圈上行进。

(2)在教师的指导下,练习开车时面向圈上,按喇叭时右手伸向圈内,掌握动作的正确朝向。

(3)在教师带领下,听教师哼唱乐曲,练习跳集体舞时不推挤同伴,轻快地走小碎步。

(4)边听音乐边在圈上做舞蹈动作,在教师的语言提示下,与同伴保持距离。

(设计者:南京市北京东路小学附属幼儿园 蒋锡云)

中班

1. 蚂蚁搬豆

【乐曲】

不倒翁诙谐曲

1=F 4/4

佚名曲

A段
[1]
1 1 1 1 5 5 | 3 3 1 — | 2 2 3 4· 6 | 6 5 5 — |
[5]
5 5 5 5 6· 5 | 1 2 3 — | 2 2 4 3 2 1 7 | 1 — — — ‖

B段
[1]　　　　　　[2]　　　　　　[3]　　　　　　[4]
1 — 2· #1 | 1 — — — | 2 — 3· #2 | 2 — — — |
[5]　　　　　　　　　　　　　　　　　　　　　　　　[3]
1 3 4 3 4 5 0 | 2 #4 5 4 5 6 0 | 2 — 0 0 | 1 — 2 3 4 5 1 ‖

动作建议

A 段第一遍

[1]—[8]小节,双手食指竖起,指尖成弯勾状,作为蚂蚁的触角,双脚踏步行进走。每拍一步,在音乐结束时找到朋友面对面站好。

A 段第二遍

[1]—[4]小节,两两结伴站好,双手的食指同时去挠同伴的衣服,模仿触角相碰的动作,每拍挠一下。

[5]—[8]小节,两两面对面站好,相互弯腰、鞠躬,表示"我知道了",每小节1次。

B 段

[1]—[2]小节,做搬豆子动作。[1]小节,两手用力搬豆子,[2]小节,快速松手,表示没有搬动豆子。

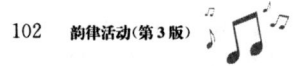

[3]—[4]小节,动作同[1]—[2]小节。

[5]—[8]小节,"触角"在头两侧绕圈,表示在想办法。[8]小节,点一下头,表示想到了好方法。

【教育活动设计】

活动目标

1. 初步学习邀请舞《蚂蚁搬豆》,随乐曲合拍地做出蚂蚁走路的动作。
2. 根据《蚂蚁搬豆》故事情节,想象并表现与同伴互挠、搬豆等动作。
3. 愿意与同伴交流,享受舞蹈交流的快乐。

活动准备

1. 已有关于蚂蚁的简单知识经验。
2. 音乐音频(见 U 盘)。

活动过程

1. 学习基本动作。

(1)教师出示蚂蚁头饰,引导幼儿观察蚂蚁的触角,并做手部动作扮作蚂蚁的触角。

(2)听音乐,教师扮演蚂蚁妈妈,带领幼儿随乐练习"蚂蚁走路"的动作。

(3)幼儿学习结伴表演动作。教师:"小蚂蚁可喜欢和朋友一起玩啦,我们也找个朋友抱抱,好吗?"

(4)创编蚂蚁用触角挠衣服、点头的动作。

2. 幼儿回到座位上,听教师讲"蚂蚁搬豆"的故事。

(1)教师:"有一只小蚂蚁在门口发现了一粒大豆子,他想把它搬回去,可是他怎么也搬不动。于是,他请了朋友来帮忙,朋友越请越多,大家一起用力搬呀搬,终于把豆子搬回家了。"

(2)在讲述过程中,引导幼儿创编"搬豆"与"想一想"的动作。

3. 学习邀请舞。

(1)教师哼唱音乐,并扮演邀请者,进行游戏。

(2)播放音乐,教师及几名幼儿同时作邀请者,进行游戏。

说明:邀请方法为一人请两人,两人请四人,直到全部请完,大家合力将豆子搬回家中。

(设计者：南京市白下路幼儿园　赵　倩)

2. 数 星 星

【乐曲】

数 星 星

1=C　2/4　　　　　　　　　　　　　　　　　外国民间舞曲

[1] 1 7 1　6 6 | 7 1 2 7　1 7 6 5 | 1 7 1　6 6 | 5 4 5 7　6 |

[5] 1 7 1　6 6 | 7 1 2 7　1 2 1 7 6 5 | 1 7 1　6 6 | 5 4 5 7　6 |

[9] 2 3 4　3 2 1 6 | 2 3 4　5 3 2 1 | 6 6 5　6 6 5 | 6 6 1　7 |

[13] 2 3 4　3 2 1 7 | 2 3 4　5 3 2 1 | 6 6 7 6 5　6 6 7 6 5 | 6 6 1　7 · 5 :||

6 · 7 1 7 5 | 6 — ||

🐝 **动作建议**

基本队形：A 为邀请人，B 为被邀请人。

B 和其他小朋友围成半圆形，坐下；A 站在场地中央。

[1]—[4]小节，A 去找朋友。动作：A 随音乐一拍一步地走着去找朋友，在音乐第 4 小节处找到 B。

[5]—[8]小节，A 带 B 去草地看星星。动作：A 一手拉着 B，一手做指向天空数星星状，一拍一步地走到场地中央。B 随 A 走。

[9]—[16]小节，随音乐自由地做星光闪烁的动作，表现互相诉说的游戏。

音乐重复，A 和 B 同时作邀请人，各自再去请朋友出来看星星。如此反复，直到所有小朋友都来到场地中间加入舞蹈。

【教育活动设计】

活动目标

1. 学习邀请舞《数星星》,尝试合拍地做"走步""数星星"等动作。
2. 在教师讲述故事引导下,了解舞蹈结构,并创编各种动作表现星星闪烁。
3. 体会与同伴共同跳舞的快乐。

活动准备

1. 音乐音频(见 U 盘)。
2. 用电光纸(或其他材料)制作的星星指偶每人两只。

活动过程

1. 听老师讲故事《数星星》,并在教师引导下了解舞蹈结构。

教师:"在一个晴朗的夜晚,月亮高高地挂在天空,星星们眨着眼睛好像在说话。圆圆看见了星星,她数呀数,怎么也数不清。她就去找好朋友方方来到草地上一起数星星。'你看那颗圆星星,一闪一闪的,真漂亮。'圆圆说。'那颗方方的星星一转一转的,真好看。'方方说。'我们再去找朋友来看星星吧!'于是她们各自去找好朋友并来到草地上,一起数星星、看星星、说星星。这天晚上,草地上聚满了出来看星星的小朋友,她们真快乐呀。"

教师提问:"谁先去数星星的?后来怎么会来了这么多小朋友一起在草地上看星星?"

2. 在教师引导下,创编星星闪烁的动作。
3. 在教师哼唱音乐和带领下,学习邀请舞蹈动作。

(1)教师作 A,邀请一名幼儿(B)一起跳舞。

(2)教师和这名幼儿共同邀请其他幼儿跳舞,引导幼儿熟悉音乐、舞蹈结构、动作顺序。

4. 幼儿完整地随音乐进行邀请舞活动。

(设计者:南京市白下路幼儿园　徐　玲)

3. 打喷嚏的小老鼠

【乐曲】

音乐的瞬间

1=♭B 2/4

舒伯特 曲

A段[1]

1̲1̲2̲ 1̲7̣̲ | 3 3 | 1̲1̲2̲ 1̲3̲ | 6 6 | [5] 6̲6̲♭7̲ 6̲6̲ | 6̲2̲ 6 |

3̲2̲1̲2̲ 3̲4̲3̲♯5̲ | 6 6 ‖
　　　　　　　　Fin

B段[9]

3 3 | 3̲4̲ 5̲4̲ 4̲·3̲ | 2̲·2̲ 3̲2̲1̲2̲ | 2 3 | 1̇ 1̇ | [13] 7̲6̲ 5̲♯6̲ 6 |

6̲5̲ 5 5̲ | 1 1 ‖
　　　　　　D.C.

🐝 动作建议

幼儿站成大圆圈，面向圆上。

[1]小节，小碎步，学小老鼠跑。

[2]小节，身体向圈内倾斜，圈里的手做两次捂鼻打喷嚏动作。

[3]—[8]小节，重复[1]—[2]小节的动作。

[9]—[12]小节，面向圆心，原地做弹簧步，双臂由身体两侧向上举，手心向上。

[13]—[15]小节，原地踩小碎步，双手举起，抖动手腕。

[16]小节，双手放下，面向圆上。

【教育活动设计】

🐝 活动目标

1. 了解小老鼠看病的故事情节，熟悉音乐旋律、学跳集体舞《打喷嚏的小老鼠》。

2. 学习用"老鼠跑""打喷嚏"的动作表现 A 段音乐,用"太阳光"的动作表现 B 段音乐。

3. 在单圆上行进时注意与同伴保持一定距离。

🦋 活动准备

1. 小老鼠指偶一个。

2. 音乐音频(见 U 盘)。

🦋 活动过程

1. 教师讲述故事情节。

教师:"看,小老鼠灰灰感冒了,它怎么打喷嚏的?(示范)它决定去动物医院看病,它走着走着,就打喷嚏。"

2. 随 A 段音乐在座位上做小老鼠跑、小老鼠打喷嚏的动作。

3. 随 A 段音乐在圆圈上做小老鼠跑、小老鼠打喷嚏的动作。

(1)学习用里圈的手捂着鼻子对圈内打喷嚏,并边听教师唱曲谱边练习。

(2)随乐曲练习。

4. 随 B 段音乐创编太阳发光的动作。

教师:"小老鼠晒晒太阳,病就好了。请小朋友想一想,太阳是怎么发光的?我们可以用什么动作来表示发光呢?"

5. 在教师的语言提示下,幼儿完整地随音乐跳舞。

6. 幼儿随音乐连续跳几遍舞蹈。

(设计者:南京市商业幼儿园　吴锦蓉)

4 小 风 车

【乐曲】

小 拜 年

$1=^bB$ $\frac{4}{4}$

湖南民歌

前奏

（略·乐谱）

A段

（略·乐谱）Fine

B段

（略·乐谱）D.C.

动作建议

前奏：幼儿站成双圆，面对面，将风车举起摆成各种造型。

A 段

[1]—[2]小节，双手从胸前打开侧平举，双脚原地跳一下。

[3]—[4]小节，保持手的姿势，做摇头动作。

[5]—[6]小节，双手举风车前平举，双腿直立。

[7]—[8]小节，双手握风车收到胸前。

B 段

[1]—[2]小节，内外圈幼儿右手握风车，双手相拉按顺时针小碎步跑。

[3]—[4]小节，幼儿相互看一看，笑一笑。

[5]—[6]小节，同[1]—[2]小节。

[7]—[8]小节,同[3]—[4]小节。

【教育活动设计】

❀ 活动目标

1. 初步感受乐曲 ABA 的结构,用玩风车来表现 A 段的欢快,用对朋友微笑来表现 B 段的舒展。

2. 创编部分舞蹈动作,初步学习双圆圈队形面对面地跳舞。

3. 在跳舞时,与同伴进行目光交流。

❀ 活动准备

小风车人手一个,音乐音频(见 U 盘)。

❀ 活动过程

1. 导入活动,引导幼儿创编玩风车的动作。

(1)教师玩风车,导入活动,引导幼儿创编出"吹风车""拿风车跑"等动作。

(2)用动作表现玩风车后愉快的心情,如笑等。

2. 幼儿创编和同伴结伴舞蹈的动作。

(1)幼儿两两并排跑,用目光与朋友打招呼。

(2)随 B 段音乐练习一遍。

3. 随音乐分段做相应的动作。

4. 听音乐,连续跳舞1～2遍。

5. 结束活动,边玩风车边离开教室。

(设计者:河海大学幼儿园　金文怡)

5. 打　　猎

【乐曲】

节　奏　乐

1=F　　　　　　　　　　　　　　　　　　选自《儿童节奏乐》

A段 2/4
[1]　　　　　　　　　　　　　[5]
‖: 3 5 5 5 | 6 5　5 | 1 5 5 5 | 6 5　5 | 3 5 5 5 | 6 5　5 | 4 2 4 2 | 1　1 :‖

B段 4/4
[1]　　　　　　　　　　　　　[5]
1 3 5 i - | 6 i 5 - | 6 4 5 3 | 4 2 1 - | 1 3 5 - | 6 i 5 - | 6 4 5 3 | 2 5 1 - ‖

🦋 **动作建议**

A段

幼儿手拉手走弹簧步成螺旋队形。

B段

[1]—[2]小节，做射箭或击鼓动作，每小节2次。

[3]—[4]小节，做欢呼或逗乐动作，每小节2次。

[5]—[6]小节，同[1]—[2]小节。

[7]—[8]小节，同[3]—[4]小节。

【教育活动设计】

🦋 **活动目标**

1. 初步熟悉乐曲AB结构，尝试合拍地做印第安人"狩猎""欢庆"的动作，掌握动作的交替规律，并合拍地走弹簧步，向水平方向行进走。

2. 借助已有经验，做"射箭""欢呼""击鼓""逗乐"等动作。

3. 在发出有趣声音时能控制音量及兴奋情绪。

活动准备

1. 音乐音频(见 U 盘)。
2. 教师组织幼儿观看猎人风俗的录像或进行有关谈话。
3. 幼儿已掌握弹簧步。
4. 幼儿会一个跟一个走螺旋队形。

活动过程

1. 听音乐,初步熟悉乐曲旋律及 AB 结构。
2. 在教师的语言引导下,幼儿调动有关猎人的知识经验,为创编动作做准备。
3. 创编印第安人狩猎时的模仿动作。

(1)教师:"猎人打猎用什么工具?怎么射箭?射中猎物又会怎样?"幼儿创编动作。

(2)在教师提炼统一动作后,全班练习。

(3)教师哼唱 B 段乐曲,幼儿在教师带领下按乐句合拍地交替做"射箭""欢呼"动作。

4. 创编猎人欢庆的动作。

(1)教师:"猎人跳舞用什么伴奏?怎么击鼓?怎么扮鬼脸逗乐?"幼儿创编动作。

(2)幼儿交替练习击鼓动作和扮鬼脸逗乐动作。

(3)教师哼唱 B 段乐曲,幼儿在教师带领下按乐句合拍地交替做"击鼓""逗乐"动作。

5. 复习弹簧步,随 A 段乐曲用弹簧步行进走螺旋队形。

(1)教师示范弹簧步后,幼儿辨认弹簧步,说出其主要特征:屈膝、有弹性。

(2)教师哼唱 A 段乐曲,幼儿合拍地走弹簧步。

(3)在教师带领下,全班幼儿手拉手随 A 段音乐合拍地走弹簧步成螺旋队形。

6. 完整地连续播放全曲,集体跳两遍舞蹈。

(1)在教师的提醒下,B 段,幼儿第一遍做"射箭""欢呼"动作,第二遍做"击鼓""逗乐"动作。

(2)在做"欢呼""逗乐"动作时,幼儿可发出有趣的声音以增强舞蹈的趣味性。教师在音量和情绪上对个别幼儿予以暗示。

(设计者:南京市北京东路小学附属幼儿园　伏朝阳)

大班

1. 炒豆子

【乐曲】

小手歌

1=D 4/4

选自《音乐游戏王国》

[1]
3 35 3 1 | 5 56 5 - | 2 234 3 | 2232 - | [5] 5 432 176 |

[7]
5 7 1 - | 543 432 | 543 432 | 5432 176 | 5 7 1 - ‖

❀ 动作建议

[1]—[4]小节,双手做锅铲状,由外向里做炒豆子的动作。

[5]—[6]小节,和对面同伴拉手后,双手来回摆动,做翻豆子的动作。

[7]—[10]小节,和对面同伴拉手转圈,内外圈幼儿互换位置。

【教育活动设计】

❀ 活动目标

1. 在熟悉音乐的基础上,跟着音乐节拍做"炒豆子""翻豆子"的模仿动作。初步学跳圆圈舞,在教师的帮助下学习内外圈互换位置的方法。

2. 在"炒豆子"的情境中理解并掌握内外圈互换位置的方法。

3. 与同伴拉手时,注视对方,控制拉手的力度。

❀ 活动准备

幼儿在日常生活中到炒货摊观察过炒豆子的动态过程。

活动过程

1. 创设"炒豆子"情境,引起活动兴趣。

教师:"你们喜欢吃香喷喷的炒豆吗?豆子是怎样炒的,用什么工具?"

2. 学习"炒豆子"的动作。

(1)在教师的启发下,全体幼儿自由做"炒豆子"的动作。

(2)看教师反馈的幼儿动作。

(3)全体幼儿听教师哼唱乐谱,练习模仿动作,逐步做到合拍地做动作。

3. 学习"翻豆子"的动作,方法与学习"炒豆子"动作的方法基本相同。

4. 将"炒豆子""翻豆子"的动作连起来做。

(1)教师唱曲谱,幼儿将"炒豆子""翻豆子"的动作连起来做。

(2)听音乐,将"炒豆子""翻豆子"的动作连起来做。

5. 学习站队形跳集体舞。

(1)在教师的带领下站成双圈,教师用语言提示:"男孩子拉手站大圆作锅,女孩子和他们面对面站作豆子。"

(2)边听教师讲解,边看示范动作,学习内外圈互换位置的方法,两人拉手交换位置。

(3)听教师唱曲谱,在教师的语言提示下完整地跳舞。

6. 跟着音乐完整地连续练习"炒豆子"舞若干遍,练习过程中,逐渐减少对教师语言的依赖。

(设计者:南京市北京东路小学附属幼儿园　徐　蓓)

2. 稻 草 人

【乐曲】

拍 大 麦

1=C 4/4　　　　　　　　　　　　　选自《儿童民族舞蹈组合音乐》

[1] 5.6 11 765.3 | [2] 2355 3535 356 1 | [3] 5.6 11 765.3 | [4] 2355 3535 356 1 |

[5] 5.6 11 2 36 1 | [6] 5.6 11 2 36 1 | [7] 332 11 33 211 | [8] 6 2 7 2 765 - |

[9] 5.5 55 55 5 | [10] 5.5 55 5 ‖

🦋 动作建议

[1]小节，双手拿扇轮流在胸前赶一下小鸟。（两拍一下）

[2]小节，双手平举屈肘连续快速地赶小鸟。

[3]—[4]小节，动作同[1]—[2]小节。

[5]小节，转头看耸起的右肩，然后左手拿扇子拍右肩。（两拍一个动作）

[6]小节，动作同[5]小节，方向相反。

[7]—[8]小节，双脚小碎步，双手同时做扇扇子动作。

[9]—[10]小节，先做不倒翁的动作，向右移动，然后在音乐终止处摆"稻草人"造型，静止不动。

【教育活动设计】

🦋 活动目标

1. 初步学会双圈扇子舞《稻草人》，动作合拍，较协调。

2. 学习在音乐的间奏处交换舞伴，尝试在间奏终止处创编不同的"稻草人"造型。

3. 感受舞蹈活泼幽默的情趣，享受活动的快乐。

活动准备

1. 音乐音频(见U盘)。
2. 幼儿人手两把扇子(右手黄色,左手白色)。

活动过程

1. 教师讲故事,并提问:"谁来帮农民伯伯想个好办法赶走小鸟,保护粮食?"
2. 学习基本舞蹈动作。

(1)自由创编稻草人的造型动作。

(2)教师出示扇子,自由创编赶小鸟的动作。

(3)在教师带领下学做[1]—[4]小节的动作。

(4)教师提问:"哎呀,小鸟又飞到稻草人的肩膀上了,怎么办呢?"幼儿学习[5]—[6]小节的动作。

(5)教师:"赶走了小鸟,稻草人高兴地摇头晃脑跳起了舞。"幼儿先看教师示范,再学跳2~3遍[7]—[8]小节的动作。

3. 幼儿练习舞蹈,学习交换舞伴。

(1)幼儿看教师完整地跳一遍。

(2)幼儿拿起扇子,站成四竖排,完整地跳一遍,注意两手动作的先后顺序。

(3)幼儿站成双圈,和舞伴面对面站好,完整地跳1~2遍,注意动作顺序及舞蹈的情趣。

(4)教师:"稻草人赶走了身边的小鸟,发现其他地方还有小鸟,怎么办呢?"幼儿学习[9]—[10]小节的动作,并在终止处摆出不同造型。

(5)教师:"这次里圈的稻草人要顺着黄扇子的方向走到旁边一个稻草人的位置,再和新的朋友一起接着赶小鸟。"幼儿练习换舞伴。

4. 幼儿完整地练习舞蹈。

(1)幼儿连续跳两遍,中间交换一次舞伴,注意动作的顺序、方向和跳舞时的表情。

(2)幼儿连跳3~4遍后结束活动。

(设计者:南京市逸仙小学附属幼儿园　刘　玲)

3. 小鸟落落

【乐曲】

小鸟落落

1=F 3/4

范 江 词
朱加华 曲

前奏
($\underline{5}$ 3 0 | $\underline{5}$ 2 0 | $\underline{5}$ - 3 | 1 - -) | 1 $\underline{5}$ 0 | 1 $\underline{5}$ 0 |
　　　　　　　　　　　　　　　　　　　　　小 鸟　　小 鸟

3 - 2 | 1 - - | 2 6 0 | 2 6 0 | 4 - 3 | 2 - - |
落　　　落，　　请 来　　这 儿　　做　　窝，

3 3 3 | 5 - 3 | 2 - 1 | $\underline{6}$ - - | $\underline{5}$ 3 0 | $\underline{5}$ 2 0 |
这 里 的　风 景 最　　美，　　有 山　　有 水

$\underline{5}$ - 3 | 1 - - ‖
有　　　树。

🐝 动作建议

前奏：扮演大树的幼儿围成内圈，背对圆心手拉手上举或成拱门状。扮演小鸟的幼儿围成外圈，和"大树"一一对应，双手搭"大树"肩膀站好。

[1]小节，扮演小鸟的幼儿按顺时针方向钻进"树林"，"大树"原地不动。

[2]小节，扮演小鸟的幼儿按顺时针方向钻出"树林"，"大树"原地不动。

[3]—[4]小节，"大树"摆个造型，"小鸟"搭着"大树"的肩膀轻轻摇晃两下。

[5]—[6]小节，重复[1]—[2]小节的动作。

[7]—[8]小节，基本重复[3]—[4]小节的动作，"大树"变换造型。

[9]—[10]小节，重复[1]—[2]小节的动作。

[11]—[12]小节，重复[3]—[4]小节的动作，再次变换造型。

[13]—[14]小节，重复[1]—[2]小节的动作。

[15]—[16]小节,"大树"和"小鸟"两两合作造型。

【教育活动设计】

活动目标

1. 在熟悉歌曲的基础上,学习"小鸟"与"大树"的动作,表现双圈舞《小鸟落落》。

2. 借助手腕花辨认方向,根据情节记忆动作,并探索"小鸟找大树朋友"的方法。

3. 主动、积极地参与集体舞活动,体验交换朋友合作舞蹈的快乐,并努力保持双圈舞队形。

活动准备

1. 手腕花(数量超过幼儿人数一半)。

2. "大树与小鸟"的图片一张。

3. 幼儿自制的小鸟指偶,人手一个。

活动过程

1. 观看教师操作图片"大树与小鸟",初步感知小鸟与大树交流的方法。

(1)幼儿明确小鸟与大树的关系,感知小鸟找大树做朋友的过程。

(2)在感知基础上,幼儿用语言描述小鸟找大树做朋友的过程。

2. 学习随音乐操作指偶,初步概括小鸟与大树交流的规律。

(1)幼儿用一只手作大树(五指分开),另一只手的食指戴上指偶作小鸟,初步摸索小鸟与大树交流的方法。

(2)集体模仿个别幼儿的探索方法。

(3)随音乐较合拍地操作指偶。

3. 学习双圈舞《小鸟落落》。

(1)幼儿分角色扮演大树和小鸟。(人数各一半)"大树"围成内圈,背向圆心手拉手。"小鸟"将手腕花戴在左边的翅膀(左手臂)上,找"大树"一一对应站好。

(2)迁移手指游戏中钻的方法,进一步探索在双圈舞中"小鸟"钻的动作。

(3)扮演大树的幼儿探索在每句句末处变换造型,并在乐曲结束时和"小鸟"

两两合作造型。

(4)集体模仿个别幼儿的造型。

(5)幼儿扮演大树与小鸟,随音乐完整地进行舞蹈,初步体验与同伴合作舞蹈的快乐。

(6)幼儿进一步发现交换朋友的规律,并用语言进行概括。

(7)幼儿继续交换角色,愉快地跳舞,进一步体验集体舞的快乐。

(设计者:南京师范大学幼儿园　王　茜)

4 喜 洋 洋

【乐曲】

喜 洋 洋

$1=C$　$\frac{2}{4}$　　　　　　　　　　　　　　　　　刘明源　曲

|　　　　　　　　　　　　　　　　A段[1]
(2356　3215 | 1　1　) | 556　532 | 556　532 |

　　　　　　　　　　　　[5]
5652　5652 | 3·2　123 | 556　532 | 556　532 |

　　　　　　　　　　　　　[9]
5652　5652 | 1265　15 | 335　25 | 335　25 |

　　　　　　　　　　　[13]
4543　2321 | 7125　2321 | 771　771 | 25　4·3 |

　　　　　　　　　　　　　　间奏
2356　3215 | 1　1 ‖(52　15 | 52　15) |

B段[1]
5.　　6 1　|　5.　　6　|　1 2 1　6 4　|　5　－　|

[5]
5. 6　1 2　|　5 2　2 1　|　6 1 6 5　4 5 6　|　5　－　|

[9]
1　　1 6　|　5. 6　1 2　|　5 6 1 2 5 1 6 5　|　4 4　3 2　|

[13]
5 5　5 1　|　5.　　4 3　|　2 3 2 1　7 1 2　|　1　－　‖

🐝 动作建议

A 段

[1]—[8]小节，双手各拿一个"烟花"，自然搭在双肩上，面向圈上，走小碎步行进。

[9]—[12]小节，双手向圈外往上抖动"烟花"四次，两拍一下。

[13]—[16]小节，双手向圈内往上抖动"烟花"四次，两拍一下。

间奏

身体转向圈里，双脚起踵，一拍一下。

B 段

[1]—[4]小节，双手捂住耳朵，轻轻向圈内走，前脚掌落地，一拍一下。

[5]—[8]小节，自然、快速地后退。

[9]—[10]小节，双手交叉向上打开至身体两侧。

[11]—[12]小节，双手在身体两侧抖动"烟花"四次，一拍一下。

[13]—[16]小节，动作同[9]—[12]小节。

【教育活动设计】

🐝 活动目标

1. 学习用抖手腕、小碎步等基本动作跳单圈集体舞《喜洋洋》，积极愉快地表现节日的热闹与喜庆。

2. 根据看烟花、点烟花、烟花绽放等情节创编有关情节动作。

3. 在舞蹈过程中,注意保持圆圈队形。

🐝 活动准备

1. 幼儿用纸筒和皱纹纸条自制"烟花",人手两个。
2. 录有《喜洋洋》乐曲若干遍的音频。
3. 幼儿有看烟花或放烟花的生活经验。

🐝 活动过程

1. 幼儿回忆春节时放烟花的情景,大胆地用语言和动作进行表达和表现。
2. 在教师的引导下,初步感知舞蹈的情节:高高兴兴跑去看烟花→比一比谁的烟花最漂亮→看看烟花点着了没有→烟花绽放,赶紧后退→烟花绽放,真美丽。
3. 幼儿根据舞蹈的情节创编B段动作,并匹配B段音乐(教师可以唱谱)。
4. 集体站成圆圈,跟随音乐学习B段动作,表现舞蹈。
5. 增加A段情节,幼儿探索并学习A段舞蹈动作。
6. 完整地根据情节做动作,跟随音乐表现A、B两段,感知舞蹈的基本结构。
7. 积极、快乐地跟随音乐进行舞蹈,体验舞蹈中由动作、队形移动、道具的使用和音乐所带来的热烈、喜庆的气氛,并注意保持圆圈队形。

(设计者:南京师范大学幼儿园　朱南松)

5. 花 环 舞

【乐曲】

花 环 舞

1＝F　4/4　　　　　　　　　　　　　　选自磁带《听听唱唱跳跳》

A段 A′段
[1]
1 1 2 3 4 3 | 5 5 5 - | 2 2 1 2 3 4 | 3 3 3 - |
[5]
5 5 5 4 3 4 | 3 3 2 - | 1 - 5 4 3 4 | 3 2 1 - ‖
　　　　　　　　　　　　　　　　　　　　　　　Fine

B段
[1]
$\underline{5}$ $\underline{1\ 7}$ $\underline{1\ 2}$ $\underline{3\ 4}$ | 5 · $\underline{6}$ 5 — | 6 · $\underline{5}$ 4 $\underline{3\ 1}$ | 2 · $\underline{3}$ 2 — |
[5]
$\underline{5}$ $\underline{1\ 7}$ $\underline{1\ 2}$ $\underline{3\ 1}$ | 6 · $\underline{7}$ 6 — | 2 · $\underline{5\ 4}$ 3 1 | 2 · $\underline{2}$ 1 — ‖
D.C.

❀ 动作建议

A段（幼儿面向圆心）

[1][3][5][7]小节，双手叉腰，走小碎步行进，每拍两步。

[2][4][6][8]小节，原地起踵，每两拍起踵一次。

B段

幼儿面向圆心。教师或一名幼儿站在圆心，从圆圈上任意一名幼儿开始，按顺时针方向用右手间隔点圆圈上的幼儿。（每小节点一名幼儿）被点到的幼儿向前一步，转身与原来圆圈上右边的幼儿面对面站好，直至变成双圆圈队形。

A′段（幼儿两两相对成双圆圈队形）

[1][3][5][7]小节，幼儿各自拍手，每两拍拍一下。

[2][4][6][8]小节，幼儿两两对拍，每两拍拍一下。

【教育活动设计】

❀ 活动目标

1. 在熟悉乐曲的基础上，初步学跳集体舞，较合拍地做"小碎步行进"及"与朋友拍手"等动作。

2. 根据教师的手势，学习将单圆圈队形变为双圆圈队形。

3. 在圆圈上行进时，能有意识地控制圆圈的大小。

❀ 活动准备

幼儿已熟悉乐曲并会走小碎步。

❀ 活动过程

1. 学习A段舞蹈动作。

(1)全体幼儿双手叉腰,面向圆心呈单圆圈状。

教师:"我们这个圆圈真像一个大花环,每个小朋友都是其中的一朵小花,小花也会跳舞。"

(2)教师示范 A 段动作。

(3)教师带领幼儿边喊口令(跑跑跑跑—跑跑跑跑—踵—踵)边做小碎步和起踵的动作。

(4)教师哼唱乐曲并带领幼儿练习动作。

(5)教师启发幼儿思考如何使大花环转起来。

(6)全体幼儿面向圆心,做"小碎步行进"及"原地起踵"的动作。

(7)幼儿随 A 段乐曲练习前面学的动作。

2. 学习 B 段舞蹈动作,并变换队形。随 B 段乐曲学习将单圆圈队形变成双圆圈队形。

(1)幼儿面向圆心,教师站在圆心处。

教师:"在我们小花中间有许多'花仙子',现在老师作花王,花王指到谁,谁就出来作花仙子,并与原来圆圈上右边的小朋友面对面站好。"

(2)教师从任意一幼儿开始,依次间隔点出扮花仙子的幼儿,同时用手势提示每名幼儿与其原来圆圈上右边的幼儿面对面站好。

(3)教师放慢速度哼唱乐曲,每小节点一名幼儿扮"花仙子"。

(4)随 B 段乐曲,用点"花仙子"的形式完成单圆圈变双圆圈的队形变化。

3. 学习 A′段结伴舞蹈动作。在双圆的队形状态下,随 A′段音乐结伴舞蹈。

(1)幼儿学习与舞伴面对面的拍手动作。

教师:"每个花仙子都找到了小花朋友,和朋友在一起跳舞真高兴,高兴时除了自己拍拍手,还可以怎么样?"(与朋友拍拍手)

(2)教师带领幼儿边喊口令(自己拍拍—和朋友拍拍),边做拍手动作。

(3)随 A′段乐曲做动作。

4. 全体幼儿练习随乐曲完整地跳集体舞。

(1)教师放慢速度哼唱乐曲,并带领幼儿将整个舞蹈连起来跳一遍。

(2)随乐曲跳舞,教师进行必要的语言提示。

(3)随乐曲连续跳 2~3 遍舞蹈。

活动延伸

1. 个别幼儿扮作花王,组织全体幼儿跳舞。
2. 幼儿结伴舞蹈时,可创编其他动作替换原动作。

(设计者:南京市商业幼儿园 魏思敏 胡 青)

6. 编 花 篮

【歌曲】

编 花 篮

1=G 2/4

河南民歌

选自磁带《少儿唱民歌》

‖: 1 1 1 | 5 1 | 1 1 1 | 5 1 | 2 3 2 1 | 1 — | 5 5 3 | 2 3 2 1 |

5·1 | 2 1 7 | 1 — | 1 —:‖ 1 0 | 1 0 | 2 1 7 1 | 5 0 |
　　　　　　　　　　　　　编　　编　　编 花 篮,

[5] 5 5 3 | 2 3 2 1 | 2 1 7 1 | 5 0 | [9] 5 1 | 2 3 2 1 | 2 1 7 1 7 | 1 0 |
编个 花 篮 上 南 山, 南山 开 满 红 牡 丹,

[13] 5 1 | 2 3 2 1 | 2 1 7 | 1 0 | [17] 5·1 | 2 5 | 5·7 | 1 0 |
朵朵 花 儿 开 得 艳,　朵 朵 花 儿 开 得 艳。

[21] 1·1 | 5 6 5 | 5 — | 5 1 | [25] 2 3 2 1 | 1 0 | 5 5 3 | 2 3 2 1 |
五彩 缤　纷　哎, 齐 争 艳, 齐 争 艳 那 个

[29] 5·1 | 2 1 7 | 1 — | 1 —‖
那 哈 依 呀　哎。

动作建议

[1]—[8]小节,幼儿站成双圈,面对面站好,以红、绿两种颜色的彩带做区分。"红"圈人手甩彩带向圈上方向走,每一小节走一步甩一下;"绿"圈人做相同动作向相反方向走。

[9]—[16]小节,"红""绿"面对面站好,同时做动作:一手在前,一手在后,侧身甩一下、蹲一下,一小节一次,一小节交换两手位置一次。

[17]—[20]小节,"红""绿"同时做动作,原地踩小碎步,双手上举,抖动彩带。

[21]—[26]小节,"绿"蹲下不动,"红"双手上举抖动彩带,边走小碎步向圈上位置移至下一个小朋友面前,唱到歌词的"哎,齐争艳"处,两手一前一后,前面的手指着新朋友。

[27]—[32]小节,"绿"站起,与"红"同时做动作,动作同[9]—[16]小节。

注:"红"表示拿红彩带的幼儿,"绿"表示拿绿彩带的幼儿。

【教育活动设计】

活动目标

1. 学跳双圈舞《编花篮》。
2. 创编交换舞伴的动作和两两合作的动作。
3. 在活动中积极动脑筋,大胆发表自己的意见及创编动作。

活动准备

1. 人手两根同色彩带(红色或绿色彩带),"红""绿"人数相等。
2. 幼儿跳过或看过两两合作的舞蹈,玩过交换舞伴的小游戏。

活动过程

1. 幼儿站双圈,面对面站好,教师引导幼儿进入舞蹈。

(1)教师:"今天我们用红色彩带和绿色彩带来编花篮。红色彩带往圈上的方向编,绿色的往相反方向编。"

(2)教师边念[1]—[8]小节歌词,边引导幼儿练习动作,提醒幼儿走一下甩一下彩带,表示彩带编进去了。(2~3遍)

2. 引导幼儿创编两两面对面的动作。

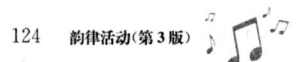

(1)教师:"现在你的对面是你的好朋友,怎么和他一块来编花篮呢?"

幼儿两两面对面探索动作,个别幼儿示范创编的动作,大家跟着学。

(2)教师选定两个动作,念[17]—[20]小节歌词,让幼儿练习两两合作做动作。(2~3遍)

3. 引导幼儿探索交换舞伴的动作。

(1)教师:"下面我们要换个好朋友编一编,怎么换呢?"

幼儿创编交换舞伴的方法。如:可以"红"圈不动,"绿"圈往圈上方向挪一个位置;也可以"绿"圈不动,"红"圈往圈上方向挪一个位置;可以"红""绿"同时朝相反方向往圈上挪一个位置等。

(2)教师念歌词[21]—[26]小节,告诉幼儿在"哎,齐争艳"处,指着新朋友。选定一种方法,幼儿练习2~3遍。

(3)选定一个两两合作的动作,表示和新朋友一起编花篮。教师念[27]—[32]小节的歌词,幼儿两两结伴练习。

4. 完整地听音乐,集体进行《编花篮》舞蹈的练习。

(1)教师按音乐节奏念歌词,引导幼儿练习舞蹈。

(2)听音乐,幼儿完整地跳舞,教师适时给予语言提示。(2~3遍)

(3)幼儿自己听音乐,完整地表演舞蹈。

(设计者:南京市白下路幼儿园 茆 宁)

7. 扬 基 歌

【乐曲】

扬 基 歌

美国乡村歌曲

1=F 4/4

前奏
(11 2 3 4 3 2 1 | 7̣5̣ 6̣7̣ 1 1)| A段[1] 11 2 3 1 3 2̣5̣ | 11 2 3 1 7̣5̣ |

```
                        B段
[3]                     [5]
1 1  2 3  4 3  2 1 | 7 5  6 7  1 1 | 6.7 6 5  6 7  1 6 | 5.6  5 4  3 4 5 |

[7]                     尾奏
6.7 6 5  6 7  1 6 | 5 1  7 2  1 1 | 6.7 6 5  6 7  1 6 | 5 1  7 2  1  1 ‖
```

🐝 动作建议

前奏，幼儿站成六列纵队。其中，第一、三、五列是男孩子，第二、四、六列是女孩子。男孩子左手叉腰，右手上举拉女孩子上举的左手，女孩子右手拎裙子，形成三个"山洞"。

[1]—[2]小节，每一个"山洞"的最后一名幼儿将上举的手臂向前伸平，一拍一下地踏步，侧身钻过"山洞"，走到最前面。

[3]—[4]小节，幼儿将拉着的手放下，一拍一下地踏步转身至面对面。（注意与前后排幼儿对齐）

[5]—[8]小节，幼儿合拍地、创造性地做两两配合的动作。（如：两人一蹲一站，站着的幼儿围着蹲着的幼儿拍手转圈，然后交换动作；或两人双手拉着，合拍地向前跳再向后跳；或两人双手拉着，合拍地朝左右摆臂等）

前奏，幼儿转身面向前方，搭好"山洞"。以下音乐依然是前奏、全曲回旋；幼儿动作程序同上，只是每一遍音乐更换一排幼儿钻山洞，更换一种配合的动作。

尾奏，每个队列的幼儿面对面相互敬礼：男孩左手放背后，右手搭在自己的左肩上，向女孩子鞠躬；女孩子双手拉裙下角，面向男孩微微下蹲敬礼。

【教育活动设计】

🐝 活动目标

1. 感受乐曲的结构，学习跳队列舞。
2. 在乐曲B段，能创造性地想象各种交往方式，并合拍地表现出来。
3. 在队列稳定后，努力调节自己的位置与前后队列对齐。

🐝 活动准备

1. 两位教师分别扮演男孩和女孩，分别着裤装和裙装。

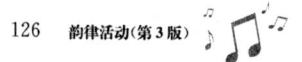

2. 幼儿按男女性别列队。如果幼儿男女数量不相同,可给需要更换性别角色的幼儿贴上标记。

3. 幼儿人手一个圆点及时贴标记,供固定队伍位置用。

🦋 活动过程

1. 固定队伍位置。

幼儿呈六列纵队站立,按教师的要求:男孩子左手背在身后,右手上举;女孩子右手提裙子,左手上举,轻轻搭在男孩子的右手上。待前后左右对齐后,幼儿自己将及时贴圆点贴在脚下。

2. 学习 A 段钻山洞的动作。(如下图)

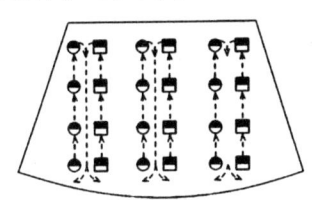

幼儿搭好山洞后,由最后一排幼儿开始钻山洞:先将上举的手前伸,再侧身钻过山洞,站在队伍最前面。

(1)听 A 段音乐,练习钻山洞的动作。

教师唱 A 段音乐,做示范动作,幼儿随教师的音乐和示范动作一起有节奏地踏步,练习钻山洞。(最后一排幼儿踏步钻山洞,其余幼儿原地踏步)

(2)学习调整队伍距离。

经过几次钻山洞,幼儿发现队伍不断往前跑。经过讨论,幼儿明确了舞蹈时只有搭山洞的人往后退,钻山洞的人要往前走,且后退、前进均为一个圆点的距离,才能保持原队形。幼儿按这样的要求练习 A 段钻山洞的动作。

3. 学习 B 段动作。

幼儿将拉着的手放下,转身面对面站立。随两位教师的示范一起做动作。(第一句,两人双手拉着,两拍一次地向前跳;第二句,再向后跳回原来的地方)

4. 跳整支舞蹈。

幼儿随音乐在教师的提示下跳整支舞蹈。

5. 学习相互敬礼的动作。

幼儿在教师的提问下,想象男孩、女孩各自应做的敬礼动作,并表现出来。教师选择并确定两个具有代表性的动作,带领全体幼儿模仿。

6. 创编 B 段交往动作。

(1)幼儿在教师的启发下,想象着各种相互交往的动作。教师选择几种动作,分别带领其他幼儿一起练习。

(2)用自己创编的动作完整地跳这支舞蹈。

将原来 B 段的动作更换成幼儿自己创编的动作,完整地跳这支舞。

7. 再次练习跳这支舞蹈。

幼儿注意跳舞时保持抬头、挺胸的姿态,调整前后左右的距离,完整地跳这支舞蹈。

(设计者:南京师范大学幼儿园　王战卫)

8. 小小摔跤手

【乐曲】

选自《儿童民族舞蹈组合音乐之二》

B段

$$\|: \dot{6} \cdot \underline{1\dot{2}} \ 3 \ 6 \ | \ \underline{\dot{2}\cdot\dot{3}} \ \underline{\dot{2}\dot{1}} \ \dot{6} \ - \ | \ 3 \ 5 \ \underline{3\ 5\ 6\ \dot{2}\dot{1}} \ 6 \ - \ - \ - \ |$$

$$\underline{3} \ 5 \ \underline{3\ \dot{2}\ \dot{1}} \ 6 \ | \ \underline{3} \ 6 \ 3 \ \underline{\dot{2}\cdot\dot{3}\dot{1}6} \ | \dot{6}\cdot\underline{1\dot{2}} \ 3 \ 6 \ | \ \underline{\dot{2}\cdot\dot{3}} \ \underline{\dot{2}\dot{1}} \ \dot{6} \ - \ :\| \quad D.C.$$

动作建议

前奏

幼儿排四列纵队站好,两手从身体两侧拉伸至胸前,双手握拳,呈拉缰状。

A段

[1]—[4]小节,双手拉缰,每拍压一次手腕;双脚做踏步动作,呈骑马状,每拍一次。

[5]—[8]小节,右手向上伸直,做扬鞭动作,左手仍做拉缰状,双脚并拢起踵,每拍一次。

[9]—[12]小节,动作同[1]—[4]小节。

[13]—[16]小节,动作同[5]—[8]小节。

间奏

四列纵队,两队一组,两队面对面站好。

B段

[1]—[4]小节,两队相互比试力量。幼儿两手提襟位,随节拍向身后甩动左、右手,交替进行;双腿呈马步,随节拍做踏步动作。每拍一次。

[5]—[8]小节,每组第一队幼儿两两搭肩向前跨一步,站在队伍中间做摔跤动作。双脚同时向队尾方向做并靠步。其他没有做摔跤动作的幼儿做自由的加油动作。每拍做一次动作。

[9]—[12]小节,动作同[1]—[4]小节。

[13]—[16]小节,换第二队做摔跤动作。

再现A段

[1]—[16]小节,重复A段动作。

【教育活动设计】

活动目标

1. 熟悉乐曲旋律及ABA结构,感受蒙古族音乐风格及舞蹈动作,重点学习

"骑马"与"压腕"动作。

2. 创编"摔跤""比试""加油"等动作。

3. 体验蒙古族人们豪放、粗犷的风格,增强勇于挑战、大胆比试的意识。

活动过程

1. 倾听乐曲,引起学习兴趣。

教师:"老师今天要带你们去一个美丽的地方,内蒙古大草原!"请幼儿倾听乐曲,教师做简单的分析:整首乐曲透着浓浓的蒙古族风格,体现出蒙古族人民的粗犷、豪放和朝气勃勃的精神面貌。

2. 学习舞蹈的基本动作。

(1) 学习 A 段动作。

学习骑马步。

教师:"蒙古族人们都爱骑马,我们今天也骑马去大草原。怎么骑马呢?"

幼儿学习"拉缰压腕""扬鞭"动作,表现出兴致勃勃的样子。

(2) 合乐练习。

(3) 学习 B 段中"比试""摔跤"和"加油"等动作。

启发幼儿创编相互比试摔跤、表现力量的动作,并在原地练习,然后创编为摔跤手加油的动作。

(4) 合乐练习。

(5) 每组从第一队幼儿起由前至后比试,其余幼儿为他们加油,重点练习走队形。

(6) 合乐练习。

(7) 学习 A 段动作,重复 A 段动作。

教师:"蒙古族的摔跤可真有意思,我们每个人都当了一次小小摔跤手,现在咱们也该回家了。"

3. 重点复习"压腕"动作。

4. 完整地合乐练习。

(设计者:河海大学幼儿园　由　佳　张秋玲)

9. 朋友 你好

【乐曲】

朋友 你好

1=F 2/4

慢速

[1]　　　　　　　　　　　[4]　　[5]　　　　　　　　　[8]
1 1 | 2 2 | 3 3 | 3 2 | 3 3 | 2 1 | 2 3 | 2 - |

[9]　　　　　　　　　　　　　　　　　　　　　　　[16]
1 1 | 2 2 | 3 3 | 3 2 | 3 3 | 2 1 | 2 3̲2̲ | 1 - |

欢快

[17]　　　　　　　　　　　[20]　[21]　　　　　　　　　[24]
5̲·5̲ 4̲.3̲ | 4̲.4̲ 3̲.2̲ | 3̲.3̲ 2̲.1̲ | 2̲.3̲ 2 | 5̲·5̲ 4̲.3̲ | 4̲.4̲ 3̲.2̲ | 3̲.3̲ 2̲.1̲ | 2̲ 3̲ - 1 ‖

动作建议

幼儿站成双圈，外圈幼儿面向圈里，里圈幼儿面向圈上，一一对应站立。

[1]小节，外圈幼儿原地拍手一下，里圈幼儿边拍手边向前走两步，走过外圈一个幼儿。（一小节拍一下手，走两步）

[2]—[4]小节，同[1]小节，四小节共走过外圈四个幼儿。

[5]—[8]小节，里圈幼儿转向圈外的幼儿（找到一位新朋友），两人双手对拍四下（每小节对拍一下）。

[9]—[16]小节，动作同[1]—[8]小节。（又找到一位新朋友）

[17]—[20]小节，两人双手相拉，跑跳步转一圈回原位。

[21]—[24]小节，换一个方向，手拉手跑跳步转一圈回原位。

【教育活动设计】

活动目标

1. 初步学跳集体舞，协调地边走边拍手，并在间隔处找朋友。

2. 学习推测新朋友的方法,合着音乐从点数逐步到默数,找到下一个新朋友。

3. 用动作、体态、目光友好地与同伴交流。

🐝 活动准备

音乐音频(见 U 盘)。

🐝 活动过程

1. 学习按间隔 4 人的规律找朋友。

(1)师幼共同随音乐每小节拍手一下。

(2)教师示范找朋友的方法,幼儿观察并说出"新朋友"是第几个小朋友。

(3)幼儿与教师共同按间隔 4 人的方式指出下一个新朋友是谁。

2. 学习边拍手边走步找新朋友。

(1)外圈幼儿原地拍手,里圈幼儿找新朋友,做[1]—[16]小节的动作。

(2)里圈幼儿原地拍手,外圈幼儿找新朋友,做[1]—[16]小节的动作。

3. 学习[17]—[24]小节的动作。

(1)讨论见到新朋友后,用什么动作表示很高兴。

(2)选用幼儿设计的动作或教师提供的动作进行练习。

4. 完整地练习舞蹈。

(1)里圈幼儿找朋友,并与外圈幼儿快乐地跳舞。

(2)外圈幼儿找朋友,并与里圈幼儿快乐地跳舞。

(3)连跳两遍,里、外圈幼儿各找朋友一遍。

(设计者:南京市南化九村幼儿园　王丽杰)

10. 包 粽 子

【乐曲】

包 粽 子

1=C 2/4

前奏
(6.7 65 | 6.7 65 | 53 53 | 2.3 56 | 235 27 | 6 -) |

[1]
6.5 65 | 6 0 | 6.7 65 | 3 0 | 5 3 5 | 6.7 65 |

[7]
3 3 53 | 2.3 56 | 235 27 | 6 - | 61 61 | 25 2 |

[13]
5.3 5.3 | 2 2 | 5 3 5 | 6.7 65 | 53 53 | 2.3 56 |

[19]
235 27 | 6 - ‖ 6.5 65 | 6 0 | 6.7 65 | 3 0 |
　　　　　　　Fine

[25]
5 3 5 | 6.7 65 | 53 53 | 2.3 56 | 235 27 | 6 - |

[31]
61 61 | 25 2 | 5.3 5.3 | 2 2 | 5 3 5 | 6.7 65 |

[37]　　　　　　　　　　　　　　[40]　　　　间奏
6 3 | 53 | 2.3 56 | 235 27 | 6 - ‖ (6.7 65 | 67 65 |

53 53 | 2.3 56 | 235 27 | 6 -) |

❀ 动作建议

前奏,幼儿面向圆圈上,双膝跪下并坐在小腿上。

[1]—[2]小节,朝左右点头,手放腿上。

[3]—[4]小节,向圈内做卷袖子动作两下。

[5]—[6]小节,向圈外做卷袖子动作两下。

[7]—[8]小节,圈外手做拿粽叶状,圈内手做洗粽叶动作四下(两小节一次)。

[9]—[10]小节,双手朝前方上下抖粽叶两下(一小节一次)。

[11]—[18]小节,双手朝左右两边漂洗粽叶,先向圈内再向圈外(两小节一次)。

[19]—[20]小节,双手在胸前画大圈,圈粽叶。

[21]—[28]小节,圈外的手做拿粽叶状,圈内手做盛米动作四次(两小节一次)。

[29]—[30]小节,圈内手往另一手上压米两下(每节一次)。

[31]—[38]小节,双手一起绕线。

[39]—[40]小节,咬断线(两手拿线头)。

间奏,女孩站起,面向圈内,男孩转跪向圈内,双肘支地,脚抬起。

[1]—[2]小节,女孩手捧粽子由低到高慢慢往圆心走。

[3]—[4]小节,女孩放下粽子。

[5]—[10]小节,女孩子手举过头,浇水,脚原地踩小碎步;男孩保持看火姿势,双肘支地。

[11]—[14]小节,男孩站起,女孩跑回来。

[15]—[16]小节,一起站在圈上跳,庆祝粽子熟了。

[19]—[20]小节,一起跑向圆心,做个拿粽子烫到手的动作和表情。

【教育活动设计】

活动目标

1. 倾听音乐,初步将"洗叶""盛米压米""扎线"等包粽子的基本动作合拍地表现在舞蹈中。

2. 通过熟悉包粽子的过程,学会整齐地按圈内圈外的方向合拍做动作,并保持动作的姿态美。

3. 体验包粽子和享受劳动成果的快乐。

活动准备

幼儿已熟悉包粽子的基本程序。

活动过程

1. 引出主题,幼儿和教师一起包粽子。

(1)师幼回忆并讲讲、做做包粽子的动作,共同探讨出洗叶、盛米、扎线等舞蹈动作。

(2)全体幼儿面向圈上,双腿坐在脚上,挺胸,随教师唱谱做包粽子动作,在做动作时,整齐地按圈内、圈外的方向合拍做动作。

2. 学习煮粽子的动作。

(1)幼儿一起站起来,面向圆心送粽子并探索加水的动作。

(2)做一起看火的动作。

幼儿趴在地上,双肘支地,脚翘起。

(3)分角色进行,女孩送粽子,男孩看火。

(4)在结束时,表现拿粽子烫到手的动作。

(5)重复送粽子、看火这一段。

幼儿分角色表演,动作合拍。

3. 完整地跟音乐舞蹈。

要求幼儿动作合拍、优美,包粽子时,注意按节拍做动作,挺胸,坐直。

4. 评价小结。

(设计者:河海大学幼儿园　徐小冬)

11. 藏　族　舞

【乐曲】

敬爱的毛主席

1=F　4/4　　　　　　　　　　　　　　　　选自《红太阳》专辑

A段

[1]　　　　　　　　　　　　　　　[3]
3.5 2 3 1 6 5 1 6 | 2 1 6 2 3 1 6 . 5 | 3.5 6 5 1 6 5 3 2 1 6 | 5.6 1 2 6 5 3 . 5 |

[5]　　　　　　　　　　　　间奏
3 6 1 2 5 3 3 2 1 2 1 | 6 - - (3 5 | 1 2 6 5 3 5 2 1 6 . 1 3 5 1 | 6 3 5 6 1 3 6 6 3 5 6 1 3 6) |

B段

[1]　　　　　　　　　　　　　　　　[3]
3 3 3 6 6 1 2 1 6　5 | 1 1 2 3 6 5 3 . 5 3 | 1 1 2 3 6 1 6 5 3 2 3 1 | 6 6 1 2 3 6 5 - |

[5]　　　　　　　　　　　　　　[7]
6 6 5 3 5 6 1 . 6 | 5 5 3 6 1 5 3 - | 6 6 5 3 6 5 3 2 1 6 | 5.6 1 5 3.5 2 |

[9]
1 1 6 1 2 3 6 5 3 | 5 5 6 2 3 1 6 - ‖

🦋 动作建议

A段

[1]—[6]小节,双手叉腰,面向圈上,一拍一步地做平步行进。

间奏

双手叉腰,脚做平步转向圈心。

B段

[1]小节,双手捧哈达向圆内做平步四次。

[2]小节,双手叉腰原地右脚做单靠步四次。

[3]—[4]小节,动作同[1]—[2]小节,面向圆外。

[5]—[6]小节,同[1]—[2]小节。

[7]—[8]小节,同[3]—[4]小节。

[9]小节,动作同[1]小节。

[10]小节,双手献哈达。

【教育活动设计】

活动目标

1. 熟悉音乐旋律,感受乐曲抒情优美的音乐性质。
2. 学习用累加动作的方法掌握"藏族集体舞"的基本舞步:"平步"和动作组合。
3. 在队列行进中努力与前后同伴保持合适的距离。

活动准备

音乐音频(见 U 盘)。

活动过程

1. 欣赏乐曲两遍,感受乐曲优美抒情的风格特征和舒缓的节奏。

(1)完整倾听音乐,听后说出对乐曲的初步感受。

(2)边倾听音乐,边跟随音乐拍节奏。

2. 学习平步,掌握动作要领。

(1)边欣赏 A 段音乐,边看教师示范平步动作。

(2)在教师的提问下,了解平步动作的基本要求。

教师:"做'平步'时膝盖是怎样的?做'平步'时是前脚掌先着地,还是脚跟先着地?"

(3)教师哼唱旋律,幼儿在教师带领下集体学做平步。

(4)观看个别幼儿做平步动作。

(5)听音乐,集体练习做平步动作。

3. 学习跳舞体舞,了解队形变化规律。

(1)教师哼唱 A 段旋律,幼儿在教师的语言提示下站成单圈,在圈上按顺时针方向做行进的平步动作。

(2)教师哼唱 A 段旋律,幼儿在圈上做行进平步动作,并在教师带领下,在间奏部分转向圈内,原地右脚做单靠步 4 次。

(3)教师示范向圈内、圈外做平步行进动作,幼儿感知队形及方向变化次数。

(4) 幼儿在教师的语言提示下,练习向圈内、圈外做平步和单靠步动作。

(5) 听教师哼唱B段,练习队形变换动作,并在教师的语言提示下,在B段最后一句向圈内做"献哈达"动作。

4. 完整地听音乐,练习跳集体舞。

在教师的提醒下,幼儿跳舞时能控制步伐,与同伴保持距离。

（设计者：南京市北京东路小学附属幼儿园　陈德玲）

12. 墨西哥草帽舞

【乐曲】

墨西哥草帽舞

1=F 2/4　　　　　　　　　　　　　　　选自《世界名曲（七）》盒带

A段　断顿有力

[乐谱]

B段　活泼欢快

[乐谱]

🐝 **动作建议**

预备队形：男孩、女孩分左右两列,面对面而站,每列五人。

A段

[1]—[8]小节,男孩：左手叉腰,右手抓握草帽放在左肩。左脚起步做两步一点（四拍走三步,第四拍停止保持舞姿）,进两次退两次。女孩：随音乐节奏,双手提裙,两手同时向前向后摆动,双脚原地提踵。

[9]—[16]小节,男孩:手部动作同[1]—[8]小节,脚随音乐节奏原地提踵。女孩:双手提裙在体侧不动,左脚起步做两步一点,进两次退两次。

B段

[1]—[16]小节,男孩:随音乐节奏,左手叉腰,右手抓握草帽上举抖动,脚随音乐节奏原地提踵。女孩:双手提裙在体侧不动,右脚起步走步,第一句走到男孩右侧,第二句走到男孩后面,第三句走到男孩左侧,第四句走到另一个男孩前面。最后一个女孩按四个乐句往前依次经过三个男孩子走到第一个男孩前面。

【教育活动设计】

活动目标

1. 学习两步一点的基本舞步,初步合乐做舞蹈动作。
2. 通过观察模仿学习舞蹈动作和绕人交换舞伴的方法。
3. 对墨西哥民间舞蹈有兴趣,能调动已有的表象,体验和表现墨西哥舞蹈饱含的热烈欢快的情绪。

活动准备

1. 欣赏东方歌舞团、墨西哥民间歌舞团的有关舞蹈录像,感受墨西哥舞蹈饱含的热烈欢快的情绪,观察大草帽在舞蹈中的作用。
2. 道具准备:男孩每人一顶大沿草帽,女孩每人身穿大摆裙。
3. 音乐音频(见U盘)。

活动过程

1. 在草帽的启发下,回忆墨西哥舞蹈及风格,对舞蹈产生兴趣。

教师:"这是什么?哪个国家的人喜欢戴着草帽跳舞,你见过墨西哥歌舞表演吗?"

2. 初步熟悉A段音乐,学习两步一点的基本舞步。

(1)观察教师示范两步一点的基本舞步,知道舞步的要领是左、右全脚掌轮流走两次,再脚跟点地一次。

(2)观察教师示范,听教师哼唱A段音乐,原地练习两步一点的基本舞步。

(3)观察教师示范,听教师哼唱A段音乐,行进练习两步一点的基本舞步,进两次退两次。

(4)观察教师示范,听A段音乐,行进练习两步一点的基本舞步。

3. 进一步熟悉A段音乐,学习A段舞蹈。

(1)观察两位教师示范舞步,在教师的语言启发下,了解舞步的含义。男孩学习抓握草帽,女孩学习提拎裙子,并分男女角色练习。教师问:谁先进谁先退?为什么?女孩怎样接受邀请?

(2)观察两位教师示范上肢动作,听教师哼唱A段音乐,持道具分男女角色进行练习。

(3)跟随两位教师完整地示范动作,听A段音乐,持道具分男女角色继续进行练习。

4. 初步熟悉B段音乐,学习B段舞蹈。

(1)观察两位教师示范,在教师的语言启发下,了解舞蹈动作的含义,并分男女角色练习。教师问:男孩站立抖动草帽是什么意思?女孩提着裙子绕男孩转是什么意思?

(2)听教师哼唱B段音乐,观察两位教师示范绕圈换舞伴。

(3)在教师的指导下,排在队伍尾部的女孩重点练习向前换舞伴的不同方法。

(4)听教师哼唱B段音乐,学习分角色练习绕圈和换舞伴。

(5)在教师的带领下,听B段音乐,分角色继续练习绕圈和换舞伴。

5. 在教师的带领下,完整练习舞蹈。

(1)在两位教师的动作示范和语言提示下,听教师哼唱音乐,分男女角色练习。

(2)观察两位教师示范,听音乐,分男女角色练习。

(3)在教师的语言启发下,体验和表现墨西哥舞蹈热烈欢快的情绪。教师:"墨西哥男孩女孩跳舞时心情怎样?你从哪里看出来的?"

(设计者:南京市北京东路小学附属幼儿园　蒋锡云)

13. 男儿当自强

【乐曲】

男儿当自强

1=F 4/4　　　　　　　　　　　　　　　　　黄　霑　曲

(6 - - - | 6 0 0 0 0 0 0 0 | 0 0 0 0 0 0 0 0 | 6 1 2 5 |
　　　　　 咚哒哒　咚哒哒　咚哒 咚哒 咚哒 咚哒

3 2 3 5 6 i | i. 6 5 3 5 2 i) ‖: 6 - - -) | 6 1 6 1 6 5 |
　　　　　　　　　　　　　　　　　咚　咚　咚　　　　　[1]

6 - - - | 6 1 6 1 5 6 | 2 - - - | 3 1 2 5 |
　　　　　 [3]　　　　　　　　　　　　　　　[5]

3 2 3 1 | 2 3 1 2 6 1 2 6 1 5 | 0 6 1 2 1 6 1 5 | 6 1 5 0 0 |
　　　　　[7]　　　　　　　　　　　　　　　　　　　　　[9]

6 1 6 5 6 0 | 1 2 1 6 1 5 0 | 1 2 6 1 2 0 | 3 5 2 3 6 - :‖ 3 5 2 3 6̂ - ‖
　　　[11]　　　　　　　　　　　[13]

🦋 动作建议

前奏，两脚分开，比肩略宽，双手叉腰。在第四个"咚哒"处，右脚不动，左脚向前跨一步，身体转向右边，在 | 6 1 2 5 | 这一小节的第一拍上，两手从侧面打开，合十于头顶，后面三小节保持这个姿势不变。

[1] 小节，腿做马步，在重拍 6 上，双手合十于胸前，后三拍保持这个动作。

[2] 小节，前三拍，腿保持马步，双手向外推成侧平举状，手心向外，压腕，与同伴手碰手。最后一拍，双腿直立，双手合十于头顶，加上"嘿"的声音。

[3]—[4] 小节，重复[1]—[2] 小节的动作。

[5] 小节，重复[1] 小节的动作。

[6] 小节，基本重复[2] 小节的动作，只是最后一拍仍保持手碰手，不喊"嘿"。

[7]—[8] 小节，腿成弓箭步，左手握拳侧平举，右手握拳随节奏敲击左拳

三、幼儿园韵律活动教育活动设计　141

四下。

〔9〕小节，双腿直立，前两拍，右手握拳曲肘向上，拳心向内；后两拍，换左手，动作同前两拍。

〔10〕小节，前两拍，幼儿双手向外推，成侧平举状，手心向外，压腕，与同伴手碰手；后两拍，右手握拳曲肘向上，拳心向内。

〔11〕小节，前两拍，左手握拳曲肘向上，拳心向内；后两拍，双手向外推，成侧平举状，手心向外，压腕。

〔12〕小节，前两拍，双腿屈膝，双手叉在双膝上；后两拍，双腿直立，双手叉腰。

〔13〕小节，双腿保持直立，前两拍，双手放于肩上；后两拍，双手上举，五指分开，手心向前。

【教育活动设计】

活动目标

1. 学习用马步、弓箭步等基本动作表现解放军筑坝抗洪时的英雄气概。
2. 借助筑堤坝、打桩、加油干等情节记忆动作顺序，并学习利用地上的标记点保持队列的整齐。
3. 在跳舞时保持身体的稳定性。

活动准备

1. 解放军抗洪抢险的图片2～3张，用于向幼儿介绍解放军是如何不怕苦、不怕累地修筑堤坝、抗洪抢险的。
2. 音乐音频（见U盘）。
3. 地上贴有25个点子，每两个点子间的距离是中等身材幼儿两臂（不包括手）的长度之和。

活动过程

1. 学习方阵舞的基本动作。

（1）幼儿踩着点子，原地坐下，双腿盘起，两手放膝上，看教师随音乐完整地做一遍动作。教师做完后，帮助幼儿理解舞蹈所表现的主题以及弓箭步、马步的动作要领。

(2) 幼儿起立,右脚踩在点子上,左脚向旁边跨一步,比肩膀略宽,双手叉腰,听教师唱谱学做动作一遍。在音乐[6]小节的最后一拍,教师提醒幼儿不做双手合十动作,而是准备弓箭步,在音乐[7]—[8]小节打桩四下。

(3) 幼儿加上"嘿"的叫喊声,完整地听音乐再做一遍。教师用简单的语言进行提示:准备—筑堤坝—嘿—打桩—加油、加油,筑堤坝—坝快筑好了,到腿了—到腰了—到肩了—筑好了—准备筑下一个堤坝。

2. 学习90度转身的方法。

(1) 教师与幼儿共同探索右腿不动,左腿向前跨一步,身体转向右边的方法。

(2) 学习听口令"1、2、3、4",在第四声时转身的方法。

(3) 学习听"咚,咚,咚,咚",在第四个"咚"时转身的方法。

(4) 学习听音乐,在第四个"咚哒"时转身的方法。

3. 学习朝三个不同方向做动作。

(1) 明确动作顺序:朝原来的右前方,朝原来的正后方,朝原来的左方。

(2) 教师带领幼儿随音乐完整地做三遍动作:第一遍,教师进行情境提示;第二、三遍,教师不再用语言提示。

4. 幼儿尝试自己记忆动作。

教师先站在中间,(幼儿面对教师站立)帮助不同方向的幼儿明确打桩方向。然后站到队列后面,面对一半幼儿,和幼儿一起随音乐完整地做动作,另一半幼儿就必须凭记忆做动作。做完一遍后,教师再站到另一边,面对另一半幼儿。

(设计者:南京师范大学幼儿园 周　洁)

14. 朋 友 舞

【乐曲】

往牧场的小路

1=A 2/4

选自《童谣世界》盒带

A段

[1] 5 35 | 1. 7 | 6 6 1 6 | 4 — | [5] 4 24 | 7. 6 | 6 5 5 6 | 5 — |
望 着 那 牧 场 小路向前 走, 我 们 的 心 中 多么 快 乐,

[9] 5 35 | 3. 2 | 2 1 7 1 | 6 — | 1 7 6 5 1 | [3] 3 2 1 6 7 | 1 — | 1 0 |
天 上 的 星 星 闪闪烁 烁, 美丽的 港 湾 牧场 和 小 路, 嘿!

B段

[17] 3 3 3 2 2 2 | 1 1 1 5 1 | 7 7 7 6 7 | 1 1 1 5 1 | [21] 3 3 3 2 2 2 | 1 1 1 5 1 |
啦 啦 啦 啦 啦 啦 啦 啦 啦 啦 啦 啦

间奏

7 7 7 6 7 | 1 1 1 | [25] 3 3 3 2 2 2 | 1 1 1 5 1 | 7 7 7 6 7 | 1 1 1) ‖
啦 啦 啦啦 啦 啦 啦 啦啦 啦 啦 啦

🦋 动作建议

[1]—[2]小节,两舞伴双手在胸前交叉握紧,脚做交替步。

[3]—[4]小节,原地不动,与舞伴对视,相互点头两次。

[5]—[12]小节,同[1]—[4]小节。

[13]—[14]小节,交替步。

[15]—[16]小节,原地踏步,拍手面向舞伴。

[17]—[20]小节,由下而上做叉腰—拍肩—双手上举—扭胯,每处各做两下。

[21]—[24]小节,由上而下做拍头—拍肩—叉腰—扭胯,每处各拍两下。

[25]—[26]小节,里圈人拍手交换舞伴。

[27]—[28]小节,向舞伴行礼问好。

【教育活动设计】

活动目标

1. 熟悉音乐,合着音乐的节拍和舞伴协调地做交替步,拍身体动作时合拍、准确。

2. 在间奏音乐的暗示下,做好交换舞伴的准备,初步学会在间奏音乐时间内做好交换舞伴的动作,找出B段动作的顺序规律(由下而上,由上而下)。

3. 在圈上行进时,有意识地控制自己的步伐,初步学会与旁边舞伴动作保持一致。

活动准备

幼儿听过歌曲《往牧场的小路》。

活动过程

1. 学习交替步。

(1) 教师示范交替步,幼儿明确做交替步时先出右脚。

(2) 教师哼唱歌曲前4句,幼儿散点跟教师学交替步。

(3) 边听歌曲前四句旋律,边做交替步。

(4) 在教师语言的提示下,唱到"路,嘿"时做原地踏步和拍手的动作。

(5) 在教师的语言引导下,幼儿站双圈,听音乐与舞伴合拍、协调地做交替步及拍手转身面向舞伴的动作。

2. 学习歌曲后4句的舞蹈动作。

(1) 全体幼儿面对圆心呈单圈状,男孩和女孩间隔而站。教师在圆圈上做示范动作:叉腰—拍肩—双手上举—扭胯—拍头—拍肩—叉腰—扭胯,每处各做两下。幼儿寻找动作顺序的规律。

(2) 在教师的带领下,幼儿边喊口令(如:腰腰—肩肩—上上—扭一扭—头头—肩肩—腰腰—扭一扭),边学习动作,边根据动作的顺序规律记忆动作。

(3) 独立记忆动作的顺序,听乐曲的后4句,面向圆心将动作连起来做一遍。注意动作合拍、连贯。

3. 学习在间奏处交换舞伴的动作。

(1) 在教师的语言讲解与动作示范下,幼儿学习在圆圈上交换舞伴的方法(男孩双手叉腰站在圈上不动,女孩用右手指着下一个舞伴,并向右走到新舞伴面前)。

(2)听教师哼唱,幼儿练习交换舞伴的动作。

(3)听音乐,边拍手边做交换舞伴的动作。

4. 跟着音乐完整地跳集体舞。

(1)在教师语言及动作的提示下,边听音乐边完整地跳舞,注意动作变化(如转身面对朋友、交换舞伴等)及动作是否合拍、协调。

(2)通过教师的讲评,幼儿知道在听音乐行进时与旁边同伴保持一致的步伐,与前面同伴保持一定的间距。

活动延伸

1. 教师启发幼儿在间奏处交换舞伴后,做出各种行礼、问好的动作。

2. 在乐曲的后4句,教师可以引导每对舞伴采用"照镜子"的形式创编、模仿各种滑稽的动作。

(设计者:南京市北京东路小学附属幼儿园　沈敏姿)

15. 圆 圈 舞

【乐曲】

圆 圈 舞

$1=F$　$\frac{4}{4}$　　　　　　　　　　选自《外国民间音乐》盒带

A段

🐝 动作建议

A 段　走步和进退步交替,向前行进走。

B 段　里圈人按顺时针走—环绕—间隔交换舞伴。

【教育活动设计】

🐝 活动目标

1. 初步熟悉音乐,能合着音乐做动作,巩固练习进退步,熟悉动作的交替规律。
2. 迁移绕小树的经验,学习"按顺时针走—环绕—间隔交换舞伴"的方式。
3. 双圈行进时,在教师提醒下能控制自己的步伐,与旁边同伴保持一致。

🐝 活动准备

1. 幼儿学过进退步,玩过体育游戏"绕小树"。
2. 音乐音频(见 U 盘)。

🐝 活动过程

1. 初步熟悉音乐,学习 A 段舞蹈动作。

(1)在教师的语言引导下,幼儿站双圈。

(2)在教师的语言提示下,幼儿随 A 段音乐手拉手面向圈上双圈行进走,随 B 段音乐面对面拍手,行进时注意步伐与同伴保持一致。

(3)看教师与个别幼儿示范男孩和女孩新的拉手方法(男孩手臂向前方伸直,手心向上,女孩手心向下轻轻放在男孩手上),全体幼儿模仿学习。

(4)在教师语言和动作的提示下,边听音乐边在 A 段交替做走步和进退步,向前行进。

2. 进一步感受 B 段乐曲,学习交换舞伴的动作。

(1)看教师示范按顺时针走—环绕—间隔交换舞伴,了解交换舞伴的方法。

(2)在教师的语言指导下,迁移绕小树经验,先将手指向与现在的舞伴间隔一人的下一个舞伴,再按顺时针走,绕过间隔的人,走到新舞伴的面前。然后听教师哼唱,慢速练习1~2次。

(3)幼儿边听音乐边做交换舞伴动作,连续交换两个舞伴,一个乐句交换一个舞伴。

3. 听音乐,完整地跳圆圈舞。

(1)在教师的语言提示下,幼儿边听音乐边跳整支舞蹈,逐步熟悉动作的顺序及交替规律。

(2)倾听音乐,尝试独立记忆动作的顺序,连续跳舞蹈2~3遍,注意行进中控制自己的步伐,与前后左右的舞伴保持一致。

(设计者:南京市北京东路小学附属幼儿园　沈敏姿)

16. 庆　丰　收

【乐曲】

喜庆秧歌

1=C　4/4　　　　　　　　　　　　　　　选自《中国儿童舞曲》

前奏

3 3 2 1 2 7 6 | 1 1 2 6 5 5 3 3 5 | 3 3 2 1 2 6 1 5 3 | 2 5 3 2 1 - ‖

A段 活泼、欢快地

[1]
6 1 1 3 5 · 6 | 1 6 3 2 1 - | 1 2 3 5 2 3 2 1 | [4] 2 7 6 3 5 - |

3 3 2 1 2 7 6 | 1 1 2 6 5 5 3 3 5 | 3 3 2 1 2 6 1 5 3 | [8] 2 5 3 2 1 - |

B段 柔和、舒缓

[1]
1 · 2 3 7 6 3 | 5 - - 6 | 1 · 6 3 2 3 5 | [4] 2 - - - |

3 · 5 2 3 3 7 | 6 7 6 5 3 - | [7] 6 3 5 6 7 2 6 | 5 - - - |

C段 快板

[1]
3 3 2 1 3 2 3 2 1 | 6 1 1 3 5 6 5 | 3 3 2 1 6 3 5 | [4] 3 3 2 1 6 3 5 |

3 6 5 6 6 2 1 2 | 6 2 5 6 6 2 1 2 | [7] 3 - 6 - | 5 - - - ‖

动作建议

前奏　各自摆好运送粮食动作。

A段　走小碎步,上肢交替做运送粮食动作和原地四次扭胯动作。每小节一个动作。

B段　走十字秧歌步,双手转动手绢花。

C段

[1]小节,领舞者摆造型。

[2]小节,伴舞者根据领舞者动作方位对称摆造型。

[3]小节,前两拍,领舞者摆造型;后两拍,伴舞者根据领舞者动作方位摆对称造型。

[4]小节,同[3]小节。

[5]—[6]小节,踩小碎步,原地转圈。

[7]—[8]小节,自由造型。

【教育活动设计】

活动层次(一)

活动目标

1. 在熟悉乐曲内容及结构的基础上,根据A段音乐合拍地交替做运送粮食和扭胯的动作。

2. 借助已有表象及情境语言,创编出农民抱、推、拉、挑、抬等运送粮食的各种动作。

3. 初步感受和体验乐曲欢快、喜庆的情绪。

活动准备

1. 活动前组织幼儿观看农民收获粮食的录像或图片。

2. 组织幼儿欣赏汉族舞蹈视频,了解汉族舞蹈常见内容,如庆祝丰收、欢庆节日等。

3. 已欣赏乐曲,了解乐曲分为A、B、C三段,表现内容分别为:A段,农民运送粮食及展示丰收成果；B段，一队人翩翩起舞欢庆丰收；C段，所有人都加入跳舞队伍，越跳越欢，庆祝粮食大丰收。

🐝 活动过程

1. 完整倾听音乐，在教师的语言引导下，进一步熟悉音乐内容及结构。

2. 根据A段音乐表现内容，创编运送粮食、展示丰收成果的动作。

(1)教师："农民是怎样运送粮食的？"幼儿自由用上肢做一做运送粮食的各种动作，并在教师引导下相互模仿学习动作，归纳总结出挑、背、抱、推、拉、抬、扛、顶等具体运送动作。

(2)在教师的语言引导下，幼儿尝试各种舞步，最终选择碎步表示运送粮食及扭一扭表示休息的动作。

(3)教师慢速哼唱A段，幼儿合乐交替做运送粮食和扭一扭的动作。

3. 在教师的带领下，随A段音乐按节奏跳舞蹈数遍。注意用面部表情、身体动作表现丰收的喜悦，体验舞曲欢快的情绪。

活动层次（二）

🐝 活动目标

1. 进一步感受B段音乐柔和、舒展的特点，学习秧歌十字步和转手绢花。能合拍且手脚较协调地边转动手绢花边走秧歌十字步。

2. 通过与弹簧步比较异同，发现秧歌十字步的特点，在儿歌提示下学习秧歌十字步。与同伴相互学习，掌握转手绢花的要领。

3. 感受汉族舞蹈音乐与身体动作柔和、协调的美。

🐝 活动准备

1. 幼儿已掌握弹簧步。

2. 教师介绍手绢花，使幼儿知道手绢花是汉族舞蹈常用的道具。在区角提供手绢花，幼儿自由转动，教师适当指导。

3. 人手一对手绢花。

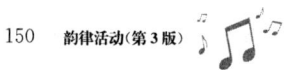

活动过程

1. 复习A段舞蹈动作,注意用表情、动作表现欢快的情绪。

2. 倾听B段音乐,在教师的语言引导下,进一步了解柔和、舒展的特点。

3. 学习秧歌十字步。

(1)幼儿走弹簧步,通过观看教师示范秧歌十字步,比较秧歌十字步与弹簧步的异同,发现秧歌十字步的特点:双腿十字交叉。

(2)教师边念儿歌边示范秧歌十字步(儿歌:你向左,我向右,交叉十字退回来)。幼儿在教师引导及观察中发现舞步难点:双腿交叉后,交叉在后的腿先退回。

(3)在教师带领下,幼儿练习秧歌十字步。

(4)教师慢速哼唱B段乐曲,幼儿按节奏走秧歌十字步。

(5)幼儿随B段音乐合拍走秧歌十字步。

4. 学习转手绢花。

(1)幼儿取出椅下手绢花,自由探索转动方法。

(2)在教师的语言引导下,幼儿相互学习正确转动手绢花的方法。

(3)教师慢速哼唱B段乐曲,幼儿随着音乐转动手绢花。

(4)幼儿随B段音乐随乐转动手绢花。

5. 在音乐伴奏下,幼儿尝试手脚协调地舞蹈,双手转手绢花,脚走秧歌十字步。

6. 听A、B段音乐舞蹈,能随音乐变换动作,并表现欢快、祥和的舞蹈情绪。

活动层次(三)

活动目标

1. 熟悉C段音乐,了解乐句工整对称、似一问一答的特点,随乐句长短的变化在不同方位转动手绢花。

2. 迁移按方位创编动作的经验,根据他人动作快速反应,做出与之相反方向转动手绢花的动作。

3. 体验与同伴合作,获得成功的乐趣。

活动准备

1. 幼儿具有按方向变化动作的能力。

2. 日常生活中进行"做相反动作"游戏的训练。

活动过程

1. 听音乐,复习 A、B 段舞蹈动作。

2. 倾听 C 段音乐,在教师引导下,进一步明确 C 段音乐的特点和表现内容。

3. 迁移按方位创编动作的经验,按不同方位转动手绢花。

4. 迁移"做相反动作"游戏的经验,教师作领舞者,采用先慢后快的方法,幼儿做出与教师方向相反的转动手绢花动作,并摆造型。

5. 教师哼唱 C 段音乐,同时扮领舞者。幼儿作伴舞者,合着音乐做出与领舞者的方向相反的转手绢花的动作并摆造型。

6. 在 C 段音乐伴奏下,幼儿随乐句的变化快速根据领舞者动作变化舞蹈动作。

7. 完整听音乐舞蹈,根据三段音乐的变化匹配相应的舞蹈动作,用身体、表情表现庆丰收的欢乐情绪。

(设计者:南京市北京东路小学附属幼儿园　伏朝阳)

17. 恰 恰 舞

【乐曲】

小 癞 麻

$1={}^bE$　$\frac{2}{4}$　　　　　　　　　　选自《世界名曲》盒带

前奏

(3 5 | 6 3 3 5 | 6 5 3 | 5 2 · | 2 5 5 | 7 6 5 | 6 5 3 | 2 1 1 | 1) 3 5 |

A段

[1]
6 3 5 | 6 5 3 | 5 2 · | 2 5 5 | 7 6 5 | 6 5 3 | 5 3 · | 3 [8] 1 1 |

[9]
$\dot{1}$ 6.5 | $\dot{1}$ 6.5 | 5 2. | 2 55 | 7 6.5 | 6 5.3 | 21 1 | 1 $\dot{1}\dot{1}$ | [16]

A′段
[1]
$\dot{1}$ 6.5 | $\dot{1}$ 6.5 | 5 2. | 2 55 | 776.5 | 665.3 | 5 3. | 3 $\dot{1}\dot{1}$ | [8]

[9]
$\dot{1}$ 6.5 | $\dot{1}$ 6.5 | 5 2. | 2 55 | 776.5 | 665.3 | 21 1 | 1 (35 | [16]

6653 | 2$\dot{1}$ $\dot{1}$ | $\dot{1}$ 0 ‖

B段
$\dot{1}\dot{1}$7$\dot{2}\dot{1}$531 | 2171 3515 | 7246 5427 | 5· $\dot{6}$ | 50 44 |

2472 37$\dot{1}$2$\dot{1}$ | 7535 3535 | 1 0 | 1172 53 | $\dot{1}$· 21 |

7215 3123 | 4746 2654 | 2· 6 | 5 4.4 | 2342 075 |

1217 3535 | $\dot{1}$ (35 ‖
　　　　　　　D.S.

🐝 动作建议

A 段　全体幼儿排成四列纵队,每两列幼儿面对面做恰恰步和扭胯动作。

[1]—[4]小节,幼儿两两面对面,右脚起步,先进后退做恰恰步动作。

[5]—[8]小节,按节奏朝左右做扭胯动作。

[9]—[12]小节,同[1]—[4]小节。

[13]—[16]小节,同[5]—[8]小节。

A′段　全体幼儿面对面站立,右脚起步,先向右做两个侧点步,接着扭胯,整个动作在一个八拍时值内完成。另一个八拍,向相反方向做侧点步和扭胯动作。

[1]—[2]小节,向右做两个侧点步。

[3]—[4]小节,快速按节奏朝左右扭胯。

[5]—[6]小节,向左做两个侧点步。

[7]—[8]小节,同[3]—[4]小节。

[9]—[16]小节,同[1]—[8]小节。

B段　男孩拍手,女孩站成一路纵队,双手叉腰从前往后绕男孩的纵队穿"S"形队形,穿出后,跑直线继续与原先的男舞伴面对面站好并跳舞,重新开始。

【教育活动设计】

🐝 活动目标

1. 学习右脚起步,较合拍地随音乐做恰恰步和侧点步动作。
2. 在教师启发下,发现并运用花环提示,掌握舞蹈中的出脚方向,知道舞蹈动作中男孩子拍手和女孩子穿行的相互提示作用。
3. 体验穿"S"形队形时快速绕行的欢快感,并与前后幼儿保持一定绕行的距离。

🐝 活动准备

1. 每人右脚上套花环(若干),音乐音频(见U盘)。
2. 在地面等距离贴红点,供男孩站立。

🐝 活动过程

1. 欣赏教师示范恰恰步和侧点步,感受音乐旋律。
(1)在教师提问引导下,幼儿记忆舞蹈动作(扭胯、恰恰步、侧点步)。
(2)个别幼儿表演观察到的动作和舞步。
2. 学习恰恰步。
(1)幼儿在教师口令带领下,练习恰恰步的进退动作。
教师:"请伸出套花环的脚,伸出来、藏起来——进、退——一、二、一、二……"
(2)幼儿听教师由慢至快哼唱A段旋律,分别练习恰恰步和扭胯动作。
(3)幼儿听A段音乐,连起来练习恰恰步和扭胯动作。
3. 学习侧点步。
(1)幼儿在教师口令提示下,练习右脚先起步做侧点步。
(2)教师哼唱A′段旋律,幼儿练习侧点步和扭胯动作。
4. 放完整音乐AA′AB,幼儿随AA′AB音乐练习恰恰步和扭胯动作。
5. 学习舞蹈。
(1)在教师的语言提示下,幼儿站队形。教师:"男孩找一个红点站好,请女孩找一个男孩面对面、手拉手站好。"

(2)幼儿在行列队形上练习侧点步。(在教师语言提示下,女孩用套花环的脚先走,男孩用没有套花环的脚先走)

(3)播放完整 AA′AB 音乐,幼儿在队列上随音乐做舞蹈动作,并在 B 段处拍手。(在教师的提醒下,幼儿先练习恰恰步,再练习侧点步)

6. 学习听 B 段音乐穿"S"形队形。(见附图)

(1)教师讲解并示范穿"S"形队形的方法。

(2)女孩练习穿"S"形队形。

(3)放 B 段音乐,女孩练习穿"S"形队形,男孩原地拍手。(在教师的提醒下穿完后,找自己原先的同伴面对面站好)

7. 练习完整跳舞。(在教师启发下,明确男孩拍手的同时女孩穿"S"形的相互提示作用)

8. 幼儿欣赏教师表演恰恰舞,感受恰恰舞的风格。

附图

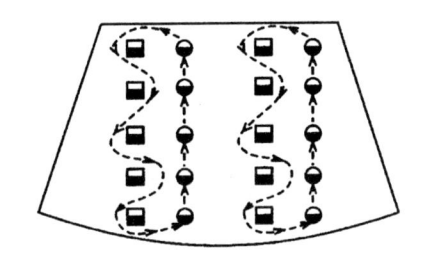

(设计者:南京市北京东路小学附属幼儿园 成 媛)

18. 筷子舞(一)

【乐曲】

敲锣打鼓从初一到十五

1=C 4/4

选自《吉庆唢呐》

[乐谱略]

🦋 动作建议

预备，男：双手握拳，双臂架圆形，肘向外，蹲马步。

女：立正站好。

[1]—[3]小节，男：保持预备姿势，双脚起踵，两拍一下。

女：双手拿筷子向身体左右两侧轮流平举向上、向下敲击，双脚起踵，两拍一下。

[4]小节，全体幼儿双手在头顶互相敲击筷子三下，头仰起。

[5]—[16]小节，同[1]—[4]小节，连做三次。

[17]小节，双脚小碎步右移，双手从头顶向身体两侧画圆。

[18]小节,双臂架起,在胸前敲击筷子三下。

[19]—[24]小节,同[17]—[18]小节,连做三次。

[25]—[32]小节,同[1]—[4]小节,连做两次。

【教育活动设计】

❀ 活动目标

1. 在熟悉乐曲的基础上,初步学跳圆圈集体舞《筷子舞》。

2. 尝试探索《筷子舞》的舞蹈动作。

3. 使用道具跳舞,有表情地表现乐曲欢快、热烈的情绪。

❀ 活动准备

1. 教师组织幼儿在日常活动中欣赏乐曲。

2. 幼儿每人两捆筷子(四根筷子为一捆,用皮筋扎紧,尾部系上彩带),腰扎红腰带。

3. 音乐音频(见 U 盘)。

❀ 活动过程

1. 欣赏一遍乐曲,感受乐曲欢乐、喜庆的风格。

2. 学习基本舞蹈动作。

(1)自由创编男孩、女孩的造型动作(预备动作)。

(2)教师:"小朋友的筷子可以在身体的什么部位敲?"幼儿探索在不同部位敲击筷子。

(3)和教师一起练习不同的敲击动作。

(4)看两位教师完整地示范[1]—[16]小节的舞蹈动作。

(5)男孩、女孩分别学习[1]—[16]小节男孩、女孩的舞蹈动作。

(6)站成双圈(女内、男外),完整地跳一遍舞蹈。

(7)听[17]—[24]小节音乐,看教师示范表演。

(8)学做[17]—[24]小节动作。

3. 完整地集体练习。

(1)第一遍,注意动作合拍。

(2)第二遍,逐步有表情地跳舞。

🦋 **活动延伸**

幼儿跳熟练后,可进一步创编动作,替换原有动作。

（设计者:南京市逸仙小学附属幼儿园　刘　玲）

19. 筷子舞(二)

【乐曲】

筷　子　舞

1=C　4/4

(1.2 3 21 6 | 5. 1 5 -) ‖: [1](反复4遍) 5 1 3 5 | 1 6 5 3 5 |

1. 2 36 53 | 2. 3 2 5 | [5] 5. 61 2 65 | 3 56 32 3 |

1.2 3 21 6 | 5. 1 5 - :‖

🦋 **动作建议**

前奏:一半幼儿手持系红彩带的筷子(下简称"红筷子");一半幼儿手持系黄彩带的筷子(下简称"黄筷子"),间隔站成一个大圆,面向圈上站立。

第一遍音乐

双臂屈肘,在胸前一拍一下地上下敲击筷子,并朝圆上方向边敲边走。

第二遍音乐

[1]—[2]小节,左脚向圆外做弓箭步,双臂在圆外敲击筷子。

[3]—[4]小节,并步站直,在胸前敲击筷子。

[5]—[8]小节,动作同[1]—[4]小节,方向相反。

第三遍音乐

[1]—[4]小节,幼儿面向圆心,拿黄筷子的幼儿单腿跪地,拿红筷子的幼儿走步从拿黄筷子的幼儿前面绕一圈,回原位,手上动作不变。

[5]—[8]小节,"红""黄"交换动作。

第四遍音乐

[1]—[4]小节,拿红筷子的幼儿向圆心走步,手上动作不变,两小节后,退回来。拿黄筷子的幼儿原地踏步,手上动作相同。

[5]—[8]小节,"红""黄"交换动作。

【教育活动设计】

活动目标

1. 学习《筷子舞》,能随乐合拍地敲击筷子。
2. 尝试根据手中筷子上彩带的不同颜色,学习掌握队形变化。
3. 初步感受蒙古族舞的风格,体验用筷子跳舞的乐趣。

活动准备

筷子(人手两把。一半幼儿拿系红彩带的筷子,另一半幼儿拿系黄彩带的筷子)。

活动过程

1. 展示筷子,引出活动。

教师:"这是什么?(筷子)蒙古族的小朋友到了晚上就会围着篝火用筷子跳舞,可热闹啦!"

2. 站成大圆圈,学习基本动作。

(1)原地学习敲击筷子,并随乐曲练习。

(2)在圆圈上行进走并敲击筷子,随乐曲练习。

(3)学习弓箭步并敲击筷子,探索对称动作。

(4)练习第一、二遍音乐的动作。

3. 学习变换队形。

(1)拿"红筷子"的幼儿学习绕舞伴动作,并随乐曲练习。

(2)拿"黄筷子"的幼儿学习绕舞伴动作,并随乐曲练习。

(3)随乐练习1~3遍动作。

(4)部分幼儿学习向圆圈里走,随乐曲练习。

4. 完整地随音乐表演2～3遍舞蹈。

(设计者:南京市商业幼儿园　孙丹蕾)

20. 玩具人舞会

【乐曲】

钟　表　店

1=C 2/4　　　　　　　　　　　节选自世界名曲《钟表店》

钟声（3̇ 1̇ | 2̇ 5 | 5 2̇ | 3 1̇⌒）|

A段　轻快

[1]
3 5 5̣ 5̣ | 3 5 5̣ 5̣ | 4 4 3 2 7̣ | 1̇ 3 5 | 3 5 5̣ 5̣ | 3 5 5̣ 5̣ | 2 2 4 7̣ 5̣ | ⁶#4 5 |

[12]   [16]
3 5 5̣ 5̣ | 3 5 5̣ 5̣ | 4 4 3 2 7̣ | 1̇ 3 5 | 3 5 5̣ 5̣ | 4 1̇ 1̇ 1̇ | 1̇ 3 4 2 | 1̇ 3 1 |

[20]   [24]
3 5 5̣ 5̣ | 4 5 5̣ 5̣ | 5̣ 2̇ 3̇ 2̇ | 2̇ 1̇ 5 | 3̇ 3̇ 3̇ 3̇ | 6̇ 5̣ 4̇ 4̇ | 3̇ 2̇ 3̇ 2̇ | 3̇ 2̇ 7 5 |

[28]   [32]
3 5 5̣ 5̣ | 4 5 5̣ 5̣ | 5̣ 2̇ 3̇ 2̇ | 2̇ 1̇ 5 | 3̇ 3̇ 3̇ 3̇ | 1̇ 5 3 5 | 2 5 2 5 | 1 — |

[36]   [40]
3 5 5̣ 5̣ | 3 5 5̣ 5̣ | 4 4 3 2 7̣ | 1̇ 3 5 | 3 5 5̣ 5̣ | 3 5 5̣ 5̣ | 2 2 4 7̣ 5̣ | ⁶#4 5 |

[44]   [48]
3 5 5̣ 5̣ | 3 5 5̣ 5̣ | 4 4 3 2 7̣ | 1̇ 3 5 | 3 5 5̣ 5̣ | 4 1̇ 1̇ 1̇ | 1̇ 3 4 2 | 1̇ 3 1 ‖

钟声（3̇ 1̇ | 2̇ 5⌒ | 5 2̇ | 3 1̇⌒）‖

B段　优美　缓慢

‖: 5̣ 2 7̣ 2 | 5̣ 2 7̣ 2 :‖

1̇ 7 6 | 5 — | 6 7̇ 1̇ 3̇ | 4̇ 2̇ 1̇ | 0 5 3 1 | 3 5 1̇ | 1̇ 1̇ 6 7̇ 1̇ | 7̇ 5 6 4 |

5 — | ³⌒3 4 5 6 7 1̇ | 7̇ 6 5 | 6 7̇ 1̇ 3̇ | 4̇ 2̇ 1̇ | 5 4 5 1̇ | 5 4 5 1̇ | XXXX XXXX ‖

🐝 动作建议

幼儿一男一女对应站成双圈,面向圈上,男孩站外圈,女孩站内圈,把自己想象成老时钟上的玩偶人。

A 段

[1]—[4]小节,两臂在身体两侧,手掌前后摆动,一拍一次,同时走小碎步前进。

[5]—[8]小节,双手叉腰,头朝左右两边晃动,同时屈膝下蹲4下(头晃动与下蹲的节拍一致)。

[9]—[14]小节,动作同[1]—[4]小节。

[15]—[16]小节,转身,面对面。

[17]—[20]小节,拍手,对掌2次。

[21]—[24]小节,对掌,朝左右两边扭胯(手与胯同一方向)。

[25]—[32]小节,动作同[17]—[20]小节。

[33]—[48]小节,动作同[1]—[16]小节。

听到钟声,固定造型做木偶状。

B 段

在音乐 $\underline{5\ 2}\ \underline{7\ 2}\ |\ \underline{5\ 2}\ \underline{7\ 2}\ |$ 处,教师自己或请一名幼儿点2~3对幼儿当公主与王子,在圈内自由表演。其他幼儿在圈上,女孩一手拉裙子,另一手与男孩拉手举到头顶,男孩另一手背在后面,当听到 $\underline{1\ 7\ 6}\ |\ 5\ -\ |$ 乐曲时,开始在圈上一拍一步并肩行进,当听到 $\underline{5\ 4\ 5}\ \dot{1}\ |\ \underline{5\ 4\ 5}\ \dot{1}\ |$ 乐曲时,公主与王子回到圈上原来的位置,舞会第一轮结束。第二轮舞会动作同上,反复进行。

【教育活动设计】

🐝 活动目标

1. 初步感受乐曲的 ABA 结构,能根据 A 段轻快和 B 段缓慢、优美的音乐较合拍地做动作。

2. 在教师的启发下,学习表现木偶人跳舞的动作,创编木偶人造型和公主与王子的动作。

3. 感知双圆舞的队形,知道在舞蹈中与前后舞伴保持相应的距离。

活动准备

1. 每人套一只手腕花,男孩套左手、女孩套右手。
2. 乐曲《钟表店》。
3. 魔棍一根。

活动过程

1. 幼儿欣赏音乐,感受 ABA 的旋律结构。

(1)教师:"请小朋友听一听,哪一段音乐是时钟上的小木偶在跳舞,哪一段音乐是公主和王子来了。"

(2)教师:"请你们说一说,小木偶跳舞的音乐怎么样?(轻快)公主与王子来了时的音乐是怎么样的?(缓慢、优美)钟声响的时候木偶人不能动了,他们会是怎样的?你们做做看。"

(3)请个别幼儿自由上前来做各种造型。

2. 教师引导幼儿学习基本动作。

(1)听音乐,欣赏教师表演木偶人舞蹈。

(2)请幼儿上前说说刚才看见木偶人做了哪些动作。

(3)运用口令,引导幼儿在空地上学习舞步。

(强调:头朝两边晃动时,先向有手腕花的手的方向晃动,扭胯也是先向有手腕花的方向,注意根据 A、B 段不同节奏来练习动作)

(4)教师唱谱(由慢至快,便于幼儿跟上节拍),幼儿练习舞步。

(5)教师播放音乐,幼儿练习木偶人舞蹈,听到钟声时保持造型不动。

(6)男孩和女孩一一对应站成双圈。教师提示幼儿在行进中与舞伴保持一定距离,目测保持双圈队形。教师唱乐曲,逐步唱快,最后放音乐,幼儿跳舞。

3. 创编公主与王子的动作。

(1)播放 B 段音乐。

教师:"请小朋友想一想公主与王子是怎么跳舞的。"

(2)请幼儿上前自由表演,提醒幼儿跟上 B 段音乐节拍。

(3)教师(或请一名幼儿)用魔棍点到哪一对幼儿,就请那对幼儿当公主与王子,到圈内自由表演,其他幼儿在圈上做指定动作。反复做2~3次。

4. 播放完整音乐,幼儿完整地跳集体舞。

开始时,教师可以唱曲谱,用动作或语言提示幼儿变换动作,然后逐步过渡到让幼儿自己听音乐变换动作。

(设计者:东部战区总医院第一幼儿园　蒋昕微)

21. 斗 鸡 舞

【乐曲】

斗 鸡

$1=C$　$\frac{2}{4}$

(𝟤 - | 𝟤 -) | [1] 2̲2̲1̲ 2̲2̲1̲ | 6̲1̲ 1̲1̲ | 2̲2̲1̲ 2̲2̲1̲ | 6̲1̲ 1̲1̲ |

[5] 6̲5̲ 5̲1̲ | 6̲1̲ 1̲1̲ | 6̲1̲ 1̲6̲ | 5̲1̲ 6̲6̲ | [9] 1̲6̲5̲ 6̲5̲ | 2̲3̲ 2̲2̲ |

1̲6̲5̲ 3̲6̲ | 2̲3̲ 2̲2̲ | [13] 3̲6̲5̲ 2̲3̲ | 2̲2̲ 5̲2̲ | 2̲5̲ 2̲3̲ | 2̲2̲ 2 ‖

🐝 动作建议

基本队形:男内女外站双圈,男孩按顺时针方向站圈,女孩按逆时针方向站圈。

第一遍音乐

[1]—[8]小节,大公鸡显示力量:踏点—扇翅(点步时半蹲),每两小节一次。

[9]—[16]小节,大公鸡摇尾巴:双腿呈马步半蹲,双手于胸前合拢做鸡啄食物状,向下弯腰,同时向左右扭胯。

第二遍音乐

前奏,鸡叫转身:第一小节,鸡叫抬头(双臂上举,"啄尖"向上);第二小节,鸡叫,同时内外圈幼儿转身相对"鸡啄"。

[1]—[16]小节,斗鸡:身体左转,双手同前状,身体向前后扭胯,同时做"鸡啄"向下收回、向上翘起的动作,每小节1次。

第三遍音乐

前奏,交换舞伴:左臂勾翅换位,跳到对方位置,内圈人和外圈人交换。

重复舞蹈。

【教育活动设计】

活动目标

1. 初步学习苗族集体舞《斗鸡舞》(重点学习扭胯动作),感受苗族舞蹈的风格。

2. 在教师指导下,幼儿用斗鸡情节记忆舞蹈的动作顺序,初步了解服饰对空间方位的提示作用。

3. 尝试用目光、头部及体态动作与同伴交流。

活动准备

1. 每人于左膝上部系上红绸带。

2. 音乐音频(见U盘)。

3. 画有苗族《芦笙舞》的图片。

活动过程

1. 学习基本动作:扭胯。

(1)学习大公鸡摇尾动作。

(2)学习斗鸡动作。

(3)学习大公鸡显示力量的动作。

2. 在教师引导下站双圈,两舞伴左腿(系红绸带的腿)靠左腿站好。

3. 教师哼唱旋律。幼儿在教师提示下做踏点扇翅—摇尾—鸡叫转身—斗鸡动作。

4. 在教师提示下,幼儿说出红绸带的用途及舞蹈动作顺序。

5. 在教师语言提示下,幼儿随乐完整地跳舞蹈1~2遍。

6. 学习交换舞伴动作。

(1)两位教师在圈上示范交换舞伴动作。

(2)在教师带领下,幼儿练习交换舞伴动作。

7. 完整地随音乐跳集体舞,并交换舞伴两次。

8. 听教师介绍苗族特有的乐器——芦笙,知道今天学的《斗鸡舞》是模仿苗族人跳的舞,并欣赏教师跳《芦笙舞》。

(设计者:南京市白下路幼儿园　徐　玲)

22. 广　场　舞

【乐曲】

墨西哥交际家

$1=C$ $\frac{2}{4}$

墨西哥舞曲

🐝 **动作建议**

A 段

A₁

[1]—[6]小节,两人内侧手拉着举高,外侧手背向身后,每小节走四步,向前走成四路纵队。(精神饱满,脚踏得有力)

[7]—[8]小节,转成面对面。

[9]—[10]小节,两人双手相拉放于胸前,齐向中间走。

[11]—[12]小节,双手拉着,向后踏步走。

[13]—[14]小节,双手放背后,右脚做踢踏步。[13]小节,踢,[14]小节,踏。

[15]—[16]小节,同[13]—[14]动作。

A₂

[1]—[2]小节,两人同时向前走,左肩对左肩并成一条直线。

[3]—[4]小节,双手放在右侧耳旁拍手三下。

[5]—[6]小节,退回原位。

[7]—[8]小节,同[3]—[4]动作。

[9]—[10]小节,两人同时向右横走,并面对下一位舞伴。

[11]—[12]小节,同[3]—[4]动作。

[13]—[14]小节,两人向左走回原位。

[15]—[16]小节,同[3]—[4]动作。

B 段

[1]—[8]小节,男孩两手举高做打响指状,并发出"哒哒"声;女孩手拎裙子从男孩左边绕一圈回到原位。

[9]—[16]小节,女孩双手在右耳侧拍手,男孩双手放背后有节奏地踏步绕女孩一圈。

[17]—[24]小节,第一排的一对舞伴从身后的舞伴中钻向最后一排,其余舞伴双手拉起举高,并且双脚起踵。

[25]—[32]小节,全体幼儿踏步向后退成上场队形,继续舞蹈。

【教育活动设计】

🐝 活动目标

1. 感受乐曲 A、B 段结构。A 段乐曲鲜明有力,适合队列行进,B 段柔美、抒情,适合旋转动作,合着音乐节拍跳舞。
2. 模仿教师的动作进行舞蹈,并学习听教师的指令进行队形及动作的变换。
3. 在舞蹈进程中能与同伴用目光、姿态相互交流,愉快地跳舞。

🐝 活动准备

1. 每名幼儿双脚套上小串铃,女孩穿小短裙。
2. 两位教师分别扮演男女舞伴示范舞蹈动作。
3. 音乐音频(见 U 盘)。

🐝 活动过程

1. 进场准备动作:幼儿分男女舞伴,排成四路纵队站在场地的一端,两人内侧的手拉起。

2. 新授 A 段舞蹈动作。

(1)教师示范讲解动作。(如:两手拉起,脸对脸对看,向前走:走走走走,走走走走,走走走走,面对面)

(2)幼儿随 A 段音乐,学跳 A_1 段舞蹈动作。(教师适当放慢速度唱谱)

(3)教师讲解并示范 A_2 段动作。

(4)教师唱谱,幼儿跟学 A_2 段动作。

(5)将 $A_1 A_2$ 段连起来,幼儿随音乐舞蹈。

3. 新授 B 段优美的旋转步,幼儿合着音乐练习。(男孩表现出男子汉的绅士风度,女孩优美地拎着裙子围男孩绕一圈)

4. 教师唱谱,幼儿将 A、B 段连起来跳舞。(教师唱乐曲的同时,在每个动作变换前用语言提示幼儿)

5. 幼儿合着音乐连续跳 3~4 遍。

(设计者:河海大学幼儿园　蔡　洪　杨　瑞)

23. 狩 猎

【乐曲】

狩 猎

1=D 4/4

选自《非洲热带风情音乐》

5 | 1̇·7̇ 1̇2̇ 1̇ | 1̇2̇1̇2̇ 1̇2̇1̇2̇ 6·7̇ | 2̇ 7̇6̇ 1̇7̇6̇5̇ | 6̇5̇4̇ 3̇5̇6̇7̇ 1̇0 (0567 1230) 56 |

A段 [1]
1̇·6 6756 4 5 3 | 2 4 3 3 5 3 5 1 3 | 3 5·2 4 3·1 3 2 | 1 − − 1̇ |

[5]
1̇·6 6756 4 5 3 | 2 4 3 3 5 3 5 1 3 | 3 5·2 4 3·1 3 2 | 1 − − 0 1̇ 1̇ |

B段 [1]
1̇1̇7̇ 1̇ 1̇7̇ 4 0 7̇ 7̇ | 7̇ 7̇ 6̇ 7̇ 7̇ 6̇ 3̇ 1̇·1̇ | 1̇1̇ 7̇ 1̇ 1̇ 7̇ 4 7̇·7̇ | 7̇ 7̇ 6̇ 7̇ 7̇ 6̇ 3 1̇1̇1̇ |

[5]
1̇1̇7̇ 1̇ 1̇7̇ 4 0 7̇ 7̇ | 7̇ 7̇ 6̇ 7̇ 7̇ 6̇ 3̇ 1̇·1̇ | 1̇1̇ 7̇ 1̇ 1̇ 7̇ 4 7̇·7̇ | 7̇ 7̇ 6̇ 7̇ 7̇ 6̇ 3 5 6 |

A′段 [1]
1̇·6 6756 4 5 3 | 2 4 3 3 5 3 5 1 3 | 5 2 3 4·5 5 3 2 | 1 − − 5 6 |

[5]
1̇·6 6756 4 5 3 | 2 4 3 3 5 3 5 1 3 | 5 2 3 4·5 5 3̲ 2 | 1(2 3 4 5 6 7 1̇) 5 6 |

[9]
1̇·6 6756 4 5 3 | 2 4 3 3 − 1 3 | 3 5·2 4 3·1 3 2 | 1 − − 1̇ |

[13]   [32]
1̇·6 6756 4 5 3 | 2 4 3 3 − 1 3 | 3 5·2 4 3·1 3 2 | 1 − − 0 ‖

🐝 动作建议

A 段

[1]—[2]小节，双脚分开站立，随节拍扭胯。第一拍，左手上举；第二拍，右手上举，手心相对；第三拍，左手放于右肩上；第四拍，右手放于左肩上。

[3]—[4]小节,[3]小节,腿部动作同[1]—[2]小节,第一拍左手放于左后胯处,第二拍右手放于右后胯处。[4]小节,第一拍双手叉腰,双脚并立跳转90度,呈两两相对,动作保持四拍。

[5]—[6]小节,幼儿两两相对,双手叉腰,马步半蹲,面对面随节奏左右轻轻跺脚向前行进走,逐步交换站立位置呈背对背,第六节最后一拍从右侧肩膀回头看同伴。

[7]—[8]小节,前七拍动作与[5]—[6]小节相反,为向后退走,最后一拍右手侧平举做手持长矛状,跺右脚,喊"嘿!"

[9]—[12]小节,马步半蹲,双手握拳,双臂自然垂于身体面前,随音乐节奏左右轻轻跺脚,身体微摆行进走,同时变换队形。(四路纵队变换成长方队形)

[13]小节,双手握拳上举,右脚随节拍跺脚四次,喊"噢"四次。

[14]小节,右手握拳曲肘放于右肩外做横拿长矛状,左手侧平举手心向下做瞄准状,脚随音乐节奏做并步,做驱赶猎物状。

[15]小节,动作同[13]小节。

[16]小节,动作同[14]小节,最后一拍将"长矛"掷向方阵中心的"猎物"。

[17]—[20]小节,动作同[9]—[12]小节,队形变回四路纵队。

[21]—[22]小节,第一拍跺右脚跨步呈马步半蹲,右手侧平举做竖拿长矛状,动作保持四拍。[22]小节,动作不变,跺脚、跺长矛四拍。

[23]—[24]小节,并腿,双手做敲鼓状,[23]小节一拍敲一下,[24]小节快速敲鼓。

[25]—[32]小节,动作同[1]—[8]小节。

【教育活动设计】

🐝 活动目标

1. 初步学习集体舞《狩猎》,尝试较合拍地跺脚、扭胯及呼喊,体验非洲热带风情音乐欢快的风格。

2. 根据教师的引导及示范,了解并学习利用标记掌握动作。

3. 在集体舞中,有意识地与同伴保持恰当的距离。

🐝 活动准备

1. 观看过有关非洲土著人的录像,如《我是谁》片段。

2. 每名幼儿右手戴一只手腕花。

3. 体育活动中练习"四路纵队—方阵—四路纵队"的变化。

活动过程

1. 回忆录像,引发兴趣。

教师:"今天我们也来扮作非洲土著人去狩猎,老师扮作部落首领。"

2. 学习 B 段动作。

(1)幼儿站四路纵队,看教师示范手拿长矛瞄准猎物的动作。(学习[13]—[16]小节的动作)

(2)幼儿根据手腕花辨别方向并做动作。

(3)幼儿听教师唱曲谱练习动作。

(4)幼儿听音乐练习动作。

3. 学习 A 段动作。

(1)在回忆非洲土著人狩猎前的祭祀的基础上,尝试用舞蹈动作表现。

①教师边念词边示范[1]—[4]小节动作。教师:"今天天气真好,希望我有好运气。"

②幼儿随教师念词并做祭祀的舞蹈动作。

③幼儿随教师放慢速度做[1]—[4]小节祭祀的舞蹈动作。

④教师用正常速度唱乐曲,幼儿随乐做[1]—[4]小节的动作。

(2)教师示范讲解[5]—[8]小节的动作。教师:"找到朋友交换位置,一步一步向前走,不回头—看到朋友退回来,举起长矛出发了。"

①幼儿随教师的示范,两队一组,根据手腕花的方向做[5]—[8]小节的动作。

②幼儿随教师唱的乐曲做[5]—[8]小节的动作。

(3)完整地随 A 段音乐跳舞,前奏部分,幼儿随教师一起做"马步半蹲、双手叉腰随音乐轻轻跺脚并左右摇摆"的动作。(幼儿跺脚时说"嘿!")

4. 随着音乐变换队形,复习 B 段动作。

(1)随着教师唱的乐曲,幼儿模仿教师示范的[9]—[12]小节的动作,将队形由四路纵队变为长方形。

教师:"瞧!一只大老虎,把它包围起来!"

(2)幼儿随着教师唱的乐曲复习[13]—[16]小节的狩猎动作。(向长方形中

心行进并做动作)

(3)幼儿再次随教师唱的乐曲做狩猎的动作。(在跺脚及举长矛的动作上加上"噢"的吼声)

(4)幼儿随音乐和教师一起做狩猎的动作。

5. 学习A′段的动作。

(1)幼儿随教师唱的乐曲及示范动作学习[17]—[20]小节的动作,将队形还原为四路纵队。

教师:"打到猎物,我们回到部落去庆祝吧!"

(2)幼儿模仿教师按节奏念词,按教师的示范做[21]—[24]小节的动作。

教师:"拿起长矛——跺、跺、跺、跺,我们打鼓、打鼓、打打打打鼓。"

(3)做[25]—[32]小节的动作(重复[1]—[8]小节的动作)。

教师:"大家再来一起庆祝,跳个舞吧!"

6. 回忆舞蹈的完整过程,完整地跳舞。

(1)幼儿和教师共同回忆舞蹈的完整过程:先祭祀,再狩猎,最后回部落庆祝。

(2)完整地跳两遍集体舞《狩猎》。

(设计者:南京市锁金二小附属幼儿园　黄淑如　顾　斌)

24. 葡萄丰收

【乐曲】

娃 哈 哈

1=F 2/4　　　　　　　　　　　　　　　　　　新疆民歌

(2 2 2 6 7 | 1 1 1 7 6 | 7 7 7 2 1 7 | 6 6 6 0) | 6 3 3 3 3 | 4 4 6 3 |

2 2 2 2 1 | 3 2 3 6 ‖ 2 2 3 6 7 | 1 1 1 7 6 | 7 7 7 2 1 7 | 6 6 6 0 ‖

Fine

[9]

```
6 3  3 3 | 3 -  | 4 5  6 4 | 3 -  | 2  2  2 | 2  1 |
3 4 3 2 3 | 6 -  ‖ 2  2    2 | 2 3  6 7 | 1  1    1 | 1 2  7 1 |
7  7  7  7 2  1 7 | 6   6  | 6 -  ‖
                              D.C.
```

🐝 动作建议

前奏：双手叉腰，右脚垫步准备。幼儿结伴，面对面站成双圈。（男孩在内圈，女孩在外圈）

[1]—[8]小节，右脚垫步，双臂前平举，手腕转动八下。

重复[5]—[8]小节，男孩转身面向圈里一起手拉手上举，女孩拍手四下。

[9]—[24]小节，女孩双手叉腰走步，从男孩高举的手臂下钻入里圈，停下后，右手上举摘"葡萄"，放在左手"篮子"里，再向前方走步钻出（向圆上方向钻到外圈，动作同上）。（女孩面向圈上侧身从舞伴高举的手下方钻入，然后按圆上方向顺序钻出钻入……按音乐两小节钻入，两小节动作，两小节钻出，两小节动作，共三次）。重复[1]—[8]小节乐曲，男孩垫步转身，双手蒙脸，打开，并反复动作，女孩原地做动作。

【教育活动设计】

🐝 活动目标

1. 学跳集体舞《葡萄丰收》，进一步巩固垫步，体验和表现新疆舞蹈挺拔的姿态。
2. 学习用从"臂测"过渡到"目测"的方法，学会在圆上按"S"形穿插的队形变化。
3. 在猜测舞伴的活动中，体验尝试推测的乐趣及更换舞伴带来的惊喜。

🐝 活动准备

学过垫步。

🐝 活动过程

1. 由谈话导入活动。

教师:"在新疆,有个叫吐鲁番的地方,那里种着许多葡萄,每到丰收的季节,小朋友都挎着篮子到葡萄架下摘葡萄。"

2. 幼儿站成大圆,学习基本舞蹈动作。

(1)跟随教师唱曲谱,复习垫步及手腕转动的动作。

(2)学习单圈变双圈,男孩在内圈,并转身面向女孩,练习基本舞蹈动作。

3. 女孩学习"S"形穿插的队形变化。

(1)男孩面向圈里,拉手举高搭成葡萄架,先看教师示范钻法。

(2)女孩面向圈上,按教师的示范动作学习摘葡萄动作及钻法。

教师:"用圈里的手指好朋友(男孩),再向前伸,指着朋友前面的'洞',钻进去,再向前指前面一个'洞',钻出来……"

(3)男孩原地蹲下,女孩探索摘葡萄动作。

(4)随音乐练习"S"形穿插的队形变化。(见附图)

4. 学习边做垫步边看朋友的动作。

5. 随音乐集体练习舞蹈1~2遍。

6. 男孩、女孩交换角色,男孩学习"S"形穿插的队形变化。

7. 探索内、外圈交换位置的方法。

8. 随音乐完整地练习舞蹈。

9. 猜测新舞伴会是谁,再随音乐跳舞。

活动延伸

1. 可让幼儿创编[1]—[8]小节不同方位的手腕转动动作。

2. 本活动可从第六环节分两课时完成。

附图

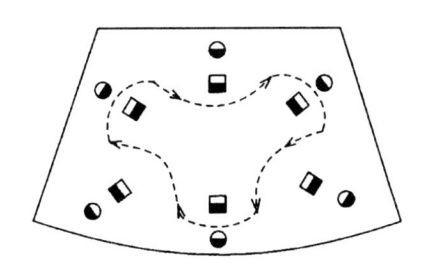

(设计者:南京市商业幼儿园　孙丹蕾)

25. 顽皮的小绅士

【乐曲】

口哨和小狗

$1=^bA$ $\frac{2}{4}$

[美]普莱亚 曲

前奏　　　　　　　A段

(5 - | 5 -) | 5·3 1̄7̄6̄ | 7·6 #5·5 | 6·3 #2̄·3̄ | 5· 3 2 |

[5]
1·2 3̄5̄6̄ | 1·6 | 5·6 7̄2̄7̄ 6·7 | 2̇ 5 | 5·3 1̄7̄6̄ | 7·6 #5·5 |

[13]　　　　　　　　　　　　　　　　　　tr
6·3 4·3 6· | 6̄7̄ 1̇6̇ 7̄ 1̄6̇7̄ | 1̇2̇3̇ 5·3 | 2̇ - | 1̇ 0 |

(X X. X X. | 0 5 1̇)‖
(狗叫)　　　　　Fine
汪汪 汪汪

B段
[1]
‖: 5 1 | 7̄6̄7̄ 5 | 1·3 5·6 | 7̄6̄7̄ 5 | 1̇·1̇ 6̇·6̇ | 5̄3̄2̄ 1̇2̇3̇ |

[9]
6̇ - | 5 0 | 5 1 | 7̄6̄7̄ 5 | 1·3 5·6 | 7̄6̄7̄ 5 |

[15]　　　　tr
1̇·1̇ 6̇6̇ | 5̄3̄2̄ 1̇2̇3̇ | 2̇ - | 1̇ 0 :‖
　　　　　　　　　　　　　　D.C.

🐝 动作建议

A段

幼儿围成双圈，女孩站里圈，男孩站外圈。外圈的男孩与里圈的女孩右手拉右手，左手拉左手，面向圈上，按顺时针方向行进走。（见附图图1）（步伐：右脚做踢、踏、走的动作）

[1]小节,做踢的动作。

[2]小节,做踏回原位的动作。

[3]—[4]小节,动作同[1]—[2]小节。

[5]—[8]小节,按音乐节奏踏步行进走。

[9]—[12]小节,动作同[1]—[4]小节。

[13]—[16]小节,动作同[5]—[8]小节。

B段

里圈的女孩按顺时针方向依次与外圈下一个男孩跳舞。(见附图图2)

[1]—[6]小节,男孩、女孩左手叉腰,男孩原地不动,女孩与男孩右手相牵上举,女孩绕男孩一圈后,两人面对面站立。

[7]小节,右手上举。

[8]小节,男女双方右手放左肩,共同弯腰行礼。

[9]—[14]小节,女孩再换一个男伴跳舞,动作同[1]—[6]小节。

[15]—[16]小节,动作同[7]—[8]小节。

A′段

重复A段动作,在狗叫处,里、外圈幼儿相互露出逗狗的神情,在音乐最后一小节做抱头蹲下的动作,这样小狗就不追了。

【教育活动设计】

活动目标

1. 学习用右脚起步,有节奏地随音乐走、踢、踏步。

2. 在手套的提示下,发现并明确手套在变换舞蹈队形中的提示作用,及时变换动作和交换舞伴。

3. 体验小绅士快乐的心情,表现出顽皮、神气的神态。

活动准备

1. 白手套若干(戴在右手上)、帽子一顶、绅士图片一幅。

2. 地上画一个大圆圈。

3. 音乐音频(见U盘)。

活动过程

1. 观看绅士图片,用动作表现小绅士神气的姿态。

(1)在教师引导下,幼儿自由表现小绅士抬头挺胸的神气姿态。

(2)看教师示范,学行绅士礼。

2. 欣赏音乐,了解音乐的完整结构及绅士走路、跳舞、逗狗等情节。

(1)教师戴帽扮绅士念儿歌,帮助幼儿熟悉音乐情节。教师:"我是顽皮的小绅士,散步到广场去跳舞,路边的小狗我逗一逗。"

3. 学习踢、踏步。

(1)幼儿观察教师示范踢、踏步。

(2)听教师哼唱 A 段旋律,幼儿练习踢、踏步。

(3)男孩、女孩站双圈手拉手,面向圆上按顺时针方向听 A 段音乐做踢、踏步。

4. 学习交换舞伴。

(1)边听教师讲解边学习找下一个舞伴。

教师:"请小朋友都伸出戴手套的手(即右手),先指向面对自己的小朋友,再顺着这只手的方向指到旁边,找到下一位小朋友。"

(2)教师站内圈,与外圈一名男幼儿示范交换舞伴动作。

(3)幼儿在教师的语言提示下用戴手套的手练习拉手一次。

(4)在教师引导下,发现手套的提示作用。教师:"换舞伴时,和舞伴相拉的手上都有什么?"(手套)

(5)教师哼唱一句,幼儿在手套提示下正确换舞伴。

(6)听教师哼唱,幼儿练习交换四个舞伴。

(7)听完整音乐,幼儿练习交换舞伴。

5. 在教师启发下,幼儿在音乐尾声处表现逗狗的神情。

6. 听音乐,完整地跳《顽皮的小绅士》舞蹈。

7. 总结手套的作用。

教师:"跳舞时手套帮了我们什么忙?"

附图

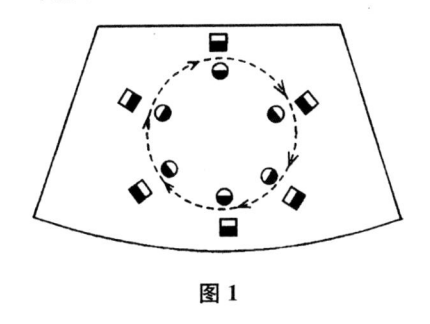

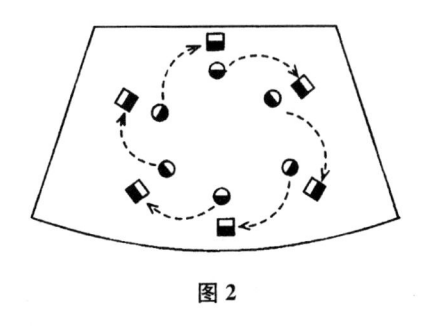

图1　　　　　　　　　　　图2

(设计者:南京市北京东路小学附属幼儿园　成　媛)

26. 威尼斯音乐钟

【乐曲】

威尼斯音乐钟

1=C $\frac{2}{4}$　　　　　　　　　　　　　　　　选自《古典名曲集萃》

引子(钟声)

| X X X X | X X X X | X X X X | X X X X ‖

A段

| 1̱ 5̱ 3̱ 5̱ | 1 · 5̱ | 1̱ 5̱ 3̱ 5̱ | 1 · 5̱ | 1̱ 3̱ 4̱ 5̱ 5̱ | 5̱ 3̱ 2̱ 1̱ 2̱ | 3̱ 5̱ 5̱ 5̱ | 5 · 5̱ |

| 1̱ 5̱ 3̱ 5̱ | 1 · 5̱ | 1̱ 5̱ 3̱ 5̱ | 1 · 5̱ | 1̱ 3̱ 4̱ 5̱ 5̱ | 5̱ 3̱ 2̱ 1̱ 2̱ | 3̱ 5̱ 5̱ 5̱ | 1 - ‖

B段 (转1=G)

　　f　　　　　　　　p　　　　　　　f　　　　　　　p

| 2̱ 7̱ 5̱ 2̱ 7̱ 5̱ | 2̱ 7̱ 5̱ 2̱ | 5̱ 6̱ 7̱ 1 | 7̱ 6̱ 5̱ 2 | 3̱ 1̱ 6̱ 3̱ 1̱ 6̱ | 3̱ 1̱ 6̱ 3̱ | 6̱ 7̱ 1̱ 2 | 1̱ 7̱ 6̱ |

　　f　　　　　　　　p　　　　　　　f　　　　　　　p

| 3̱ 2̱ 3̱ 6̱ 5̱ | 3̱ 2̱ 7̱ 5̱ | 2̱ 1̱ 2̱ 5̱ 4̱ | 2̱ 1̱ 6̱ | 3̱ 2̱ 3̱ 6̱ 5̱ | 3̱ 2̱ 7̱ 5̱ | 3̱ 2̱ 7̱ 5̱ | 3̱ 2̱ 7̱ 5̱ ‖

C段

| 2̇ · 2̱ 3̱ 2̱ 1̱ | 2̇ · 2̱ 3̱ 2̱ 1̱ | 2̱ 3̱ 4̱ 5̱ | 4̱ 3̱ 2 | 1̇ · 1̱ 2̱ 1̱ 7̱ | 1̇ · 1̱ 2̱ 1̱ 7̱ | 1̱ 2̱ 3̱ 4̱ | 3̱ 2̱ 1 |

| 2̱ 3̱ 4̱ 5̱ | 6̱ 5̱ 2̱ 3̱ | 2̱ 3̱ 4̱ 5̱ 6̱ 5̱ | 5̱ 4̱ 3̱ 2̱ 1̱ 7̱ 6̱ | 3̱ 4̱ 5̱ 6̱ | 7̱ 6̱ 5̱ 4 | 3̱ 4̱ 5̱ 6̱ 7̱ 6̱ | 5̱ 4̱ 3̱ 2̱ 1̱ 7̱ ‖

尾声

$\underline{1\ 5}\ \underline{3\ 6}\ \underline{5\ 4}\ |\ 5\ \cdot\ \underline{3}\ |\ \underline{1\ 5}\ \underline{3\ 6}\ \underline{5\ 4}\ |\ 5\ \cdot\ \underline{3}\ |\ 5\ \ 5\ |\ 5\ \ 5\ |\ 1\ \ 1\ |\ 1\ \ 0\ ‖$

🐝 动作建议

引子：右手戴黄腕花的幼儿面向顺时针方向，右手戴红腕花的幼儿面向逆时针方向，"红""黄"结伴两两相对站成一个大圆，做各种钟的造型不动，如：猫头鹰、啄木鸟、滑稽人等各种动物和人物形象的钟。

A 段：各种"钟"随音乐原地一下一下地摆动。如：猫头鹰的两只眼睛左右转动、啄木鸟的嘴一下一下地啄等。

B 段：戴红腕花的幼儿做前半句动作，戴黄腕花的幼儿模仿同伴前半句的动作。

C 段：和同伴握手转圈，一句换一个朋友。第一句，向前走，用戴腕花的手握对面的同伴的手；第二句，向前走，用不戴腕花的手握前面的同伴的手，第三、四句和第二次握手的同伴逆时针转一圈。共四句，做换同伴转圈动作四次。

尾声：幼儿迅速找到原同伴，在原位置站好并摆好原造型不动。

【教育活动设计】

活动一 欣赏《威尼斯音乐钟》

🐝 活动目标

1. 听辨乐曲《威尼斯音乐钟》钟声 ABACA 尾声的回旋结构，并随音乐合拍地做动作。
2. 在教师引导下，根据情节创编各种钟的造型。
3. 能观看别人创编的动作，并迅速准确地学习和模仿。

🐝 活动准备

1. 参观过钟表店。
2. 《威尼斯音乐钟》音乐音频（见 U 盘）。
3. 《威尼斯音乐钟》图谱一张，如下图。

引子（钟声）
_____

A 段（红色）

|: _____ | _____ :|

B段(绿色)

|: 深绿 | 浅绿 | 深绿 | 浅绿 :|

C段(黄色)

|: ∧ ∧ ↻ | ∧ ∧ ↻ :|

尾声

_____

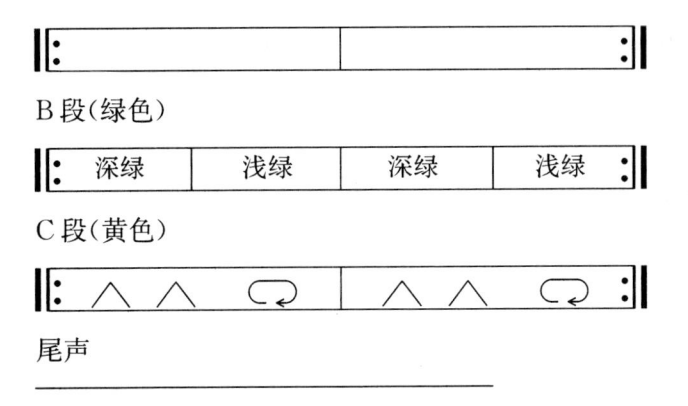

🎵 活动过程

1. 教师出示音乐图谱并提问,让幼儿找出图谱中的规律。

(1)这幅图上有几种颜色的长方形?

(2)每种颜色各出现几次?

(3)每行有几个长方形?

(4)绿的一行颜色有什么变化?

2. 教师播放音乐,随音乐指图,指导幼儿将音乐与图谱匹配。

提问:你听出音乐有几段?哪几段是一样的?每一段有几句?第二段音乐中每句的前面与后面有什么不同?

3. 教师创设情境:小红做了个梦,梦见自己在一个神奇的城堡里,那儿有很多有魔法的钟。到了晚上,它们会相互学动作,相互问好,天一亮,它们就恢复原样。

4. 教师再次播放音乐,边指图边简述情节。

引子 在一个神奇的城堡里,那儿有许多神奇的钟。

A段 各种钟叮当叮当地敲着。

B段 神奇的钟在玩模仿的游戏。

C段 各种钟相互握手问好。

尾声 各种钟回到原位并恢复原样。

5. 幼儿按乐段创编动作。(相同乐段做相同的动作)

(1)听A段音乐,幼儿创编各种钟的造型一下一下地动。

(2)听 B 段音乐,前半句幼儿创编幅度大的动作,后半句幼儿做相同的幅度小的动作。

(3)听 C 段音乐,全体幼儿做握手(先右手再左手)转圈的动作。

6. 教师和幼儿合作,一边听音乐,一边完整地表演。

(1)听 A 段音乐,各自创编各种钟的造型,一下一下地动。

(2)听 B 段音乐时模仿教师动作。教师做每一句的前半句动作,幼儿做后半句动作,共四句,模仿四次。

(3)听 C 段音乐,全体幼儿做与教师握手(先右手再左手)转圈的动作。

7. 请创编动作好的幼儿到中间来表演,全体幼儿模仿。

活动二 学习圆圈舞《威尼斯音乐钟》

活动目标

1. 在熟悉音乐和部分动作的基础上,学习回旋结构的圆圈舞蹈。
2. 在腕花的提示下,掌握交换舞伴的方法。
3. 体验变换队形和交往方式带来的乐趣。

活动准备

1. 一半幼儿右手戴红腕花,一半幼儿右手戴黄腕花。
2. 《威尼斯音乐钟》音乐,可以将 ABAC 结构反复录数遍然后再加尾声。

活动过程

1. 教师和幼儿合作表演《威尼斯音乐钟》。复习上一节课的内容。

2. 幼儿和幼儿合作表演。教师反馈幼儿创编的钟的不同造型并让大家学习。

3. 戴红腕花的幼儿面向逆时针方向,戴黄腕花的幼儿面向顺时针方向站立,两两结伴站成一个大圆圈,学习 C 段交换舞伴和转圈的动作。

(1)第一小节,戴红腕花的幼儿自圆外向前走,与前面戴黄腕花的幼儿握右手(即戴腕花的手);戴黄腕花的幼儿自圆内向前走,与前面戴红腕花的幼儿握右手(即戴腕花的手)。

(2)第二小节,戴红腕花的幼儿自圆内向前走,与前面戴黄腕花的幼儿握左手

(即戴腕花的手);戴黄腕花的幼儿自圆外向前走,与前面的戴红腕花的幼儿握左手(即戴腕花的手)。

(3)第三、四小节,和新舞伴逆时针转一圈。(见附图)

(4)带领幼儿反复做交换舞伴和转圈动作,直到幼儿比较熟练地掌握动作。

(5)听教师唱C段音乐,幼儿做交换舞伴和转圈的动作。

4. 听教师唱尾声音乐,幼儿快速找到原舞伴原位置,做最开始动作造型不动。

5. 听教师分段唱曲谱,幼儿分段熟悉动作。

6. 幼儿边听音乐边完整地表演圆圈舞,教师在每段音乐开始处加以提示。

7. 幼儿随乐连续跳数遍圆圈舞《威尼斯音乐钟》。

附图

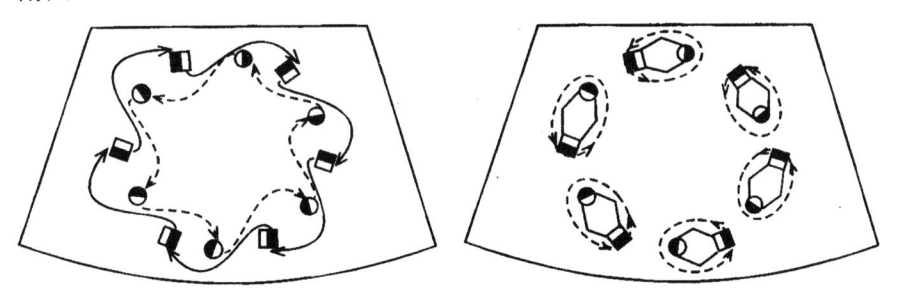

(设计者:南京师范大学幼儿园　周　萍)

27. 斗牛士

【乐曲】

西班牙斗牛舞曲

1=C　2/4　　　　　　　　　　　　　　　P.马基纳　曲

引子

$\underline{3\ 3\ 3}\ \underline{3\ 3\ 3}\ |\ \underline{3\ 3\ 3}\ \underline{3\ 4}\ |\ \underline{4\ 4\ 4}\ \underline{4\ 4\ 4}\ |\ \underline{4\ 4\ 4}\ \underline{5\ 4}\ \|:\ \underline{\dot{3}\ \dot{3}\ \dot{3}}\ \underline{\dot{3}\ \dot{3}\ \dot{3}}\ |$

$\underline{\dot{3}\ \dot{3}\ \dot{3}}\ \underline{\dot{3}\ \dot{4}}\ |\ \underline{\dot{4}\ \dot{4}\ \dot{4}}\ \underline{\dot{4}\ \dot{4}\ \dot{4}}\ |\ \underline{\dot{4}\ \dot{4}\ \dot{4}}\ \underline{\dot{5}\ \dot{4}}\ :\|\ \underline{3\ 3}\ \underline{0\ 3}\ |\ \underline{0\ 3}\ \underline{7\ 1}\ \|$

三、幼儿园韵律活动教育活动设计　181

A段

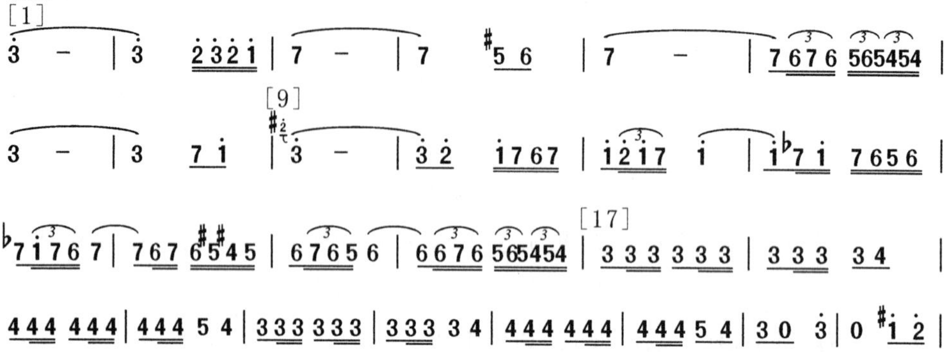

B段

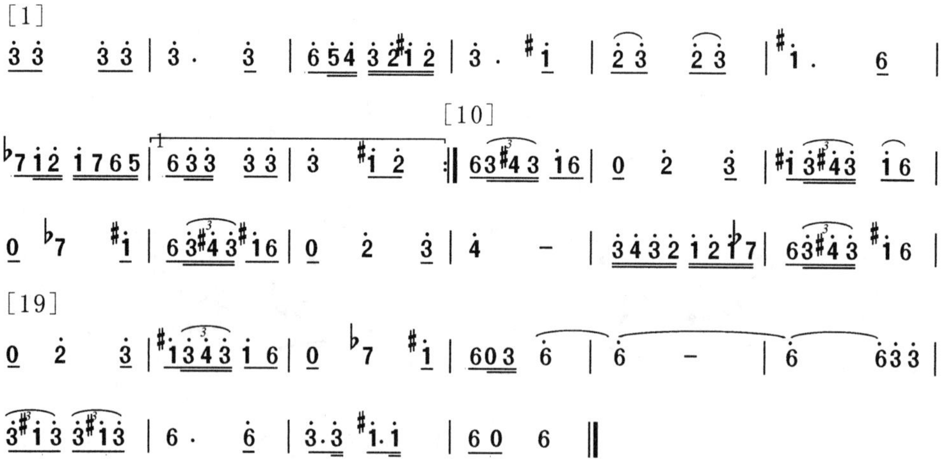

C段 1=C $\frac{2}{4}$

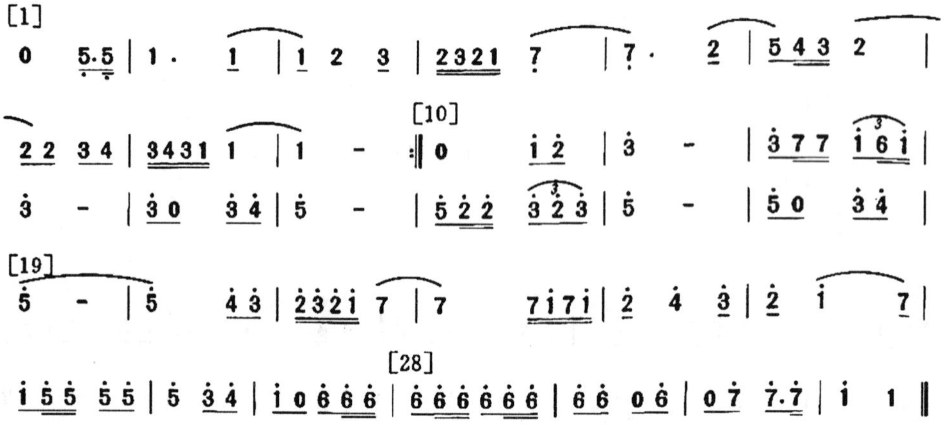

🦋 **动作建议**

引子

男单女双站成四列纵队。双手叉腰,抬头挺胸,丁字步侧立,随乐起踵。

A 段

[1]—[4]小节,句首处将右手上举,五指张开并由里向外转动一次,同时跺右脚,并保持该姿势。

[5]—[16]小节,动作同[1]—[4]小节。

[17]—[26]小节,与引子动作相同。

B 段

[1]—[9]小节,男孩绕女孩舞蹈,走时,[1]—[2]小节,左手叉腰,右手在胸前屈肘;[3]—[4]小节,右手向右斜上方伸出;[5]—[8]小节同[1]—[4]小节;第[9]小节刚好回原处。女孩随乐起踵。

[1]—[9]小节的动作重复一遍。

[10]—[13]小节,同 A 段[1]—[4]小节的动作,并喊"嗨"。

[14]—[21]小节,同"引子"动作。

C 段

[1]—[9]小节,女孩绕男孩舞蹈。走步时,女孩双手做拉裙摆状;[1]—[2]小节,女孩将"裙摆"在胸前交叉;[3]—[4]小节,打开"裙摆",[5]—[8]小节同[1]—[4]小节;第 9 小节回原处。男孩随乐侧立拍手。

重复 C 段:同[1]—[9]小节动作。

[10]—[17]小节,由相邻单双排带队的幼儿带领,两排分别从外侧绕到该队队尾处,其余幼儿跟上(即二龙吐须)。

[18]—[26]小节,由相邻两排幼儿将相邻手举起并相握,从后面走步回原位。

[27]—[31]小节,侧立,拍八下手,最后一拍举右手并集体喊"嗨"。

【教育活动设计】

🦋 **活动目标**

1. 在掌握《斗牛士》A 段动作的基础上,初步完整地学习集体舞《斗牛士》。
2. 根据斗牛士(男孩)与观众(女孩)的特点,创编不同的绕舞伴走的动作。
3. 初步学习用不同的神态表现角色的特点。

🦋 **活动准备**

1. 欣赏过音乐《斗牛士》,观看过类似的斗牛士表演录像。

2. 男孩每人一条纱巾作披风,女孩穿裙子。

3. 音乐音频(见U盘)。

活动过程

1. 复习引子及A段的动作。

教师:"斗牛士胜利了,我们一起来为他们欢呼吧!"

2. 学习B段的动作。

(1)教师:"斗牛士胜利了,可以用什么动作告诉好朋友呢?"男孩(斗牛士)创编动作。

(2)男孩在原地随意做动作。

(3)男孩在原地边走边做动作,动作统一。

(4)男孩绕相邻女孩(观众)走,动作统一,女孩则拎裙起踵。

3. 学习C段的动作。

(1)教师:"观众朋友(女孩)可以用什么动作庆祝斗牛士的胜利呢?"(女孩创编动作)

(2)女孩在原地随意做动作。

(3)女孩在原地边走边做动作,动作统一。

(4)女孩绕相邻男孩子走,动作统一,男孩则侧立拍手。

4. 学习C段后半部分的动作。

(1)教师:"斗牛士(男孩)和观众朋友(女孩)绕场一周,庆祝胜利!"练习二龙吐须队形。(见附图)

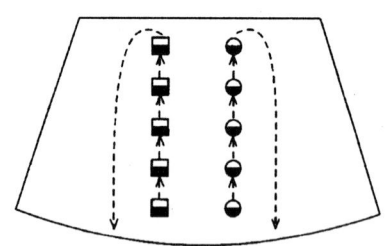

(2)带队幼儿将相近的手高举并相握,走到原来位置,其余依次跟上。

(3)练习拍八下手并喊"嗨"。

5. 完整地随乐舞蹈。

(1)提示斗牛士和观众朋友各自的神态。

(2)提示队形变化,动作变化。

(设计者:南京市商业幼儿园　史　莉)

28. 花 之 舞

【乐曲】

花 之 舞

1=A 2/4   美国民间舞曲

(4 4 2 4 | 3 3 1 3 | 2 6 7 5 | 1 -) |

[1]
3 5 1 3 | 5 1 3 5 | 4 4 1 4 | 3 - | 4 4 2 4 | 3 3 1 3 | 2 6 7 5 | 1 -
x· — | x — | x x | x — | x x | x x | x· x | x —
（拍手） （拍手）

[9]
3 5 1 3 | 5 1 3 5 | 4 4 1 4 | 3 - | 4 4 2 4 | 3 3 1 3 | 2 6 7 5 | 1 -
x· — | x — | x x | x — | x x | x x | x· x | x —
（拍手） （拍手）

[17]
3 5 | 5 4 3 | 5 4 2 7 | 5 0 | 7 5 7 2 | 5 4 3 2 | 3 5 | 5 -
x x | x — | x x | x — | x x | x x | x x | x —
（拍腿） （拍肩）

[25]
3 5 | 5 4 3 | 5 4 2 7 | 5 0 | 7 5 7 2 | 5 4 3 2 | 1 1 | 1 -
x x | x — | x x | x — | x x | x x | x x | x —
（拍腿） （拍肩）

[33]
i 0 i | 7 0 7 | 6 7 i 6 | 5 - | 4 6 5 4 | 3 5 1 3 | 2 4 7 2 | 1 -
x — | x — | x x | x — | x x | x x | x x | x —
（拍手） （拍手）

[41]
i 0 i | 7 0 7 | 6 7 i 6 | 5 - | 4 6 5 4 | 3 5 1 3 | 2 4 7 2 | 1 -
x — | x — | x x | x — | x x | x x | x x | x —
（拍手） （拍手）

[49]   [56]
3 5 | 5 4 3 | 5 4 2 7 | 5 0 | 7 5 7 2 | 5 4 3 2 | 3 5 | 5 -
x x | x — | x x | x — | x x | x x | x x | x —
（拍腿） （拍肩）

```
[57]                                                              [64]
 3  5 | 5  4 3 | 5 4  2 7 | 5   0 | 7 5  7 2 | 5 4  3 2 | 1  1 | 1  - ‖
 x  x | x  -   | x  x     | x   - | x    x   | x    -   | x  x | x  - ‖
(拍腿)                             (拍肩)
```

🐝 动作建议

前奏,幼儿站成单圆队形,男孩与女孩间隔而站,男孩面向圈上,女孩面对男孩。两两结伴,手臂平举,手心贴在一起,圈外的手上举,眼睛注视圈里,下巴微抬,伸出圈里的脚,脚跟点地。

[1]—[2]小节,圈里的脚随音乐每小节脚跟点地一下,手臂姿势同前奏。

[3]—[4]小节,向圈内并步跨跳三次,使大圆缩小成小圆。

[5]—[8]小节,双手在胸前随节拍拍手。

[9]—[16]小节,重复[1]—[8]小节的动作,方向相反,使小圆还原成大圆。

[17]小节,结伴的幼儿戴红花的手相握,戴黄花的手背于身后,男孩沿顺时针方向从圈外向前走,女孩沿逆时针方向从圈内向前走。

[18]小节,与原结伴的幼儿背对背站,与面前的新朋友将戴黄花的手相握,戴红花的手背于身后。

[19]—[20]小节,相握的手由上至下抖动三次。

[21]小节,相握的手不松开,男孩在圈里向前走,女孩在圈外向前走。

[22]小节,同[18]小节的动作,戴红花的手相握,戴黄花的手背于身后。

[23]—[24]小节,同[19]—[20]小节的动作。

[25]—[28]小节,同[17]—[20]小节的动作。

[29]—[30]小节,相握的手松开,双手于胸前拍手三下。

[31]—(32)小节,动作与前奏的动作相同。

[33]—[48]小节,同[1]—[16]小节的动作。

[49]—[64]小节,同[17]—[32]小节的动作。

(注:黄花指黄色手腕花,红花指红色手腕花)

【教育活动设计】

🐝 活动目标

1. 初步学跳《花之舞》,并用动作表现欧洲民间舞风格。

2. 根据手腕花的不同颜色,寻找出双向 S 形穿花的规律。

3. 体验快速交换舞伴的快乐。

🦋 活动准备

1. 已熟悉音乐,会做身体动作,会玩"捉迷藏"的游戏。

2. 手腕花人手两只(右手腕戴红花,左手腕戴黄花)。

🦋 活动过程

1. 倾听音乐,并随音乐做身体动作。

2. 学习第一、二句舞蹈动作。

(1)观看教师示范动作。

教师:"花儿听了音乐还会跳舞呢,请你们看我是怎么跳的。"

(2)学习舞蹈动作。

①练习脚跟点地及侧向跨跳动作。(见附图图1)

②学习手臂动作和头部姿态。

③边听教师唱曲谱边练习动作。

④学习结伴舞蹈,并随教师唱曲谱练习。

3. 学习边听音乐边跳《花之舞》,每八小节为一个乐句,第一、二、五、六乐句,跳刚学的舞蹈动作,第三、四、七、八乐句,仍做原来拍腿、拍肩的动作。

4. 学习第三、四乐句的舞蹈动作。

(1)复习"捉迷藏"游戏,寻找双向 S 形穿花的规律。(见附图图2)

(2)学习和第三位新朋友拍拍手,结伴开花的动作。

(3)边听教师唱曲谱边练习舞蹈动作。

5. 一边听教师完整地唱曲谱,一边把舞蹈动作连起来完整地练习。

6. 完整地随音乐表演舞蹈一遍。

7. 完整地随音乐连续表演舞蹈两遍。

附图

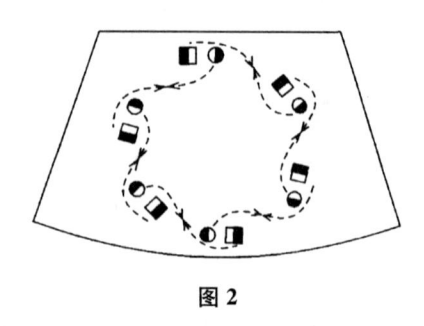

图1　　　　　　　　图2

(设计者:南京市商业幼儿园　季艳宁)

29. 快乐圆圈舞

【乐曲】

特快列车波尔卡

1=C　2/4　　　　　　　　　　[奥]约翰·施特劳斯　曲

前奏
[1]
(5. 5 | 5 - | 5 - | 5 - | 5 0 | 5 0 |

　　　　　　　　　　　　[10]　　　　　　[12]
5　5 | 5　5 | 55 55 | 55 55 | 3̣5 3̣5 | 3̣5 3̣5)|

A段
[1]　[17]
‖: 3̣5 12 | 3̣5 5 | 66 55 | 44 5̣ | 4̣5 7̣1 | 24 4 |

　　　　　　　[8] [24]
66 55 | 31 5̣ | 3̣5 12 | 3̣5 5 | 66 55 | 72 2 |

　　　　　　[15] [31]　　[16] [32]
1 22 | 7 22 | 66 777 | 55 5 :‖ 555 55 |

B段

[1]　　　　　　　　　[3]　　　　　　　　　[5]
3̇ 2 | 1̇7 2 | 1̇2 2 | 1̇2 2 | 1̇ 7 | 6 #5 7 | 61 1 | 61 1 |

[9]　　　　　　　　　　　　　[12]
3̇ 2 | 1̇7 2 | 1̇4 4 | 1̇4 4 | 1̇ 76 51 3 | 6 2̇5 7 | 3̇1 5 |

[17]　　　　　　　　　[20]
1̇ 76 | 3̇1 3 | 6 2̇5 7 | 1̇1 1̇ |

间奏 1=F
(5 6 | 5 - | 2̇ 1̇ | 5 · 1̇7)

C段
[1]　　　　　　　　　　　　　　　[4]　　　[5]
1̇5 31 | 47 7 | 47 7 | 31 11̇7 | 1̇5 31 | 37 7 |

　　　　　　[8]　　　　[9]　　　　　　　　　　　[12]
5#4 56 | 5#4 31̇7 | 1̇3 31 | 47 7 | 47 7 | 31 11̇7 |

[13]　　　　　　　　　　[16]　　　　　　[17]、[25]
1̇5 31 | 37 7 | 5#4 57 | 33 3 ‖ 6 3̇.2 | 2̇1 5 |

　　　　　　　　　　　　　　　　[24]、[32]
76 42 | 65 31 | 6 3̇.2 | 2̇1 5 | 76 42 | 13 45 ‖ 1̇1 1 |

尾声
[1]　　　　　　　　　　　　　　　[7]　　[8]　　[9]　　[10]
1̇5 5 | 1̇5 5 | 1̇5 55 | 5̃ - | 1̇ 6 53 | 1̇ 0 | 3̇ 0 | 1̃̇ - | 1̇ 0 ‖

🦋 动作建议

前奏

[1]—[10]小节,全体幼儿围成圆圈,坐下,双手叉腰面向圆心。

[11]—[12]小节,右手叉腰,左手侧平举指向圆上,做好准备。

A段

[1]—[8]小节,动作与前奏的[11]—[12]小节相同,左手随音乐节拍摆动8下。

[9]—[16]小节,双手叉腰,双脚随节拍提、压踵。

[17]—[32]小节,动作与[1]—[16]小节相同。

B段

[1]—[2]小节,左右脚轮流踏步,双手叉腰。

[3]—[4]小节,双手在左耳上方击掌两次。

[5]—[20]小节,动作与[1]—[4]小节相同,重复4次。

间奏

双手叉腰,做好准备。

C段

[1]—[4]小节,戴手腕花的右手上举,转身和身边戴同色手腕花的朋友手掌相碰,左手叉腰不动。

[5]—[8]小节,保持手掌相碰动作,双脚轮流踏步。

[9]—[12]小节,转身和戴不同色手腕花的朋友的手掌相碰。

[13]—[16]小节,动作与[5]—[8]小节相同。

[17]—[32]小节,动作同B段音乐的动作。

尾声

[1]—[7]小节,弯腰,双手触地。

[8]小节,双臂在身体下方交叉。

[9]—[10]小节,双臂在胸前打开上举。

【教育活动设计】

活动目标

1. 在熟悉音乐的基础上学跳集体舞。

2. 了解身体动作能够帮助自己记忆舞蹈动作和提示舞蹈方向。

3. 在蹉步奔跑时,努力控制自己的步幅,避免过分牵拉同伴。

活动准备

1. 音乐音频(见U盘)。

2. 红色手腕花和黄色手腕花(数量均为幼儿人数一半),手腕花戴在幼儿的右手上,幼儿两个戴红色,两个戴黄色,两两间隔围成圆圈坐下。

活动过程

1. 学习在座位上的身体动作。

(1)认识左、右,分清圈里、圈上。

(2)在教师的带领下,学习在座位上的身体动作。

(3)学习根据手腕花的颜色练习找朋友,看一看,换朋友,看一看。

(4)听音乐,在教师带领下练习。

(5)提醒幼儿注意身体姿态,再次听音乐练习。

2. 学习集体舞。

(1)复习座位上的身体动作,在做的过程中将B段的左右脚交替踏步动作变为踏步转向圈上。

(2)学习蹉步跑动作。

教师示范,幼儿听口令练习蹉步跑。

幼儿听A段音乐练习蹉步,将A段中随乐摆手的动作替换掉,蹉步跑时,与同伴要手牵手。

(3)引导幼儿理解身体动作对舞蹈动作方向的提示作用(A段中手指的方向即表示向蹉步移动的方向)。

(4)学习找朋友转圈动作。(见下图)

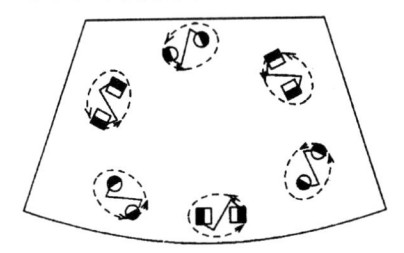

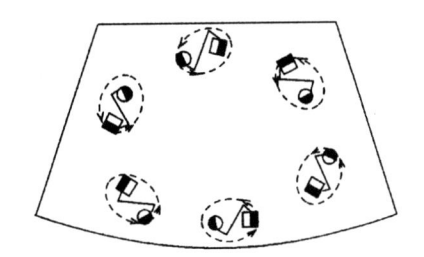

在教师引导下自由探索向前走,绕一圈后回原位。(将C段手碰手踏步动作变为手碰手转圈动作)

3. 引导并带领幼儿听音乐完整地练习集体舞。

(1)在B段音乐双手击掌时,右脚向右侧脚尖点地。

(2)回忆动作顺序。

(3)再次听音乐,完整地练习《快乐圆圈舞》。

(设计者:南京市白下路幼儿园　音乐教研组)

30. 花儿朵朵

【乐曲】

邮递马车

1=F 2/4　　　　　　　　　　　　　　　　[日]古关裕而　曲

前奏

(略 — 简谱乐曲)

动作建议

前奏：左手叉腰，右手斜上举，排成四路纵队，站立。

[1]—[8]小节，根据手腕花的颜色，动作如前奏，踏步变成四个花苞状（6人一组成一小圆）。（见附图图1）

[9]—[16]小节，双手上举面向圆心，慢慢打开向后退成花朵状。（见附图图2）

[17]—[24]小节，动作同[1]—[8]小节，再变成四个花苞。

[25]—[32]小节,动作同[9]—[16]小节,变成花朵状。

[33]—[40]小节,"花儿"捉迷藏,两朵"花儿"蹲,两朵"花儿"站,交替进行。(见附图图3)

[41]—[48]小节,做花儿随风飘荡状。(见附图图4)

[49]—[56]小节,"花儿"跳圆圈舞,圈内手平举,圈外手斜上举,按顺时针方向旋转。(见附图图5)

[57]—[64]小节,每朵"花儿"中一人到圆心作花蕊站着转,"花瓣"蹲下晃动。(见附图图6)

【教育活动设计】

❀ 活动目标

1. 初步学习集体舞《花儿朵朵》,能跟随音乐较合拍地做踏步行进、小跑步转圈和其他手臂动作。

2. 学会看舞蹈图谱,知道如何从四路纵队变换成花苞状(或小圆等队形),会走动旋转等。

3. 在表演过程中感受与同伴合作、交流的快乐。

❀ 活动准备

音乐音频(见U盘)、舞蹈图谱(见附图)、手腕花人手一只(红、黄、蓝、绿四种,数量相同)。

❀ 活动过程

1. 教师出示舞蹈图谱,幼儿观察图谱中的"花园"里花的形态,并借助已有的经验说一说,做一做。

(1)看图1。教师:"我们一起来学花园里美丽的花儿跳舞,花儿是怎样跳舞的?我们看着图1一起来学。"(幼儿呈四路纵队站立)

(2)幼儿观察图中花苞的颜色是否与手上戴的手腕花的颜色一致,颜色共有四种,尝试按戴红、黄、蓝、绿手腕花的颜色,走动变成如图1中一样的四个花苞。

(3)教师唱曲谱,幼儿伸出戴手腕花的右手斜上举,另一手叉腰,同时轻轻做踏步动作,再变一次。

(4)看图2：花儿开放了。幼儿尝试将六人一组组成的花苞变成一朵盛开的花。

(5)请其中一组合作得较好的幼儿示范，双手上举慢慢打开，走小碎步后退成一朵大花。

(6)集体练习，从四个花苞变成四朵花。

(7)教师边唱曲谱边用语言提示，请幼儿将花苞、花朵两个动作连起来做。

(8)听录音，将花苞、花儿开放连起来做两遍。

(9)观察图3：花儿捉迷藏。学习看图中"↓""↑"的标记，教师指到哪儿，示范、扮演那朵花的幼儿即看标记迅速做出反应。("↑"表示双手高举站着，"↓"表示蹲下躲起来）

(10)教师用拍手作为指令，拍一下，幼儿依据图中标记做蹲下、站起的动作；再拍一下，则变换动作。

(11)教师唱曲谱：一个乐句，教师拍两次手，幼儿根据信号变换动作。

(12)观察图4。教师："一阵风吹来，花儿会怎样？"引导幼儿做双手上举随风摇摆动作，同时加上语言节奏练习"风儿一吹，花儿摇摆"。

(13)观察图5。教师："花儿高兴地跳起舞来了。看标记'◯'，这像在跳什么舞？"教师戴一朵花跳圆圈舞，幼儿做小跑步、转圈动作，圈内的手侧平举，圈外的手上举，集体进行练习。

(14)观察图6。教师："谁也高兴地出来跳舞了？"引导幼儿集体讨论，分角色用身体动作表现出花的空间层次美。教师选择与图相似的方案供大家学习。

(15)请一名幼儿作花蕊，其他幼儿作花瓣。花蕊高高地在中间转圈，花瓣蹲下围着花蕊摆动，进行集体练习。

(16)从捉迷藏开始听音乐练习一遍。

2. 幼儿完整地看图，了解集体舞的整个过程。

(1)幼儿说说花儿是怎样完整跳舞的，先变什么，再怎样。幼儿边说边指图，梳理集体舞的整个过程。

(2)完整地听音乐练习一遍。

(3)教师针对幼儿出现的问题及时指点。如：捉迷藏时，在一个乐句中，幼儿须变换一次动作。

3. 听音乐连续表演3~4遍，每个幼儿都有作花蕊的机会。教师采用退出策略,让幼儿完整地享受表演的快乐。提示幼儿表演时应注意听音乐,脚和手的动作要协调。

附图

图1
戴同色手腕花的幼儿组成小圆,按顺时针方向面向圆上,戴同色手腕花的手高举靠在一起。

图2
退成大圆,面向圆心。

图3
对角的两圆分组轮流站起和蹲下,对角两圆动作相同。

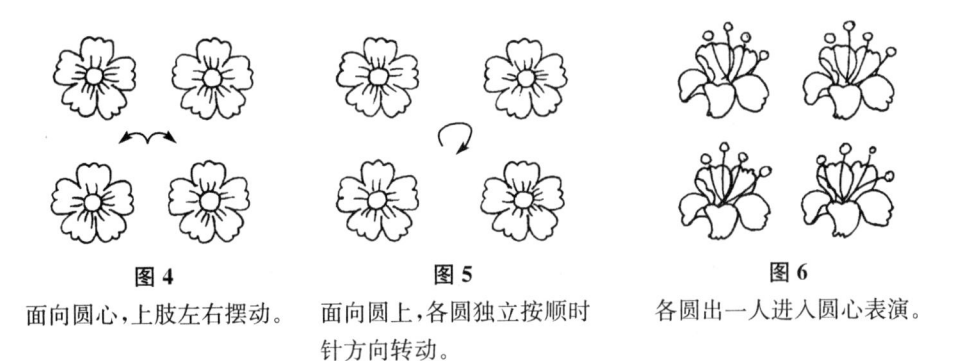

图4
面向圆心,上肢左右摆动。

图5
面向圆上,各圆独立按顺时针方向转动。

图6
各圆出一人进入圆心表演。

(设计者:江阴市第二实验幼儿园　陈晓萍)

31. 附加特例：外国民间集体舞曲

小班

(1) 火 车 舞

1=C 3/4 瑞典民间舞曲

[1]
i 5.6 5.4 | 3.4 5 i | 7i 2 i7 | i.2 3.i 5 | i 5.6 5.4 | 3.4 5 i |

[8]　　　　　[9]　　　　　　　　　　[11]
7i 2 i7 | i   i0 ‖ i3 2̃ - | i3 2̃ - | i3 2 2i | 7 6 5 - ‖
　　　　　　 Fine.　　　　　　　　　　　　　　　　　　　　　D.C.

(注：音乐音频见U盘)

🐝 **动作建议**

[1]—[8]小节，全体站成圆形。一人或几人作火车头，小跑步去找"车厢"。

[9]—[10]小节，"火车头"对找到的"车厢"做两次邀请动作。

[11]—[12]小节，被邀请的"车厢"向"火车头"行礼，表示感谢。

音乐重新开始，被找到的"车厢""挂"在"火车头"后面继续去找新"车厢"。

反复进行，直到把圈上站着的人都请完。

中班

(1) 圆 圈 舞

1=F 3/4 墨西哥民间舞曲

0 5 ‖: 11 5 13 | 55.03 | 44 3 2 1 | 7 - 05 | 77 5 7 2 | 55. 55 |

5 4 3 2 | 1 - - ‖ XX XX X | 2/4 X X. | 3/4 XXXX X | 2/4 X X. |
　　　　　 Fine.

3/4 XX XX X | 2/4 X X. | 3/4 XX XX X | X 0 0 5 :‖
　　　　　　　　　　　　　　　　　　　　　　　　D.S.

(注:音乐音频见U盘)

🐝 **动作建议**

在音乐声中,若干名幼儿手拉手成圆圈,一边做进退步(或垫步、小跑步),一边按顺时针方向转。

在鼓声节奏中,各自分散重新找朋友拉圆圈,待音乐声重新开始,再开始跳舞,并按顺时针方向转。

(2) 蛇　　舞

1=C　6/8　　　　　　　　　　　　　　　　　　法国民间舞曲

| 1̇ 3 5 1̇ 3 5 | 1̇ 7 6 5 · | 5 6 5 5 4 3 | 2 5 4 3 2 3 | 1̇ 3 5 1̇ 3 5 | 1̇ 7 6 5 · |

| 1̇ 7 1̇ 2̇ 2̇ | 1̇ 7 6 5 · | 5 6 5 5 4 3 | 2 5 4 3 1 | 3 3 3 5 | 5 4 3 2 · |

| 5 6 5 5 4 3 | 2 5 4 3 1 | 1̇ 7 6 6 5 3 | 5 4 2 1 · ‖

(注:音乐音频见U盘)

🐝 **动作建议**

若干人组成一组,每组的第一个人手持花头巾(或彩带),用一种自选的舞步带领全组按蛇行路线行走。

一遍音乐结束后,领头人把头巾交给第二个人,自由站到队尾。新领头人重新自选舞步,跟着音乐重新开始按蛇行路线行走。

(3) 问　候　舞

1=G　2/4　　　　　　　　　　　　　　　　　　德国民间舞曲

| 5̣ | 1 2 3 4 | 5 3 5 | 4 2 4 | 3 1 5 | 1 2 3 4 | 5 3 5 | 4 2 7̣ 2 | 1 — |

| 2 2 | 2 2 3 | 2 1 7̣ 6̣ | 5̣ 6̣ 7̣ 1 | 2 2 | 2 2 3 | 2 1 7̣ 6̣ | 5 0 |

‖: 5̂ 3 | 5̂ (5) | 5 2 | 5 ‖
　　　　　D.C.　　Fine.

(注:音乐音频见U盘)

🐝 **动作建议**

在音乐声中,幼儿自由地随音乐节奏小跑步,并与周围的朋友用目光交流。听到教师弹奏出 $\widehat{5\ 3}$ | 的旋律时,立即同近处的幼儿握手。教师可任意反复这一旋律,幼儿也可不断寻找新的对象握手。教师一旦从头开始弹奏,幼儿便须重新开始独自跑动。活动结束时,教师弹奏"结束句"。

大班

(1) 旅 行 舞

1=F 4/4   葡萄牙民间舞曲

(注:音乐音频见 U 盘)

🐝 **动作建议**

全体幼儿手拉手成一长线,跟着领头人绕来绕去地走蛇形路线,也可以从队伍中的任意两个人中间钻过去。在音乐[1]处,领头人任意设计一个低姿势的动作;在音乐[2]处,领头人任意设计一个高姿势的动作。其余的人立即模仿领头人正在做的动作。音乐重复若干遍。领头人在每一遍音乐中要换两个与之前所做的不同的动作。

(2) 朋 友 舞

1=C 2/4   法国民间舞曲

[4] 1 7 1 2 1 | 3 1 4 2 | 5 6 7 1̇ | 7 · 2 3 | [5] 4 3 4 6 | 5 4 3 2 | 3 1 6 7 | 1 · ‖

🦋 **动作建议**

将全体幼儿分成两组,两组人数一样多。第一句时([1]起),第一组幼儿跑跳步(或小跑步)四散跑开。第二句时([2]起),第二组幼儿跑跳步(或小跑步)任意去找一个朋友。第三句([3]起),两个小朋友面对面双手对拍,一拍一次。第四句([4]起),两个小朋友拉手跑跳步(或小跑步)转圈。第五句时([5]起),手拉手向反方向转圈。

音乐重新开始,仍然是第一组幼儿先动,第二组幼儿可以重新找朋友,也可以认定自己原来的朋友,去找他。

以上5个舞蹈材料由德国教师曼努艾拉提供。

(3) 朋 友 舞

1=C 2/4　　　　　　　　　　　　　　　　　　　　美国民间舞曲

(一) [1]
6·5 3 6 | 6 5 3 | 6·5 3 6 | 0 0 | [4] 6·5 2 6 | 6 5 2 | 6 0 | 0 0 |

[9]
6·5 6 1 | 1 7 1 | 3·4 5 6 | 0 0 | [13] 6 1 6 7 | 7 6 5 | 1̇ 1̇ | 7 7 ‖

1.
1̇ — | 1̇ 0 ‖ (二) [1] 6 — | 3 6 | 1̇ 1 6 | 6 · 1̇ | [5] 3 3 2 | 2 1 7 |
　　　Fine.

[9]
6 — | 6 — | 1̇ — | 5 1̇ | 3 3̇ 1̇ | 1 · 3 | 5 5 4 | 4 3 2 |
× × | × × |

1.
3 2 | 1̇ 7 ‖ 2. 1̇ 1̇ | 7 ♭7 ‖
× × | × × | × × | × × D.C.

(注:音乐音频见U盘)

🦋 **动作建议**

在乐曲的第(一)部分,幼儿两人一组。[1]—[4]小节,两人手拉手向前走;[5]—

[8]小节,两人换手,手拉手向与前相反的方向走;[9]—[12]小节,两人手拉手跑跳步转一圈;[12]—[16]小节,两人换手,手拉手向与前相反的方向跑跳转圈(反复一次)。

在乐曲的第(二)部分,[1]—[8]小节,一人自由走动,在[7]—[8]小节,与任意一幼儿双手对拍四次;[9]—[16]小节,重复[1]—[8]小节的动作(反复一次)。

重复第(一)部分的音乐和动作后结束。

(4) 农 夫 舞

1=C 3/4　　　　　　　　　　　　　　　　　丹麦民间舞曲

(注:音乐音频见U盘)

🐝 **动作建议**

全体幼儿站成双圈,每圈人数相等。内圈与外圈的幼儿一对一地面对面站立。弱拍不动。[1]—[4]小节,双手做再见的动作,[5]—[8]小节,双手做邀请的动作。从第9小节开始,各组中的两人自由地在原地舞蹈,最后一小节相互行礼。

第二遍音乐,[1]—[4]小节,做再见动作时,外圈幼儿不动,内圈幼儿向左移动一个人的位置,[5]—[8]小节,各人都向新的舞伴做邀请动作。第9小节以后不变。

舞蹈反复进行,每次都与新舞伴一起跳舞。

(5) 十 字 舞

1=♭B 4/4　　　　　　　　　　　　　　　　波兰民间舞曲

(注:音乐音频见U盘)

🏵 **动作建议**

第一部分音乐,幼儿四人一组,每人将左手伸向中间相重叠,手臂构成十字状。[1]—[2]小节,按逆时针方向走;[3]—[4]小节,换一只手按顺时针方向走。

第二部分音乐起,第[1][3]小节,面向圈内跳进(一拍跳一次)。

(四)音乐故事表演及表演舞

大班

1. 龟兔赛跑

(音乐故事表演)

【乐曲】

龟兔赛跑

$1=C$ $\frac{2}{4}$

周维松 曲

(1.5 5 5 | 5 - | 5 - | 5.5 5 5 | 5 - | 5 - | 5. 5 5 | 6 7. | 1 0)
                                                                    预备——   叭!(枪声)

5 5   5 | 5 5 5   5 | 5 5 5 5 6 5 3 | 5 - | 1 6   6 | 1 6   6 | 5 5 6 5 4 3 2 |
动作:兔子飞快地跑……

较慢
1 - | 1 3 3 | 1 3 3 | 1.3 2 3 | 1 | 5 | 4 4 2 3 | 2.3 2 5 | 2 - |
    小 乌龟 慢慢地爬……

1 2 3 4 5 4 3 2 | 1 2 3 4 5 4 3 2 ‖ 5 5   5 | 6 5 4 3 2 1 7 6 | 5 5   5 |
小兔回头看看……   小兔玩耍……

7 6 5 4 3 2 1 7 | 1 1   1 | 1 7 6 5 4 3 2 1 | 1 1   1 | 2 1 7 6 5 4 3 2 ‖

                                          慢
‖ 5 5 6 6 | 7 7 1 1 | 2 0 | 3 0 | 1 - | 1 - | 1 3 0 3 |
  小兔 累了…… 打哈欠…… 伸伸懒腰睡觉…… 小乌 龟

2 3   3 | 1.3 2 3 | 1 | 5 | 1 4 0 4 | 2 3   3 | 1.3 2 1 | 2 - ‖
努力 地 爬啊爬……

```
1 3  3 3 | 2 3  3 | 1.3  2 3 | 1  5 | 1 4  4 4 | 2 3  3 | 5 5  2 3 |
```

```
        tr      tr      tr           tr  tr   tr  tr
1 - | 5 - | 6 - | 5 - | 5 - | 1 - | 1 - | 1 6  5 3 |
                                热烈的掌声         小兔惊
```

```
tr  tr   tr  tr      tr  tr
1 6  5 3 | 1 6  5 3 | 5 3  2 3 | 1 - | 1 - ‖
醒                    快跑            做难为情状
```

【教育活动设计】

🐝 活动目标

1. 初步学习自主创编身体动作,随着音乐形象和情绪,合拍、积极、投入地表演故事《龟兔赛跑》。

2. 根据故事情节和音乐形象记忆动作顺序。

3. 在活动过程中,充分享受表演带来的快乐,并懂得骄傲必败的道理。

🐝 活动准备

1. 幼儿听过《龟兔赛跑》的故事。

2. 音乐音频(见U盘)。

🐝 活动过程

1. 分段欣赏音乐,引导幼儿回忆故事情节,记忆动作顺序并学习自主创编动作。

(1)欣赏第一段音乐,创编相应的动作。

①教师用语言引导幼儿用身体动作表现兔子快跑。在此基础上,教师哼唱兔子跑的乐曲,并通过树立榜样鼓励幼儿自主创编动作。

②教师用语言引导幼儿用身体动作表现乌龟爬。教师哼唱乌龟爬的乐曲,鼓励幼儿相互学习并创编新的动作。

(2)欣赏第二段音乐,创编相应的动作。

①教师通过提问帮助幼儿回忆故事情节,并引导他们用动作、表情表现小兔回头看、玩耍、睡觉的情节。

②听音乐,完整地表演第二段。教师用语言提示幼儿。

(3)教师用语言提示幼儿,引导幼儿用动作、神态表现小乌龟努力坚持爬的样子。

(4)通过树立榜样,鼓励幼儿用各种动作、表情来表现小兔惊醒。

2. 根据故事情节,随乐曲合拍地表演。

(1)幼儿完整地欣赏《龟兔赛跑》的音乐。

(2)幼儿边听音乐边自由表演一遍。

(3)教师引导幼儿重点练习表演中不足的地方,再表演第二遍并用语言提示幼儿。

(4)评价幼儿的表演情况,引导幼儿练习表演中表现不足的地方,然后随乐表演第三遍故事《龟兔赛跑》。教师根据幼儿的表演情况,恰当地加入语言提示。

(5)幼儿自己评价表演情况。教师完全退出,幼儿分组表演并相互评价。

(6)小结点题,让幼儿懂得骄傲必败的道理。

(设计者:江阴市实验幼儿园　赵雅娟)

2. 拔苗助长

(音乐故事表演)

【乐曲】

拔苗助长

$1=D$　$\frac{2}{4}$　　　　　　　　　　　　　　　周维松　曲

幽默、诙谐地

(2 · 22 | 5 2 0 | 6 2 1 6 | 5 5 ·) |

[1]
5̠ 2 5 | 6̲7̲ 6 5 | 2 5 6 5 | 2 2 · | 5̠ 2 5 | 6̲7̲ 6 5 | 6 5 3 2 | 1 5 · |

动作:老公公兴冲冲地走在田埂上……

[9]　　　　　　　　　　　　　　　　　　　　　　　　　　　[16]
6 5 3 2 | 6 5 3 2 | 5 3 2 1 | 5 3 2 1 | 6 5 3 2 | 6 5 3 2 | 5 3 2 1 | 5 3 2 1 |

小苗在田里随风飘荡……

[17]   [21]
$\frac{5}{4}$ 2 5 | 6 5 · | 2 5 | 7 5 | X — |
老公公观察禾苗的生长情况……………… 嗯………

[22]   [27]
7654 3456 | 7654 3456 | 3217 6712 | 3217 6712 | 1 34 | XX XX |
老 公 公 急 得 团 团 转, 突 然 想 出 了 一 个 办 法   哈哈 哈哈

[28]   [35]
15 55 | 75 55 | 2·6 66 | 26 56 | 52 62 | 52 52 | 52 22 | 52 22 |
老公公设法把秧苗拔高………………………………………………………

[36]   [43]
5 11 | 2 55 | 1 55 | 5 55 | 2323 55 | 5656 22 | 2323 55 | 5656 22 |
小苗长高状………………………………………………………………

[44]   [51]
5 2 | 5 2· | 52 32 | 1 2· | 5 2 | 1 2· | 52 12 | 6 5· |
老公公很劳累   开心状………………………………………

[52]   [55]
XXX XX | XX XX | XXX XX | XX XX |
老公公找来老婆婆………………………………

[56]   [63]
522 32 | 5 2· | 5232 5232 | 5 2· | 522 32 | 1 2· | 6232 1216 | 6 5· |
老公公与老婆婆一起着急地走在田埂上, 来到田边………………

[64]
X — | X — |
啊! 看到禾苗枯萎,老公公、老婆婆都惊呆了。

[66]   [72]
3216 2165 | 3216 2165 | 1653 6532 | 1653 6532 | 5 2 | 5— | 5— ‖
禾苗枯萎状……………………………………………………………

【教育活动设计】

🐝 活动目标

1. 在理解《拔苗助长》故事的基础上,初步学习律动。

2. 根据故事情节和音乐中带有特定感情色彩的词语创编动作。

3. 努力保持注意力集中,投入表演并享受其中的乐趣。

活动准备

1. 事先给幼儿讲述《拔苗助长》的故事。

2. 音乐音频(见 U 盘)。

活动过程

1. 依据音乐线索,回忆故事情节。

(1)教师:"有个故事藏在一段音乐中,请你们仔细听一听这是什么故事。"

(2)幼儿倾听音乐,唤起对故事的回忆。

(3)幼儿简单讲述自己对音乐的感受。

(4)教师帮助幼儿找出音乐中带有特定感情色彩的词,如"嗯""哈哈哈哈""啊"。

(5)教师引导幼儿根据故事情节创编"嗯""哈哈哈哈""啊"等处的动作和表情。

①教师:"老公公为什么要'嗯'呢?请你来表演他观察禾苗时的表情和动作。"

②教师:"老公公为什么要'哈哈哈哈'?"

③教师:"老公公和老婆婆为什么会'啊'?他们发现了什么?可以用怎样的表情和动作来表现他们惊呆的样子?"

(6)引导幼儿再听一遍音乐,其间在"嗯""哈哈哈哈""啊"等处配上创编的动作进行表演。

2. 依据故事发展顺序,创编动作。

(1)教师启发幼儿顺着故事线索,说说在这段音乐中还听出老公公在干些什么。

(2)教师提供语言线索,启发幼儿创编与人物形象、故事情节相匹配的动作。

①教师:"老公公兴冲冲地走在长长的田埂上,他打算去看看禾苗的生长情况。"

②教师:"禾苗在田野里随风摇摆。"

③教师:"嗯?老公公怎么了?团团转的动作可以怎么做?"

④教师:"哈哈哈哈,老公公想出了什么好办法?"(他急忙弯下腰,小心翼翼地拔起苗来)

⑤教师:"好不容易把苗儿拔高了,真累啊!这时老公公会做些什么呢?"

⑥教师:"老公公急忙回家叫来老婆婆,让她来看拔高的禾苗,结果发生了什么事?"

(3)幼儿根据语言线索,自由创编动作。教师根据情况适当提供学习的榜样,让幼儿比较、模仿。

3. 在音乐的感染下大胆表演。

(1)幼儿边听音乐边用动作完整表演第一遍。

(2)教师提供更大空间,让幼儿完整表演第二遍,并要求幼儿在间奏处找个同伴扮演老婆婆,做快跑的动作。

(3)教师唱乐曲,引导幼儿创编禾苗枯萎的造型动作,并相互观察、学习。

(4)幼儿分组表演,相互欣赏、学习、评价。

(5)老公公本来是希望禾苗快快长高,可为什么他把禾苗拔高后,禾苗反而枯萎了呢?(违反事物的发展规律,急于求成是行不通的)

(设计者:江阴市第二实验幼儿园　陈晓萍)

3. 三个小和尚

(音乐故事表演)

【乐曲】

三个小和尚

$1=D$　$\frac{2}{4}$　　　　　　　　　　　周维松　曲

前奏

A段

[1]

A_1动作　一个和尚挑水动作……

A_2动作　两个和尚抬水动作……

A_3动作　三个和尚装病,不去挑水的动作……

[9]　　　　　　　　　　　　　　　　[12]
X X X　X X ｜ X X　X ｜ X X X X X ｜ X X　X ｜

A₁动作　一个和尚玩水动作……………
A₂动作　两个和尚抢水喝动作……………
A₃动作　三个和尚装病不去挑水的动作……………

[13]　　　　　　　　　　　　　　　　[17]　　　　　　　　　　　　[20]
1. 6 5 1 ｜ 3 5 1 2 ｜ 1. 6 5 1 ｜ 3 5 1 2 ｜ 0 2 2 ｜ 2 6 1 6 ｜ 5 — ｜ 5 — ‖

A₁：表现快乐的表情和动作……………
A₂：表现生气的表情和动作……………
A₃：表现难受的表情和动作……………

B段
[21]　　　　　　　　　　　　　　　　　　　　[25]
1. 6 1 ｜ 5 5　5 5 ｜ 4. 3 2 ｜ 1 1　1 1 ｜ X — ｜
动脑筋、想明白了的动作……………

[26]　　　　　　　　　　　　　　　　　　　　　　　　　　[32]
0 6　1 2 ｜ 4　6 ｜ 5. 3 3 ｜ 2 6　1 6 ｜ 5 ˅ 2 4 ｜ 5 5 5 5 5 ｜ 5　0 ｜
三个和尚握手言和的动作……………

A段
[33]　　　　　　　　　　　　　　　　　　　　　　　　　　　　[40]
3. 5　6 6 ｜ 6 3　5 ｜ 6 6　0 3 ｜ 5　0 ｜ 3. 5　6 6 ｜ 6 3　2 ｜ 6 5　0 3 ｜ 2　0 ｜
三个和尚上山取水的各种组合动作……………

　　　　　　　　　　　　　　　　　　　　　　　　　　　[48]
X X X X ｜ X X　X ｜ X X X X X ｜ X X　X ｜ 1. 6 5 1 ｜ 3 5 1 2 ｜ 1. 6 5 1 ｜ 3 5 1 2 ｜
三个和尚取水上山的各种组合动作……………

[49]　　　　　　　　　　　　[53]
2. 2　2 2 ｜ 0 2　2♯4 ｜ 5 — ｜ 5 — ｜ X — ‖
拍手欢呼、高兴的动作……………（造型结束）

【教育活动设计】

🌸 活动目标

1. 根据音乐的结构、情绪、形象，创造性地用表情和动作表现韵律活动"三个小和尚"。

2. 学习根据故事情节（内部线索）和三幅图片（外部线索）来记忆动作顺序。

3. 在活动过程中享受情节表演带来的乐趣。

🦋 活动准备

1. 幼儿有挑水、抬水等动作语汇的经验。

2. 活动前教师给幼儿讲《三个小和尚》的故事。

3. 表现故事主要内容的图片三幅(见附图),音乐音频(见U盘)。

🦋 活动过程

1. 创编个性化动作。

(1)结合图片,通过提问让幼儿回忆并说出故事的主要情节及人物情绪。(一个和尚挑水喝——快乐,两个和尚抬水喝——生气,三个和尚没水喝——难受)

(2)幼儿创造性地表现快乐、生气、难受三种个性化动作,并与三幅图匹配起来。

(3)教师提供同伴榜样,让幼儿相互学习。

2. 根据故事情节和图片,结合音乐结构和形象进行动作创编。

(1)欣赏音乐第一遍(A段),感受A段音乐的结构。

(2)欣赏音乐第二遍,继续感受A段音乐。

(3)提出A段中用各种打击乐器合成的乐句,引导幼儿感受它的特点,想象与哪个情节匹配。

(4)教师利用图片让幼儿记忆动作顺序,幼儿为 ××× × × | × ×   × | 这句配玩水动作。

(5)教师集体听音乐表演A_1段。

(6)教师提问两个和尚抬水喝的主要情节,幼儿集体创编喝水的动作,完整地表演A_2段。

(7)教师通过提问引导幼儿创编三个和尚装病的动作,并提供同伴榜样让大家学习,集体表演A_3段。

(8)听A段音乐,完整地表演(A_1、A_2、A_3)"三个和尚"挑水、抬水、没水喝等动作,教师用语言和动作加以提示。

(9)听A段音乐,再次完整地表演。

(10)幼儿根据故事情节创编动脑筋、握手言和的动作。

(11)通过提问,发展幼儿的发散性思维,动脑筋想出各种取水的方法来表现小和尚团结协作共同取水。

3. 随音乐根据故事情节完整地合拍表演。

(1)听音乐,在教师的带领下完整地表演一遍。

(2)加入突然想明白的动作,结合音乐形象再完整地表演一遍。

(3)集体创编结尾、造型和个性化动作。幼儿听音乐表演第三遍,教师若发现幼儿有跟不上的地方,及时提醒他们。

(4)教师采用"退出"策略,让幼儿完整地表演一遍。

(5)小结:三个和尚知错就改,懂得了只有团结起来才能将事情做好的道理。

附图

图1

图2

图3

(设计者:江阴市第二实验幼儿园　陈晓萍)

4. 狼 来 了
(音乐故事表演)

【乐曲】

狼 来 了

1=C 2/4　　　　　　　　　　　　　　　周维松 曲

前奏　　　　　　　　　　　　　　　　[1]
‖:(1 3 | 2̲1̲6 | 5̲3̲5̲ 6̲1̲2̲3̲ | 1̲0̲ 1̲0̲) | 1̲ 5̲ 3̲ 5̲ | 1̇·̲ 6̲ 5̲ | 2̲5̲ 5̲3̲2̲ | 1 3̲ 5̲ |

　　　　　　　　　　　　　　　　[9]
1̲ 5̲ 3̲ 5̲ | 1̇·̲ 6̲ 5̲ | 2̲5̲ 5̲3̲2̲ | 1̲0̲ 1̲0̲ | 1̇·̲ 6̲ 5̲ | 3̲6̲ 5̲ | 6̲6̲1̲̇ 5̲3̲ | 0̲5̲ 5̲ |

　　　　　　　　　[17]
1̇·̲ 6̲ 5̲ | 3̲5̲6̲1̲̇ 5̲ | 2̲5̲ 5̲3̲2̲ | 1̲0̲ 1̲0̲ | 1̇· 6̲ 5̲ | 5̇ - | 3 2̲3̲ | 5 - |

　　　　　　　　　　　　[25]
1̇ 6̲1̲̇ | 2̇·̲ 3̲̇ | 2̇ 6̲ | 5̇ - | 0̲5̲ 0̲5̲ | 0̲6̲ 5̲ | 1̇↗ 5̲5̲ | 5̲↘ 1̇ |

[29]　　　　　　　　　　　　　[33]　　　　　　　　[36]
0̲5̲ 0̲5̲ | 3̲5̲6̲1̲̇ 5̲ | 2̲̇1̲̇7̲6̲5̲ | 5̲4̲3̲2̲1̲ | 5 5· | 5̇ 5̇· | 1̇ 1̇· | 1̇ 1̇· |

[37]　　　　　　　　　　　　　　　　　　[41]　　　　　　　　　　[44]
2̲̇1̲̇7̲6̲ 5̲6̲7̲1̲̇ | 2̲̇1̲̇7̲6̲ 5̲6̲7̲1̲̇ | 5̲4̲3̲2̲ 1̲2̲3̲4̲ | 5̲4̲3̲2̲ 1̲2̲3̲4̲ | 0̲2̲· X X | 0̲5̲· X X |

[45]　　　　　　　　　　　　　　　　　　　　　　　[52]
1̇1̲6̲ 5̲5̲ | 0̲6̲ 5̲ | 6̲6̲1̲̇ 5̲3̲2̲ | 0̲5̲ 5̲ | 1̇1̲6̲ 5̲5̲ | 3̲5̲6̲1̲̇ 5̲ | 6̲6̲1̲̇ 5̲3̲2̲ | 1 1 |

[53] 转 1=F　　　　　　　　　　　　　　　　　　　　　　[60]
5· 3̲2̲ | 5̲0̲ 5̲0̲ | 6· 3̲5̲ | 2̲0̲ 2̲0̲ | 5· 3̲2̲ | 5̲0̲ 5̲0̲ | 6· 5̲6̲ | 1 1 :‖

[61]　　　　　　　　　　　　　[64]
0̲1̲2̲3̲ 5̲3̲5̲6̲ | 0̲1̲2̲3̲ 5̲3̲5̲6̲ | 1̇ 1̇· | 1̇ 0 ‖

🎵 动作建议

第一遍

[1]—[8]小节，做小孩子赶羊上山状。

[9]—[16]小节,做小羊吃草状。

[17]—[24]小节,做小孩无聊状。

[25]—[28]小节,做小孩扭身体、伸懒腰状。

[29]—[32]小节,做小孩动脑筋、想坏主意状。

[33]—[36]小节,做小孩喊"狼来了"状。

[37]—[40]小节,做农民奔跑状。

[41]—[44]小节,做农民找狼状。

[45]—[52]小节,做小孩得意状。

[53]—[60]小节,做农民生产状。

第二遍

[1]—[36]小节,与第一遍相同。

[37]—[40]小节,第二遍音乐中删去不用。

[41]—[44]小节,教师或一幼儿做狼来了状。

[45]—[52]小节,第二遍音乐中删去不用。

[53]—[60]小节,做农民继续劳动状。

[61]—[64]小节,做小孩害怕晕倒状。

【教育活动设计】

❀ 活动目标

1. 初步学习音乐故事表演《狼来了》。用表情和动作表现无聊、得意、害怕三种情绪,并能随着音乐情绪和形象合拍地表演。

2. 学习根据故事情节(内部线索)和动作(外部线索)来记忆动作顺序。

3. 在活动过程中,充分享受情节表演带来的乐趣,并能从中得到诚实教育。

❀ 活动准备

活动前给幼儿讲过《狼来了》的故事。

羊、农民伯伯、狼的掌示,音乐音频(见U盘)。

❀ 活动过程

1. 幼儿创编个性化动作,充分表现三种不同的情绪。

(1)教师:"小朋友们,上次老师给你们讲了个什么故事?放羊的小孩看着小羊在吃草,时间长了他觉得怎么样?(闲得难受)什么样的动作和表情可以让大家看出来他闲得难受呢?"(用掌示提示幼儿做相应的动作,提供同伴榜样,激发幼儿做出更多不同的动作)

(2)教师出示掌示农民伯伯并说:"他看到农民伯伯上当了,很得意。得意可以用哪些动作表示呢?"(引导幼儿用表情、动作来表现得意)

(3)教师出示掌示狼并说:"后来狼真的来了,小孩心里怎么样?害怕可以怎么做?"(幼儿表现害怕的样子)

(4)用掌示(羊、农民伯伯、狼)分别提示幼儿根据情节表现出与情节相匹配的三种个性化动作。(即难受、得意、害怕)

2. 教师启发幼儿根据故事情节,集体创编动作进行表演。

(1)教师:"你们有没有听说过用动作来讲故事?想不想来试一试?现在我们就用动作来表现《狼来了》的故事。"

(2)教师:"那就先来作放羊的小孩,来,我们赶着小羊上山吧。"(从幼儿做的动作中提取动作,可加上语言)

(3)教师:"哟,这么多青草,小羊们快来吃吧。"(幼儿做小羊吃草的动作,可配上语言)

(4)教师:"小羊吃草的时候,小孩什么事也没有,他觉得怎么样?(很难受)很难受的样子,刚才你们是怎么做的?来做做看。"(教师配唱曲谱)

(5)教师:"接下来,小孩干了些什么?"(扭扭身子,伸个懒腰)

(6)教师:"他想了个坏主意,想骗谁?那他是用什么想坏点子的?"

(7)教师:"看,现在这小孩在干什么?(教师做喊的动作)我们一起来喊(狼来了)"。

(8)教师:"这么一喊,农民伯伯信以为真,急忙奔过来,东找西找。有狼吗?"教师边说"狼呢?在哪儿呢?"边做动作。(幼儿学)

(9)教师:"小孩看到农民伯伯上当了,很得意,怎么做?"(幼儿做大笑的动作)

(10)教师:"第二次,狼真的来了,小孩心里怎么样?"(大家来做一做害怕的样子)

(11)教师:"农民伯伯有没有帮助他?"(幼儿答:"哼,再也不上这个说谎小孩的当了。")

3. 幼儿根据故事情节随音乐合拍地表演。

(1)教师:"有段音乐就是讲的《狼来了》的故事,我们来听一听乐曲,注意乐曲中在什么时候表示小孩难受,什么时候他很得意,又在什么时候他很害怕呢?"(听音乐,教师用语言和表情稍加提示)

(2)讨论第一次和第二次喊狼来了的不同心情。(幼儿练习一遍)请幼儿一边听着音乐一边表演《狼来了》的故事。(第二遍)

(3)完整地随音乐表演(第三遍),最后在 |1̲ 1̇. | 1̇ 0 |处,教师引发幼儿做吓晕的造型动作,同时引发幼儿以椅子为依靠进行想象。

(4)完整地随音乐表演(第四遍),教师提示幼儿在音乐结束时做造型动作。

(5)幼儿听音乐完整地表演(第五遍),教师采用退出策略,在幼儿不能正确表现时用语言和动作稍加提示。

4. 教师小结:我们既学会了用嘴巴来讲《狼来了》的故事,还学会了用动作来表现《狼来了》的故事。请大家想一想,你们喜欢这个放羊的孩子吗?为什么?

(设计者:江阴市第二实验幼儿园 陈晓萍)

5. 月亮娃娃和我
(表演舞)

一、内容(报幕或起幕时的朗诵词)

这个舞蹈展现的是,居住在云南地区的少数民族孩子们在月光中嬉戏的情景。孩子们个个手持盆儿,在静夜中想要装下月亮,捞起月儿,可调皮的月亮娃娃,时而与孩子们捉迷藏,时而在水中舞蹈,由此引发了孩子们的阵阵欢声笑语。

二、天幕

该天幕表现了云南少数民族的风情,在一个明月高挂的晚上,椰子树、高脚楼在月光的映照下显得更加幽静、美丽。(见附图2)

三、服装

(1)红色尖顶帽:帽上以花边、金银片装饰。

(2)白色上衣：立领、泡袖、露脐装，上面用金银片装饰。

(3)白色大摆短褶裙，上面用金银片装饰。（见附图1）

四、乐曲和动作说明

（注：音乐音频见U盘）

【乐曲一】

1=C 2/4

[1]　　　　　　　　　[2]　　　　　　　　　[3]　　　　　　　　　[4]
1553 5331 6553 5 | 6553 5331 5131 2 | 161 4666 1661 566 | 1553 5331 2115 1 :||

🐝 动作说明一

曲一第一遍

[1]—[4]小节，每小节中第一、二拍：小碎步、两臂自然下垂快速摆动（ ）。如场记图1—1上场。第三、四拍：小碎步、两臂平伸、转动手腕，跑至盆前（ ）。

曲一第二遍

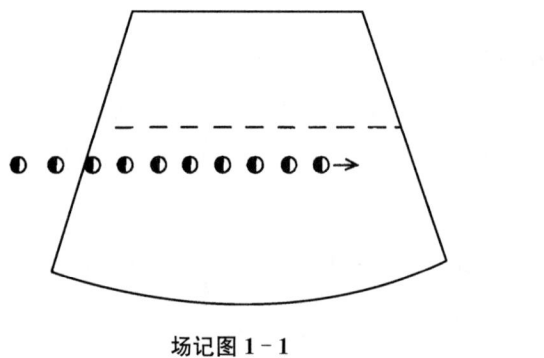

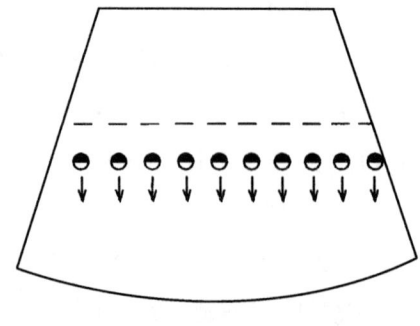

[1]—[4]小节，每小节中第一、二拍：两臂从下打开、伸平、单脚勾、双脚并拢跳一下（ ）。如场记图1—2；每小节第三、四拍：小碎步、两臂自然下垂快速摆动。（同上场动作）

场记图1-1　　　　　　　　　　　场记图1-2

【乐曲二】

1=C 4/4

[1] 5·35 1̇ 5 5 1̇ 5 3 3 1 | [2] 3 - - - | [3] 5·35 1̇ 5 5 1̇ 5 3 3 1 | [4] 2 - - - ‖

动作说明二

[1]小节,小碎步、双臂自然下垂快速摆动、围着盆绕一圈( )。

[2]小节,第一、二拍:小碎步、两臂自然下垂、围成两个小圈。如场记图 2—1。

[2]小节,第三、四拍:双手高举做欢呼状,欢呼后跑回盆处( )。

[3]小节,小碎步,双手平端盆于胸前,跑至台前( )。如场记图 2—2。

[4]小节,在台前绊脚尖、高举盆于头上方( ),双腿跪坐,朝左右各摆一下头,置盆于身前。

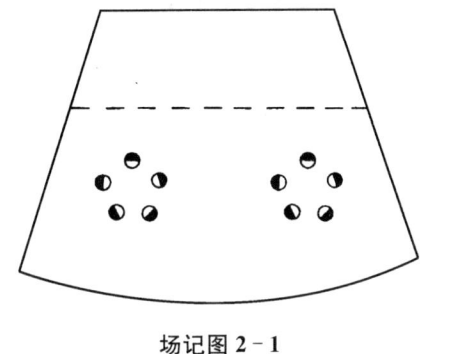

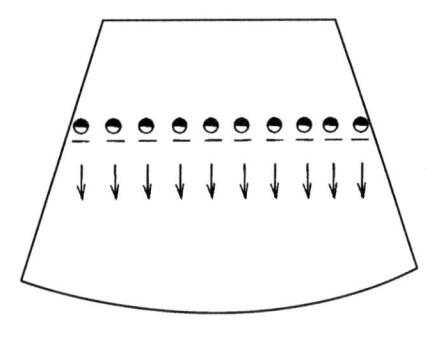

场记图 2-1　　　　　　　　　场记图 2-2

【乐曲三】

1=C 4/4

[1] 4 4 4 4 $\widehat{4 6 6}$ 6 6 5 6 $\widehat{5 3}$ 5 | [2] 4 4 4 4 $\widehat{4 6 6}$ 6 6 5 6 $\widehat{5 3}$ 5 | [3] $\frac{3}{4}$5 - - - | [4] $\frac{6}{4}$1̇ - - - |

[5] 1̇ 5 5 3 5 3 3 1 2 1 1 5 1 ‖

三、幼儿园韵律活动教育活动设计　215

动作说明三

曲三第一遍

[1]—[2]小节,第一、二拍:双腿跪坐,双手一拍一下地做绞毛巾状;第三、四拍:双手下、中、上各甩三次。(人站立)

[3]—[5]小节,盆置于右腰,右手扶盆,小碎步跑成斜线。如场记图3—1。

曲三第二遍

[1]—[2]小节,第一、二拍:双腿跪坐,双手一拍一下地做绞毛巾状;第三、四拍:双手下、中、上各甩三次。(人站立)

[3]—[4]小节,幼儿双手拿盆相互泼水嬉戏( )。

[5]小节,小碎步,双手高举盆,跑成一横排( )。如场记图3—2。

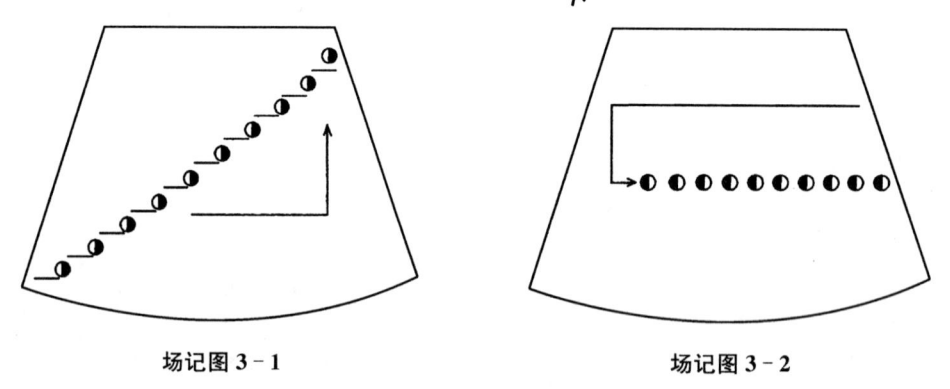

场记图3-1　　　　　　　　场记图3-2

【乐曲四】

1=C 3/4

[1] [2] [3] [4] [5] [6]
‖: 5̲3 3·3 | 5̲1 3 - | 5̲2 2·2 | 5̲2 2 - | 5̲3 3·3 | 5̲1 3 - |

[7] [8] [9] [10] [11] [12]
5̲2 2·3 | 1̲6 1 - | 3̲5 5·1̇ | 5̲3 5 - | 3̲5 5·1̇ | 3̲1 2 - |

[13] [14] [15] [16]
3̲5 5·1̇ | 5̲3 5 - | 3̲5 5·1 | 2̲1 1 - :‖

🐝 动作说明四

曲四第一遍

[1]—[3]小节,交替步,双手捧盆左右晃动。

[4]小节,放下盆。

[5]—[6]小节,右手单指旁边幼儿的盆,左、右各一下。

[7]—[8]小节,幼儿两人一组,一幼儿原地拍芭蕉掌,另一幼儿单指,数其手指( )。

[9]—[10]小节,双手前伸,芭蕉掌,手心向上( )。

[11]—[12]小节,摇头,做无奈状( )。

[13]—[14]小节,动作同[9]—[10]小节。

[15]—[16]小节,动作同[11]—[12]小节。

曲四第二遍

[1]—[3]小节,幼儿围在一起看一只盆中月亮的倒影,如场记图4-1。

[4]小节,一名幼儿双手捧盆,未见月亮,做惊讶状。

[5]—[7]小节,动作同[1]—[3]小节。

〔8〕小节,动作同[4]小节。

[9]—[10]小节,一名幼儿发现天空中的月亮,做欢呼状。

[11]—[12]小节,全体幼儿欢呼。

[13]—[16]小节,幼儿回到盆边,高兴地将盆高举至头顶( ),同时向中间靠拢。

曲四第三遍

[1]—[6]小节,幼儿拿起盆,高举过头顶,跑成一竖排。

[7]—[8]小节,单数幼儿弓箭步向左侧,双数幼儿弓箭步向右侧,如场记图4-2。

[9]—[12]小节,幼儿向后跑成一横排,双手举盆至头顶,如场记图4-3。

[13]—[16]小节,幼儿呈一横排,左右晃动盆,一拍一次。

动作说明五

曲一第三遍

[1]—[4]小节,小碎步,两臂自然下垂快速摆动。

曲三第三遍

[1]—[2]小节,幼儿做欢呼的动作,队形如场记图 4-4。

[3]—[5]小节,幼儿手拿盆,小碎步退至一横排后下场。舞蹈结束。

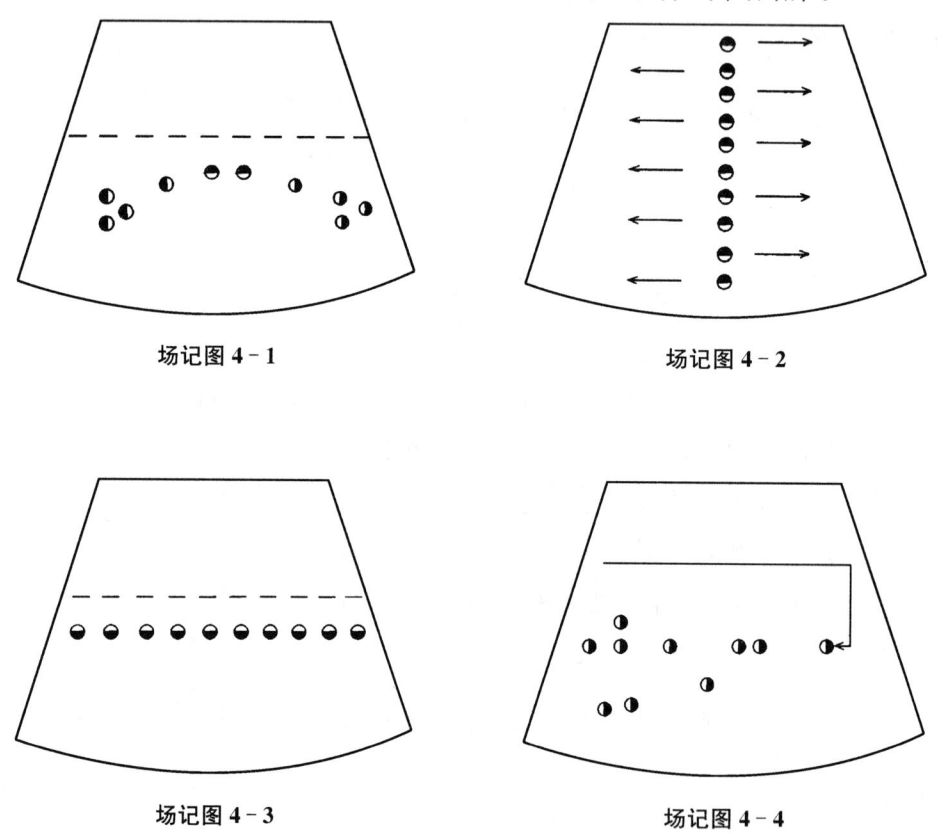

场记图 4-1

场记图 4-2

场记图 4-3

场记图 4-4

注:场记◐为幼儿,白色是正面,黑色是背面。→为幼儿前进的方向。

(设计者:常州市鸣珂巷幼儿园　杨蕴芳　张文娟)

附图1

衣服　　　帽子　　　裙子　　　花边

附图2

（五）游戏化韵律活动

小班

1. 控制游戏：狐狸与石头

【最终游戏玩法】

教师邀请一名幼儿作小狐狸,其他幼儿扮演各种小动物跟在狐狸的后面,一起随乐走四步停下;接着"小狐狸"转身,其他幼儿则变成大石头不动。A段音乐重复四次这样的动作。每一次"小狐狸"转身停下时,"小动物"都可以变换各种大石头的造型。B段音乐时,"小动物"保持变好的造型不动,"小狐狸"可以任意挠

"小动物"的痒痒,"小动物"要控制自己的身体,保持不动。"小动物"变造型时可以单独变造型,也可以和其他人合作变造型。

【乐曲】

狐狸与石头

选自《宾果》

[乐谱略]

【教育活动设计】

活动目标

1. 能跟随 A 段音乐的节奏和领头人"小狐狸"行进走,B 段音乐"小狐狸"转身挠痒痒的时候要变成大石头,并控制自己的身体保持不动。

2. 能迁移日常生活中的经验创编各种不同的造型。可以自己摆造型,也可以和同伴合作摆造型。

3. 跟在"小狐狸"后面走的时候不要超过它,"小狐狸"转身的时候要迅速摆好造型,被"小狐狸"挠痒痒的时候不能动,如果动的话,就要被"小狐狸"发现而带到"狐狸洞"。

活动准备

1. 幼儿做过感知音乐节奏的练习,对音乐的结构有初步的了解。
2. 玩过体育游戏"老狼老狼几点了",知道游戏规则。
3. 小狐狸头饰一个,音乐音频(见U盘)。

活动过程

1. 幼儿和教师一起做感知音乐节奏的练习,1遍。
2. 教师创设故事情境,引起幼儿游戏的兴趣。

故事情境:森林里有一群可爱的小动物,它们可喜欢一起做游戏了。有一天,它们正在森林里玩呢,突然看到了自己的好朋友——小狐狸正在森林里散步,它们想,不如和小狐狸玩一个捉迷藏的游戏吧!先不要告诉小狐狸!结果,小狐狸在前面走,小动物就悄悄地跟在后面。等到"小狐狸"一转身,它们就变成各种各样的大石头,一动也不动了。

3. 学习A段走路的动作。

教师扮"小狐狸"坐在前面,全体幼儿坐在位子上学习。教师强调游戏规则:"小狐狸"一转身,"小动物"就一动也不动。游戏2遍。

4. 幼儿练习变大石头,教师及时进行指导,鼓励幼儿迁移日常生活经验创编出不同的石头造型。随乐完整游戏2遍。

〔注意:这两遍可以先在座位上练习,再逐渐过渡到每个人找一个空地方玩;变造型时要根据幼儿的已有造型经验逐渐提升为合作造型。〕

5. 进入挠痒痒的环节,强调游戏规则:"小狐狸"挠痒痒的时候,"大石头"要一动不动。

6. 请一位配班教师作小狐狸,执教教师和幼儿一起作小动物,在游戏中再次丰富幼儿的造型经验。

7. 请一名幼儿作小狐狸,再次游戏。强调游戏规则:这次"小狐狸"挠痒痒的时候如果发现"大石头"动的话,"大石头"就要被拉到"狐狸洞",并取消游戏一次。

(设计者:南京市游府西街幼儿园 杨 静)

2. 猜谜—捉迷藏游戏：狗熊吃面包

【故事及最终游戏玩法】

故事：

森林里有一个厨师，非常会做好吃的面包。他先捏面团，然后刷黄油，再撒果粒，最后放进烤箱里，哇，好吃的面包出炉喽！这么香会把谁吸引来呢？

游戏玩法：

A段音乐，幼儿随乐一拍一下地做捏面团、刷黄油、撒果粒和放进烤箱的上肢动作，每两个8拍变换一次动作。

B段音乐，玩躲避狗熊游戏。配班老师扮作狗熊上前挑选"一个小面包"，即将一名幼儿带走。幼儿蒙住眼睛躲避狗熊。音乐结束后，猜测是哪个幼儿不见了。教师带领幼儿用情境的语言将小面包"救"出，如"××面包，快出来"。

【乐曲】

狗熊吃面包

$1=C$ $\frac{2}{4}$

汪爱丽 曲

(⁷1̣ 3 0 | ⁷1̣ 3 0 | 5 6 7 1 2 3 4 5 | 6 7 | 1̇ — |)

A段

⁷1̇ 3 | 5 5 6 5 | ⁷1̇ 3 | 2 1 2 3 2 | ⁷1̇ 3 | 5 5 6 5 | ⁷1̇ 3 | 2 1 2 3 1 |

5 6 1̇ 5 3 | 5 6 1̇ 5 | 3 5 6 5 3 | 2 1 2 3 2 | 5 6 1̇ 5 3 | 5 6 1̇ 5 | 3 5 6 5 3 | 2 1 2 3 1 |

⁷1̇ 3 | 5 5 6 5 | ⁷1̇ 3 | 2 1 2 3 2 | ⁷1̇ 3 | 5 5 6 5 | ⁷1̇ 3 | 2 1 2 3 1 |

5 6 1̇ 5 3 | 5 6 1̇ 5 | 3 5 6 5 3 | 2 1 2 3 2 | 5 6 1̇ 5 3 | 5 6 1̇ 5 | 3 5 6 5 3 | 2 1 2 3 1 |

1̇ 5 | 1̇ — ‖

B段

$6\ \ 3\ |\ 6\ \ 6\ |\ 6\ \ 3\ |\ 6\ \ 6\ |\ \underset{.}{6}\ \ \underset{.}{7}\ |\ 1\ \ 2\ |\ 3\ \ \underset{.}{7}\ |\ 1\ \ 2\ |\ 3\ \ ^\#2\ |$

$3\ \ -\ |\ 3\ \ ^\#2\ |\ 3\ \ -\ \|\ \underset{.}{\underline{7}\ \underline{1\ 3}}\ \ 0\ |\ \underset{.}{\underline{7}\ \underline{1\ 3}}\ \ 0\ |\ \underline{5\ 6\ 7\ 1}\ \underline{2\ 3\ 4\ 5}\ |\ \underline{6\ 7}\ |$

$1\ \ -\ \|$

【教育活动设计】

🐝 活动目标

1. 感受乐曲 A、B 两段不同的情绪，按照音乐的节奏和结构玩做面包和躲避狗熊的游戏。

2. 在图片的帮助下记忆动作，并借助已有的生活经验，尝试随乐创编在身体不同部位捏面团的动作。

3. 当"狗熊"来时，努力克制，不偷看。

🐝 活动准备

1. 玩过"猜猜谁不见了"的游戏。

2. 图片（见附图）、盖布、音乐音频（见 U 盘）。

🐝 活动过程

1. 教师出示图1，讲述故事，并按照做面包的程序出示图2至图5。幼儿尝试根据故事进展观察图片并做上肢律动。2～3遍。

2. 教师用"语言"带领幼儿继续熟悉、掌握随乐上肢律动和儿歌。2～3遍。

〔注意：教师在律动时除了说动作语令帮助幼儿合乐外，在动作转换时，教师需要提前一拍说语令。如"捏，捏，捏面团"，这是动作语令，当要转换下个动作时，教师要提前一拍提醒幼儿说语令"刷黄油"，接着再随乐有节奏地运用动作语令"刷，刷，刷黄油"帮助幼儿跟着节奏做动作。〕

3. 教师引导幼儿创编在身体不同部位捏面团的动作，随乐完整地玩做面包游戏。2遍。（先捏面团，再刷黄油，撒果粒，最后放入烤箱）

4. 教师引导幼儿创编不同的面包造型。

幼儿想象可以做出什么样的造型面包,然后在 A 段的最后一拍做造型。

5. 加入游戏"狗熊吃面包"。玩 3～4 遍。

配班教师扮作大熊,加入游戏,在 B 段音乐进入时用盖布蒙住一名幼儿并将其带至隐蔽处,幼儿猜测是谁不见了。

〔注意:当一个"面包"真的被"狗熊"带走后,小班幼儿会立刻有紧张感,这时教师的表情和语言显得格外重要,如"我们只要说出他的名字就可以把他救回来了",并且引导幼儿情境化地叫小朋友的名字,如"洋洋面包,快回来"。〕

6. 反思:你用什么方法发现旁边的好朋友不见了?(先看看旁边坐的是谁,谁的位子空了就是谁不见了;听声音,是哪个小朋友的声音,就是谁不见了;等等)

7. 幼儿尝试交换座位,随乐玩游戏。

当幼儿交换座位后,教师提示幼儿先想想等会儿可以用什么方法找到自己的好朋友,然后再开始随乐游戏。如果幼儿的游戏能力比较强,兴趣比较浓厚,可以让幼儿站起来玩游戏。

(设计者:南京师范大学幼儿园音乐组　执笔:赵　娴)

附图

图1

图2

图3

图4

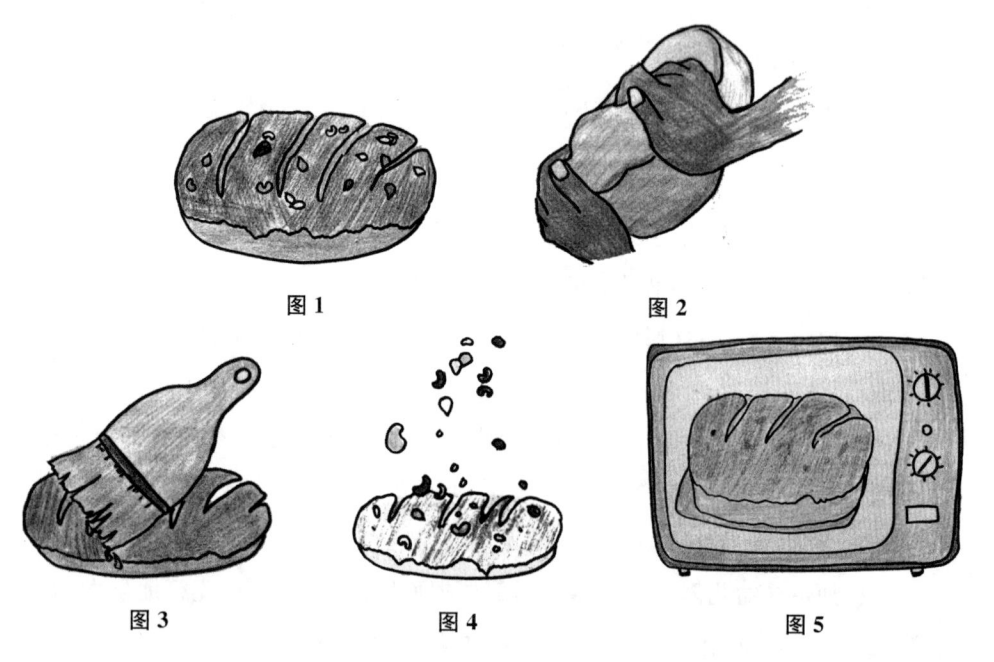

图5

3. 身体接触—逗和躲游戏：妈妈来抓兔耳朵

【故事及最终游戏玩法】

故事：

兔宝宝跟着兔妈妈一下一下地跳到草地上玩游戏,他们跳到草地上会玩一个什么样的游戏呢？我们一起听着音乐猜一猜,做做看。

游戏玩法：

教师作兔妈妈,幼儿作兔宝宝。

[1]—[4]小节,兔妈妈与兔宝宝随乐一下一下地做兔跳的模仿动作。

[5]—[9]小节,兔妈妈随乐为兔宝宝一下一下地做在身体不同部位的按摩动作,[9]小节结束音处,兔妈妈做蒙眼藏起来的动作,兔宝宝将自己的耳朵(双手)举得高高的,逗妈妈。

[10]小节,兔妈妈打开双手,随音乐左右摇晃,做寻找兔宝宝状。兔宝宝将耳朵藏在自己身体的任意一部位。

【乐曲】

妈妈来抓兔耳朵

1=C 4/4   佚 名 曲

[1] 1. 1 1. 1 2 3 | [2] 1. 1 1. 1 6̱ 5̱ | [3] 1. 1 1. 1 2 3 | [4] 1. 1 1. 1 6̱ 5̱ |

[5] 3. 5 3. 5 3 5 6 1 | [6] 3. 5 3. 5 5 3 1 2 | [7] 3. 5 3. 5 3 5 6 1 | [8] 3. 5 3. 5 5 3 1 2 |

[9] 3. 5 3. 5 3 5 6 1 | [10] 5. 5 2. 3 3. 2 1 ‖

【教育活动设计】

活动目标

1. 在故事情境中感受音乐,随乐有节奏地做动作,玩"跳"和"抓耳朵"游戏时知道做逗、躲的动作。

2. 通过游戏情境、语令等,在感受音乐的过程中,尝试有节奏地做跳、逗、躲的动作。

3. 在享受随乐与教师互动按摩的同时,体验逗、躲时的紧张和快乐。

活动准备

1. 幼儿玩过捉迷藏的游戏。

2. 音乐音频(见U盘)。

活动过程

1. 教师简单讲述有关妈妈来抓兔耳朵的故事。

2. 幼儿和教师共同尝试用双手在自己的腿上随乐跳跃1遍,创编双手在身体的不同部位的跳跃动作,并随音乐练习3～4遍。每遍音乐双手都在身体的不同部位跳跃。

〔注意:在这个过程中教师需要关注幼儿随乐做动作的准确性。[1]—[4]小节,做在身体的不同部位跳跃的动作,[5]—[10]小节,休止。〕

3. 教师扮演兔妈妈,有节奏地按摩幼儿的不同身体部位。完整随乐游戏2次。

教师:这几只兔宝宝跳得真好,我看到他们是跟着音乐一下一下跳的,来,妈妈给你们按摩按摩,舒服不舒服啊?

〔注意:按摩的过程中教师要关注幼儿随乐做兔跳的动作。完整随乐游戏2次。[1]—[4]小节,幼儿双手在腿上跳跃;[5]—[10]小节,教师为幼儿按摩。〕

4. 玩抓耳朵的游戏。教师引导幼儿在歌曲的高音处将兔耳朵(双手)伸出来逗妈妈,并在音乐的最后一句将兔耳朵(双手)藏起来。

游戏的过程中,教师先用语言提示幼儿玩法:当妈妈把自己眼睛的小门关起来时,你们都把长耳朵伸出来逗逗妈妈,我的小门一打开,你们就把长耳朵藏起来,看看兔妈妈是不是能找到哦!

在4～5遍的师幼互动游戏过程中,教师从用动作提示幼儿躲藏耳朵的游戏

动作(教师双手蒙眼——打开双手)过渡到用语言提示幼儿躲藏游戏的动作(我要关门了!逗逗我呀!我要开门了!准—备—开),最后教师提示幼儿倾听乐曲 $\dot{1}$ | 5. 5 2. 3 3. 2 1 |并与幼儿互动游戏。

5. 教师用语言或唱谱的方法,提示幼儿和教师在互动游戏中做动作。师幼找空地方站着完整游戏2遍。

(设计者:南京师范大学幼儿园音乐组　执笔:曹　岚)

4. 控制—"装死" 游戏:兔子和熊

【故事及最终游戏玩法】

故事:

兔宝宝们,(哎!)今天我们要和妈妈一起出去玩,我们跳跳跳,跳过草地,跳过小河,跳过小树林。突然,大熊来了,大熊来了我们怎么办?(装死,不能动)对,兔宝宝和兔妈妈一起"装死",把大熊骗走啦。

游戏玩法:

A段,兔子随乐一小节跳一下。

B段,大熊来了,随乐重重地走动,兔子装死不动。

C段,大熊摸摸兔子的手,抬抬兔子的脚,小兔子们坚持不动。

【乐曲】

兔子和熊

$1=C$　$\frac{2}{4}$

A段:兔子随乐一小节跳一下

‖: 6 6 | 5 3 | 2 3 | 5 1 :‖ 3 5 | 1 5 | 3 5 | 1 — — |
　 6 6 | 5 3 | 1 2 | 3 — — | 3 5 | 1 5 | 3 5 | 1 — — |

```
6  6 | 5  3 | 2  3 | 1 - - |
```

B 段:大熊来了,随乐重重地走动,兔子装死不动。

```
2 - - | 3  2 5 | 6 - - | 6 - - | 6  5 6 | 1 - - | 1  5  6 |
3 - - | 5  5 3 | 2 - - | 1   3 | 5    7 | 1 - - ‖
```

C 段:大熊摸摸兔子的手,抬抬兔子的脚,小兔子们坚持不动。

【教育活动设计】

🌸 活动目标

1. 欣赏音乐《兔子和熊》,在 A 段一下一下地兔子跳,B 段熊来了,兔子装死,C 段熊拖兔子时,兔子不动。

2. 通过借助情境表演及故事经验,理解游戏规则,感受 A 段音乐的欢快,B 段音乐的紧张,C 段音乐大熊走后的喜悦之情。

3. 愿意参与游戏,体验与老师、同伴一起游戏的快乐。

🌸 活动准备

1. 听过故事《别再笑了,裘裘》,知道小动物遇到熊后可以用装死的方法逃生。

2. 兔子、熊的头饰各一个,音乐音频(见 U 盘)。

🌸 活动过程

1. 教师讲述故事。

教师戴上兔子头饰,向大家打招呼:"宝宝们好!今天天气真好!我想去树林里玩,如果遇到大熊可以怎么办?(装死)'装死'是什么样的?"

2. 师幼共同用基本动作感受音乐 2 遍。

(1)幼儿创编小兔子的兔耳朵动作。教师引导幼儿共同随乐感受一遍。

教师和幼儿一起将双手变成剪刀状,当作竖起的兔子耳朵,A 段,在自己大腿上一拍一下地跳,B 段音乐和 C 段音乐,静止不动。

(2)教师提出是否能够用装死的方法引开大熊,引发幼儿练习的积极性,再次随乐练习一遍基本动作。

3. 教师引导幼儿创编A段兔子耳朵在身体的不同部位跳跃,感受A段音乐2遍。

教师:"小兔子除了在腿上跳,还会在哪里跳呢?"

4. 完整感受音乐,重点感受B段音乐。

配班教师扮演大熊出现,主班教师说:"大熊来了,我们要怎么办?怎么装死?"玩装死的游戏2遍。

5. 完整感受音乐,重点感受C段音乐。

大熊碰兔子,兔子不动。1遍。教师对幼儿坚持不动的状态给予鼓励与赞赏。

6. 兔妈妈带领兔宝宝站起来游戏1遍,引导幼儿思考:出去玩如果真碰到大熊,怎么办?

7. 如果幼儿在游戏中的自我调控能力比较好,可以请儿名幼儿和教师共同扮演大熊,让同伴感受相互控制及身体接触游戏带来的快乐。

(设计者:南京师范大学幼儿园音乐组　执笔:乔　桦)

中班

1. 输赢竞争—身体接触游戏:炒豆豆

【故事及最终游戏玩法】

一半幼儿围成圆圈扮作锅,另外一半幼儿散点站在圈内扮作豆子,在前奏音乐响起后,扮演锅的幼儿随音乐节奏拍手,扮演豆子的幼儿双手叉腰,小碎步找朋友,在儿歌处随乐与扮演锅的幼儿进行完整游戏。间奏处,扮演豆子的幼儿自由换朋友进行游戏。

儿歌及对应动作:

大拇哥来倒香油,(一手掌心向上当锅,另一手握拳,伸出大拇指向锅内上下

点动,做倒油的动作)

二贤弟来炒豆豆,(伸出食指,与大拇指指腹相连,在"锅"中来回炒动)

三舅娘来撒点盐,(伸出中指,与大拇指指腹相连,向"锅"内轻轻搓动,做撒盐的动作)

四阿妹来加点醋,(伸出无名指,与大拇指指腹相连,沿"锅"中心画圈,做浇醋的动作)

五小弟来尝一口,(伸出小指,到锅中取豆,至嘴上方,手指放开,同时张嘴做吃东西的样子)

嗯——(手放在同伴的手上,做难吃的表情)

酸溜溜!(抓同伴的手)

儿歌念完,游戏结束。

【乐曲】

炒 豆 豆

1=C 2/4 佚 名 曲

| 5 5 3 1 | 5 5 5 0 | 5 5 3 1 | 2 2 2 0 |
  大拇 哥来   倒 香 油, 二贤 弟来   炒 豆 豆,

‖ 2 2 2 3 | 1 1 1 0 | 5 4 3 2 | 1 1 1 0 ‖
  三舅 娘来   撒 点 盐, 四阿 妹来   加 点 醋,
  五小 弟来   尝 一 口, 嗯— 酸   溜 溜!

【教育活动设计】

活动目标

1. 学习有趣的手指游戏,能细致观察并表现倒油、炒豆豆、撒盐、加醋等手指动作。

2. 从单手做动作,到双手做相同动作,再到双手做不同动作,尝试用多种手

段与同伴合作游戏。体验与不同伙伴交流的快乐。

3. 与同伴游戏中遵守在儿歌最后一个字"抓"的游戏规则,提高合作游戏的水平。

活动准备

1. 幼儿已学会儿歌《炒豆豆》。
2. 音乐。
3. 椅子围成圆。

活动过程

1. 幼儿回忆并复习儿歌《炒豆豆》。

2. 幼儿观察教师随音乐的示范动作,在"嗯——酸溜溜"处教师用单人左右手的方式示范。幼儿重点观察教师做了哪些有趣的手指动作,并说一说、学一学。

3. 幼儿与教师共同进行单人双手的动作。教师引导幼儿关注:念到"嗯"这个字的时候做什么动作,念到哪里手可以做抓的动作。

4. 师幼再次游戏1~2遍。(此次游戏,教师要关注幼儿手指的动作是否准确,有没有在最后一个"溜"字开始抓)

5. 幼儿两两结伴,尝试双人单手游戏。一名幼儿伸出一只手作锅,另一名幼儿伸出一只手作小豆子,结伴随乐进行游戏。

6. 幼儿两两结伴,尝试双人双手游戏。一名幼儿伸出两只手作锅,另一名幼儿伸出两只手作小豆子,结伴随乐进行游戏。

7. 幼儿探索单圈游戏方法。全体幼儿围坐成圈,左手掌心向上当锅,右手在旁边小朋友的左手上做炒豆豆动作。

8. 幼儿进行双圈游戏。一半幼儿在外圈当锅,另一半幼儿在圈内散点站立,当炒豆豆的人。前奏音乐响起,外圈幼儿随音乐做叉腰点头动作,里圈幼儿小碎步找朋友,找到后结伴玩炒豆豆的游戏。音乐循环播放。在间奏处里圈幼儿小碎步换朋友,继续游戏。

(设计者:南京市游府西街幼儿园　陈薇薇)

2. 领袖模仿—控制—追逐游戏：光脚的约翰

【故事及最终游戏玩法】

故事：

在城市的巷子里有一家米格爷爷鞋匠铺，里面摆满了各式各样漂亮的小鞋子。小鞋子们看到约翰光脚走路的样子，都觉得很有趣，于是就悄悄地溜出了鞋柜，轻轻地跟在约翰的后面，学他走路的样子。约翰走着走着，听见有什么声音，就回头一看，小鞋子们吓得立刻摆出各种鞋子的造型，静止不动。约翰继续向前走，小鞋子们继续跟在他后面。突然，约翰回头发现了小鞋子们，大喊一声"我要一双新鞋子们"，吓得小鞋子们赶快跑回到鞋柜里。

游戏玩法：

一名幼儿扮演约翰，其余幼儿扮演小鞋子。

A段音乐：约翰按照一拍一下的节奏用各种滑稽的方式走路，小鞋子们悄悄地跟在约翰后面学他走路的样子。

B段音乐：[1]—[4]小节，约翰在前面走路，小鞋子们继续跟在后面学他走路的样子。[5]—[8]小节，约翰回头时，小鞋子们赶紧蹲下，不能被他发现。[9]—[12]小节，约翰继续走，小鞋子们继续跟。[13]—[16]小节，约翰回头，发现有声音，原来是小鞋子们。[17]—[18]小节，约翰大喊一声"我要一双新鞋子"，然后去追小鞋子们，小鞋子们听到约翰的叫喊声后跑回鞋柜里。

【乐曲】

口哨和小狗

$1=^{b}A$ $\dfrac{2}{4}$

[美]普莱亚 曲

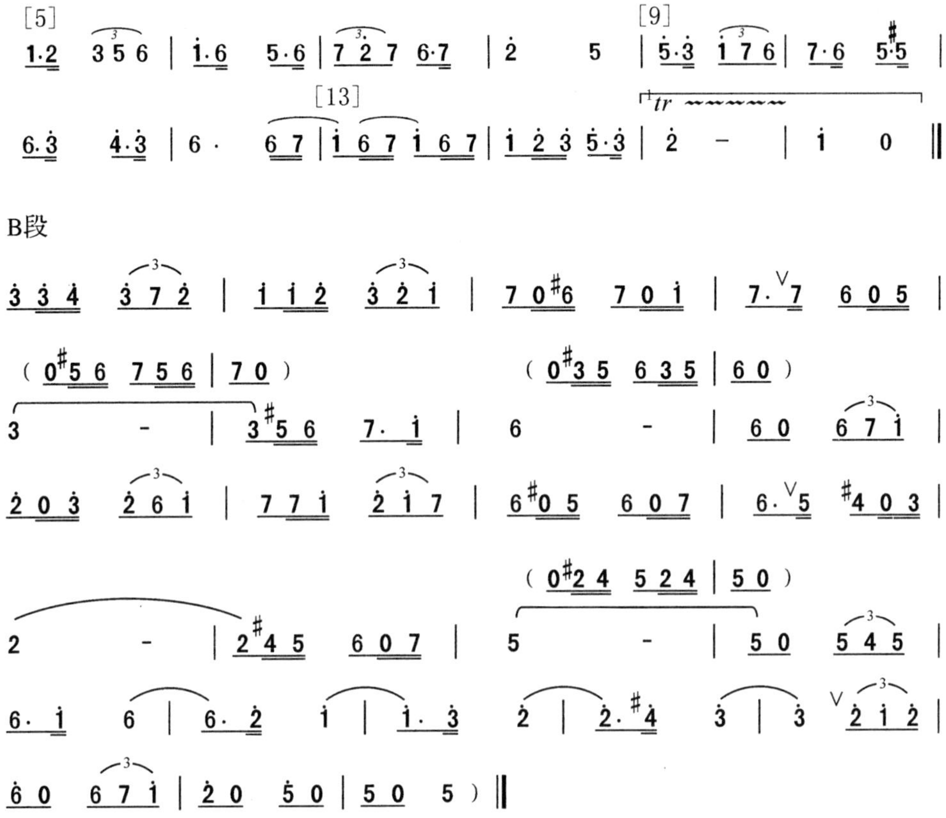

【教育活动设计】

活动目标

1. 在熟悉乐曲旋律和结构的基础上，能根据音乐的节奏做约翰走路、回头、追逐等动作，玩律动游戏“光脚的约翰”。

2. 迁移已有动画片中角色走路的经验，尝试创编各种滑稽的走路动作，随乐玩游戏。

3. 清楚游戏规则，如在游戏中约翰要在说完“我要一双新鞋子”后才能去捉小鞋子，小鞋子也不能不等约翰说完提前“逃跑”。

活动准备

第一课时幼儿已经初步熟悉音乐旋律，会跟随旋律做简单的手部动作。

🐝 **活动过程**

1. 教师通过配乐讲述故事,帮助幼儿初步理解音乐的结构。

2. 教师组织幼儿讨论及明确游戏规则:约翰和小鞋子们在玩相互逗乐的游戏,约翰一回头,小鞋子们就不能动,小鞋子们要等约翰说完"我要一双新鞋子"后才能跑回家。

3. 教师引导幼儿学习基本的身体律动动作,并随乐练习3遍。首先,幼儿观察教师做了哪些手部动作,然后跟学1遍;接着幼儿将手部走路的动作转变为脚走路的动作,站着练习1遍;最后幼儿独立扮小鞋子,随乐练习1遍。

4. 教师扮演约翰,幼儿扮演小鞋子,完整游戏1遍。教师重点引导幼儿观察小鞋子变造型时约翰做了什么动作(回头),小鞋子在做听的动作时约翰说了什么话(我要一双新鞋子)。

5. 教师扮演约翰,幼儿扮演小鞋子,分角色游戏1遍。教师在游戏中引导幼儿明确小鞋子要学约翰走路的动作,动作要一模一样,并且一定要等约翰说完"我要一双新鞋子"后才能跑回家。

6. 教师请一名幼儿当约翰,其余幼儿当小鞋子,完整游戏1遍。教师在游戏中注意提醒"小鞋子"跟在"约翰"后面走的时候要保持距离,千万不能被"约翰"发现。

7. 教师启发幼儿创编各种动画片角色走路的方式,然后相互交流。

8. 教师请一名幼儿当约翰,其他幼儿当小鞋子,尝试分角色独立完整游戏1~2遍。

(设计者:南京市游府西街幼儿园　吴　艳)

3. 输赢竞争—快反游戏:新编卷炮仗

【故事及最终游戏玩法】

男孩(内圈)女孩(外圈)站双圈,面对面叉腰站好。歌曲第一句:男孩(内圈)

边唱歌边叉腰原地合拍踏步走两步;女孩(外圈)边唱歌边叉腰向右合拍踏步走两步,走到下一个朋友处,面对面站好。内、外圈幼儿同时自己双手合拍两下,再和对面的朋友合作双手合拍两下。歌曲第二句:同歌曲第一句。歌曲第三句:男孩(内圈)当卷炮仗的人,女孩(外圈)当炮仗,男孩女孩合作,随乐合拍做卷炮仗的模仿动作。歌曲第四句:男孩女孩保持卷好的炮仗造型不动。歌曲唱完:点炮仗的人伸出一只手随意点圈上一名幼儿的身体的某个部位,被点到的幼儿说"嘭",说完以后,其余幼儿一起说"啪"。然后,说"嘭"的人追,说"啪"的人逃回座位坐好。

【乐曲】

卷 炮 仗

1=D 2/4

朱玛丽 词曲

3 3　1 1｜3 5　5｜5 5 6　5 3｜2 1　2｜
我们　大家　卷炮　仗,啦啦啦　啦啦　啦啦啦,
内圈幼儿边唱歌边叉腰原地走两步;　　　自己击掌两下,和对面的朋友击掌两下。
外圈幼儿向右走两步,到下一个朋友处,面对面站好;自己击掌两下,和对面的朋友击掌两下。

3 3　1 1｜3 5　5｜5 5 6　5 3｜2 1 2 3　1｜
我们　都来　卷炮　仗,啦啦啦　啦啦　啦啦啦啦　啦,
动作同上面第一句。

6 6　6｜4 6　4 6｜5 5　5｜3 5　3 5｜
卷呀　卷,卷呀　卷呀,卷呀　卷,卷呀　卷呀,
男孩(内圈)当卷炮仗的人,女孩(外圈)当炮仗,随乐合作模仿做卷炮仗的动作。

3 3　1 1｜3 5　5｜5 5 6　5 3｜2 1 2 3　1‖
你卷　我来　我卷　他,卷成　一个　大炮　仗。
男孩和女孩保持卷好的炮仗造型不动。

【教育活动设计】

❀ 活动目标

1. 在学习舞蹈的基础上,初步学玩新的换朋友、合作卷炮仗、放炮仗的游戏。

三、幼儿园韵律活动教育活动设计　235

2. 在观察中学习按顺时针方向走两步换朋友的方法,并将创编的内外圈合作卷炮仗的动作大方地表现在游戏中。

3. 明确游戏规则。被点炮仗者指到的人说"嘭",说完以后,其余幼儿一起说"啪",最后再追捉。在此之前,合作保持好炮仗造型不动。

活动准备

1. 已经在上一次活动中学会唱歌曲《卷炮仗》。

2. 幼儿在教师带领练习下,初步会跳"替代"双圈舞《卷炮仗》:(1) 按顺时针方向走两步"换朋友"用原地踏步走的动作替代;(2) 歌曲第三句"卷呀卷,卷呀卷呀"处,用外圈幼儿双手叉腰不动、内圈幼儿拍外圈幼儿肩膀8下的动作替代内、外圈幼儿合作做卷炮仗的动作;(3) 歌曲第四句"你卷我来我卷他,卷成一个大炮仗"处,用相互拥抱的动作代替男孩和女孩保持卷好的炮仗造型不动的动作。

3. 音乐音频(见U盘)。

活动过程

1. 教师播放音乐,幼儿独立复习上次活动已经初步掌握的双圈舞《卷炮仗》。1遍。

2. 教师与幼儿合作示范两步换朋友的双圈内队形变化玩法,引导幼儿观察与原来舞蹈的不同,发现按顺时针方向走两步换朋友的新方法。1~2遍。

3. 教师唱谱,幼儿尝试新的"换朋友"的队形变化方法。1~2遍。

4. 幼儿用换朋友的方法完整表演双圈舞《卷炮仗》。1~2遍。

5. 男孩当卷炮仗的人,女孩当炮仗,在半圆上两两合作创编卷炮仗的动作,试一试"卷呀卷呀"还可以怎么卷,相互交流、学习。如:女孩一手叉腰一手向上伸,男孩一手叉腰一手向上伸,并拉着女孩上举的手,围着女孩做转圈的动作,女孩在原点自转。再如:女孩做炮仗造型,男孩围着女孩转圈,女孩自转。

6. 教师唱谱,内、外圈幼儿两两自主合作创编卷炮仗的动作,探索合作卷炮仗的多种方法。内圈的人想好怎么卷,外圈的人看内圈的人怎么示意就怎么合作。

7. 幼儿把刚才自己想的"卷呀卷呀"的动作加进游戏里,替换结伴卷炮仗的动作,完整游戏1~2遍。

8. 逐渐增加"炮仗心"的人数,设置游戏挑战、激发游戏情趣。教师当点炮仗者,点两位幼儿(炮仗心)——教师当点炮仗者,点内圈幼儿(炮仗心)——教师与幼儿互换角色完整游戏:请个别幼儿当点炮仗者,教师参与卷炮仗。3~4遍。

〔注意:教师通过提问引导幼儿思考,明确不同点炮仗心的方法对应谁"嘭"、谁捉,明确变换角色后不同角色的不同任务。〕

(设计者:南京市游府西街幼儿园　朱玛丽)

4. 抢椅子—快反游戏:毛毛虫变蝴蝶

【故事及最终游戏玩法】

故事:

我是一只毛毛虫,我爱吃饼干,我还爱唱歌。我一边吃着饼干,一边唱着歌。慢慢地我长大了,变成了一只漂亮的蝴蝶。飞呀飞,飞呀飞,慢慢地飞回家了。那么我到底吃了多少饼干呢?

游戏玩法:

A段

[1]—[2]小节,双手握拳,在嘴边做吃东西状.一拍一下上下动,共做四下。

[3]小节,伸出手指,做手势"1",静止不动。

[4]小节,做兔子造型,静止不动。

[5]—[6]小节,重复[1]—[2]小节动作。

[7]小节,伸出手指,做手势"2",静止不动。

[8]小节,重复[4]小节动作。

[9]—[10]小节,重复[1]—[2]小节动作。

[11]小节,伸出手指,做手势"3",静止不动。

[12]小节,重复[4]小节动作。

[13]—[14]小节,重复[1]—[2]小节动作。

[15]小节,伸出手指,做手势"4",静止不动。

[16]小节,重复[4]小节动作。

B段

[1]—[11]小节,起身,面向圈上,边走边做蝴蝶飞的动作。

[12]小节,在说"美丽"的"丽"字时抢椅子坐下。

C段

没有抢到椅子的那只"蝴蝶"和坐在椅子上的每只"蝴蝶"拥抱一下。

【乐曲】

微笑波尔卡
(节选)

1=C 2/4   曲节选自《微笑波尔卡》

活泼欢快

A段

| 1234 5435 | 3 1 5 | 1234 5435 | 7 — | 4567 1767 | 4 2 7 |
  吃饼 干,   吃饼干, 吃了 一块   小猫 饼干。吃饼 干,   吃饼 干

| 5656 67 | 1 — | 1234 5435 | 3 1 5 | 1 7 1 | 2 1 6 — |
  吃了两块   小猫 饼 干。吃饼干,   吃饼 干, 吃了   三块 小猫 饼干。

| 1 7 1 3 2 | 7 67 2 7 | 5656 67 | 1 3 1 ‖
  吃饼 干,   吃饼 干,   吃了四块小 猫 饼干。

B段

| 2 1 | 7 — | 4567 1 7 | 6 — | 1 7 | 6 — | 4567 1 2 | 3 — |
  飞呀 飞,   瞧我 多美丽, 飞呀 飞, 瞧我 多帅 气。

| 2 1 | 7 — | 7171 2 1 | 7 — | 1 3 5 2 4 6 | 5 4 5 4 2 | 1 3 1 ‖
  飞呀 飞,   瞧我 多美丽, 飞呀 飞, 瞧我 多帅 气。

C段

| 6 5 4 | 5 4 2 | 2 1 7 | 4 5 6 7 | 1 2 | 3 | 6 5 4 | 5 4 | 2 |
送温暖:握手、拥抱、摸脸等

| 1 3 5 2 4 6 | 5 4 5 4 2 | 1 3 1 ‖

【教育活动设计】

❀ 活动目标

1. 初步感受音乐，随乐做毛毛虫吃饼干、跳舞、抢椅子、送温暖等韵律动作。
2. 通过故事、动作、音乐、表演、分享等形式，创编不同的送温暖的动作。
3. 体验蝴蝶"躲猫猫"时的快乐，并大方地和朋友互动送"温暖"。

❀ 活动准备

1. 关于毛毛虫的生长过程，幼儿有一定的生活经验，知道毛毛虫长大后会变成漂亮的蝴蝶。
2. 音乐音频（见 U 盘）。

❀ 活动过程

1. 教师和幼儿围坐成圆形。教师简单讲述故事。
2. 教师请幼儿创编一个小猫造型，示范随乐坐在椅子上游戏 1 遍。

音乐 A 段：师幼一起随乐做造型并说"吃了×块小猫饼干"。B 段：坐在椅子上做蝴蝶飞的动作。C 段：双手抱臂，左右交替各摇晃一次，两拍一换。

3. 创编 A 段其他动物饼干的造型（如：老虎饼干、公鸡饼干），并随乐完整练习基本动作，游戏 2 遍。
4. 尝试完整随乐游戏，B 段加入"抢椅子"的游戏。

(1) 教师随乐进行"毛毛虫变蝴蝶"游戏的示范，重点引导幼儿了解在儿歌的哪个字坐下。幼儿观察后发现，蝴蝶在最后一个"帅气"的"气"字时坐下。

(2) 幼儿尝试随乐进行"抢椅子"游戏 1 遍，可以准确地在最后一个"气"字坐下。教师注意观察幼儿坐下的及时性。

(3) 教师抽掉一张椅子，幼儿尝试随乐完整游戏。教师主要观察幼儿坐下的及时性，引导幼儿发现快速抢椅子的方法。

5. 累加 C 段"送温暖"的游戏。

(1) 教师引导幼儿思考：可以用什么方式安慰没有抢到椅子的蝴蝶。

(2) 教师作那只没有抢到椅子的蝴蝶，和幼儿随乐练习 C 段的安慰动作。1 遍。

(3) 教师选一名幼儿，和大家互动练习 C 段的安慰动作。1 遍。

6. 教师和幼儿共同完整游戏 2 遍。教师注意引导并鼓励大家可以用不同的方法安慰没有抢到椅子的幼儿。

(设计者:南京师范大学幼儿园　乔　桦)

5. 科学猜谜—情境表演游戏：圈圈魔法师

【故事及最终游戏玩法】

故事：

有一个圈圈魔法师，他走路、施魔法都是用转圈圈的方法，他会在空中抓取很多色彩小精灵，将一瓶瓶透明的水变成彩色的魔水。

游戏玩法：

将魔水瓶盖上盖布，音乐起，幼儿随乐用指尖在魔水瓶上方绕圈，然后分别在身体两侧和后方抓取小精灵，投入魔水瓶。反复两次后，拿起魔水瓶在身体前方绕圈抖动，然后放下观察，再抖动，直到音乐结束。掀开盖布，变出彩色的魔水。

【教育活动设计】

❀ 活动目标

1. 熟悉乐曲，根据乐曲的乐段和乐句准确、形象地做游戏动作。
2. 通过观察、想象，学习并形象地表现出游戏动作。
3. 轻松参与游戏，体验"变魔法"的快乐和神奇。

❀ 活动准备

1. 数量与幼儿人数相等的矿泉水瓶两种，一种装清水；另一种装清水及洗涤剂，瓶盖刷上颜料，盖上盖布。
2. 教具：矿泉水瓶、盖布，用于扮演魔法师的小斗篷、魔棒、帽子。

❀ 活动过程

1. 教师出示魔法师的小斗篷、魔棒和帽子，告诉幼儿魔法师要教大家施

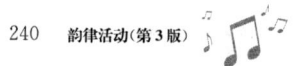

魔法。

2. 教师扮成女魔法师,随乐做转圈动作,幼儿初步感受音乐旋律。

3. 师幼共同讨论"圈圈魔法师"的特点:什么都要转圈圈,施魔法要转圈圈,摇瓶子也要转圈圈。

4. 教师随乐表演,变出一瓶彩色的魔水,激发幼儿的学习兴趣。

5. 教师帮助幼儿梳理动作的顺序,即先对着瓶子转圈圈,然后把小精灵放进去。这样的动作做2遍,然后拿起瓶子,放下来,掀开盖布看看有没有变,再晃一晃,继续施魔法,抓小精灵,再绕着圈晃一晃,看一看,最后变出一瓶彩色的魔水。

6. 在教师的带领下幼儿用清水练习,教师提示幼儿注意动作的顺序和情绪体态表现。

7. 幼儿再次练习2遍,教师对节奏掌握得好和表现力好的幼儿给予表扬。

8. 替换涂有颜料的瓶盖的瓶子进行游戏,变出有色彩的魔水。

(设计者:南京市第一幼儿园　张晓勤)

(根据杭州沈颖洁老师原创改编)

6. 寻物—情境表演游戏:桃花朵朵开

【故事及最终游戏玩法】

故事:

桃树林里开了许多桃花,引来了很多小蝴蝶,它们对小蝴蝶说:"快来和我做游戏吧,快来和我做游戏吧!"小蝴蝶快快地飞过去,和桃花一起玩起了游戏。游戏规则是,蝴蝶一定要落在桃花上。

游戏玩法:

"暖暖的春风"至"情人心花儿开",幼儿做左右手依次向上开花四次,然后落下来的动作(2遍)。"哎哟,哎哟"至"记得我的爱",做左右瞭望和扭胯动作(2遍)。"我在这儿"至"花儿开",做拍手动作,句尾造型。

【乐曲】

桃花朵朵开

1=E 4/4

(0 5 6ⅰ 5 6 3 | 0 5 6ⅰ 5 6 3 | 0 5 6ⅰ 5 6 3 2̇ | ⅰ - - -|

ⅰ - - -) ‖: 1 1 2 3 5 | 6 6 5 - | 6 6 5 4 5 |
　　　　　　　左手开花 右手开花　左手开花　右手开花　双手往身体两边落下来

5 - 0 0 | 1. 2 3 5 | 6 ⅰ 6 5 - | 6 5 3 2 3 2 |
　　　　　左手开花 右手开花　左手开花　右手开花　双手往身体两边落下来

1 - 0 0 | ⅰ 6ⅰ 6 6 | 5 5 5 5 3 5. | ⅰ 6ⅰ 6 5 |
　　　　　左看看　右看看　扭胯　　　　　　拍手

5 - - - | ⅰ 6ⅰ 6 6 | 5 5 5 3 2 1. | 2 1 3 3 3 |
　　　　　左看看 右看看　扭胯　　　拍胯

7 - - - | (1 - 2 -) | ⅰ 6ⅰ 2 6 | (6. 7 6 5 -) |

1 0 2 3 5 | 6. ⅰ 6 5 3 5 | 6. 6 6 6 5 2 1 | 3 2 3 2 - |
拍手　拍手　拍手　拍手　　拍手　拍手　　桃花造型

1 0 2 3 5 | 6. ⅰ 6 5 3 5 | 6. 6 6 6 5 2 1 | 3 2 1 - |
拍手　拍手　拍手　拍手　　拍手　拍手　　桃花造型

1 0 2 3 5 | 6. ⅰ 6 5 3 5 | 6. 6 6 6 5 2 1 | 3 2 3 2 - |
拍手　拍手　拍手　拍手　　拍手　拍手　　桃花造型

```
1  0 2 3  5  | 6. 1 6 5  3  5 | 6. 6 6 6 5  21 | 3  2  1  - ||
拍手   拍手     拍手  拍手   拍手  拍手    桃花造型
```

【教育活动设计】

🦋 **活动目标**

1. 熟悉乐曲的旋律,在乐曲的伴奏下和同伴合拍愉快地玩游戏。

2. 通过讨论、尝试与练习,逐步掌握游戏的玩法和规则。

3. 了解活动指令,和同伴积极互动。

🦋 **活动准备**

1. 与幼儿人数相等的桃花贴纸和蝴蝶贴纸。

2. 音乐《桃花朵朵花》(剪辑过的音乐,A 段是单纯的旋律,B 段有人声合唱)。

3. 幼儿已学会舞蹈《桃花朵朵开》。

🦋 **活动过程**

1. 幼儿围坐成圆形,站位复习舞蹈《桃花朵朵开》。要求能跟随音乐合拍且有表情地做动作。

2. 幼儿将座位底下的桃花贴纸拿出来贴在身上。教师引导幼儿将贴纸贴在身体的不同部位,教师数"1、2、3"后,小朋友们做出桃花造型,教师提醒幼儿注意突出贴桃花的部位。

3. 教师唱乐句,幼儿做动作,重点练习在句尾处做开花造型。

4. 师幼随音乐玩一遍游戏,教师重点观察幼儿在句尾的开花造型,并进行点评和提升。

5. 幼儿在教师的带领下再次玩游戏。教师身上贴着蝴蝶贴纸,在音乐的 B 段,教师变作蝴蝶在圆形的中间飞舞,找伙伴,在 B 段每一句的句尾贴上其中一个扮演桃花的幼儿,合作做一个造型。

6. 和幼儿讨论游戏规则:蝴蝶在什么时候飞出来;蝴蝶一定要找准地方,尽量黏在"桃花"的上面。

7. 教师邀请3位小朋友一起贴上蝴蝶贴纸,扮作蝴蝶玩游戏。游戏中提醒"蝴蝶"合着音乐节奏找"桃花",合作做造型。

8. 调换桃花贴纸的位置,继续玩游戏。

9. 换4位小朋友,连续玩游戏。在游戏的间奏部分换桃花贴纸位置,鼓励幼儿做出更多的桃花造型。

（设计者：南京市第一幼儿园　张晓勤）

7. 情境表演—控制游戏：有趣的洗衣机

【故事及最终游戏玩法】

活动前,大部分幼儿手拉手围成一个圆圈（当作洗衣机）,蹲下准备。4名幼儿扮作衣服在洗衣机外准备。音乐开始后,往洗衣机里放衣服。"衣服"跳进"洗衣机",并蹲下。放水后,"衣服"随乐做慢慢飘起来的动作；"洗衣机"也慢慢升高。开始洗衣服时,"洗衣筒"先向左转（走）,"衣服"顺着洗衣筒的方向转（走）。"洗衣筒"停下来晃一晃,"衣服"也停下来晃一晃。"洗衣筒"向右转（走）,"衣服"顺着"洗衣筒"的方向转（走）。

甩干时,"洗衣筒"朝一个方向不停地转（跑）,"衣服"也顺着"洗衣筒"的方向转（跑）,音乐结束即停止转动。（"洗衣筒"停止转动时,"衣服"贴在"洗衣筒"的边上,并摆出一个造型）晾衣服时,洗衣机（一个圆圈）的角色变成一个个的晾衣架（双臂伸直）,幼儿创编晾衣服的各种动作造型。

【教育活动设计】

活动目标

1. 初步学习游戏,尝试与同伴合作,用各种动作表现"洗衣机洗衣服"的程序。

2. 进一步学习根据动作和语言的提示,在游戏情节中记忆"洗衣机洗衣服"

的程序。

3. 在做转圈动作时,努力与同伴协调一致,控制圆圈的大小。

❀ 活动准备

1. 活动前,幼儿在家中观察洗衣机洗衣服的流程。

2. 洗衣机洗衣服的流程图。(见附图。图1:放衣服;图2:放水后,衣服飘起来了;图3:洗衣服;图4:甩干)

3. 音乐《我爱洗澡》(曲谱略)。

❀ 活动过程

1. 教师逐一出示流程图(图1至图4),引导幼儿回忆洗衣机洗衣服的流程,并尝试创编相应的身体动作。

2. 教师邀请全体幼儿随乐用自己创编的动作"洗衣服"。(重点是让幼儿感受音乐,并随乐有节奏地做动作,即"一下一下地洗衣服")

3. 师幼共同讨论"洗衣筒"的动作。教师逐一抛出问题:怎样才能变成一个洗衣机呢?(手拉手围成单圈)洗衣机洗衣服的时候是怎么转的?(一会顺时针转,一会逆时针转)甩干的时候是怎么转的?(朝一个方向快快地转)引发幼儿的讨论,并且让幼儿合作随乐练习。(练习需循序渐进,逐步从在教师语言、动作的提示下进行练习过渡到随教师唱谱练习再过渡到随乐练习。)

4. 师幼共同观察、模仿"衣服"的动作。配班教师以"衣服"的角色与幼儿合作游戏,幼儿站成单圈,边扮演"洗衣筒"的角色,边观察"衣服"的动作。

5. 请幼儿坐在圈上,猜测在刚刚游戏中"衣服"动作的不同含义。(如:跳进圈中蹲下,表示往洗衣筒中放衣服;慢慢站起来,表示放水后衣服慢慢飘起来等)

6. 教师邀请少数幼儿扮作衣服,多数幼儿扮作洗衣机,随乐合作游戏。(交换角色,游戏2~3次)

7. 教师与幼儿共同讨论"晾衣服"的情节,并创编相应的动作,在音乐结尾处做晾衣服的动作。教师还可以扮收衣服的人与"衣服"进行互动。

附图：

图 1

图 2

图 3

图 4

（设计者：南京市第一幼儿园　费　颖）

大班

1. 情境表演—控制游戏：小鞋子的舞

【故事及最终游戏玩法】

在城市的巷子里有一家米格爷爷鞋匠铺。里面住着修鞋子的米格爷爷和漂亮的小鞋子们。米格爷爷的手艺很好，人也很善良，所以大家都喜欢到他这里来做鞋。这里有穿在高贵小姐脚上的"黑美人"，有穿在活泼小男孩脚上的"小叮叮"，还有许多许多你想象不到的特别的鞋子。鞋匠铺里有个秘密：那就是每天午夜12点,米格爷爷睡着的时候,小鞋子们都会起来活动!调皮可爱的小鞋子不仅会摆出各种有趣的造型,还会一起跳舞呢!一天,鞋柜里的小鞋子们商量一起跳个有趣的舞蹈,给辛勤工作的米格爷爷一个惊喜!

【乐曲】

闲聊波尔卡

1=A 2/4

[奥]约翰·施特劳斯 曲

动作建议

A段:

[1]—[8]小节,鞋柜中第一排小鞋子跟随音乐节奏一拍一下踏步往前走。散点站好后,在最后2小节摆好一个鞋子造型不动。

[9]—[16]小节,鞋柜中第二排小鞋子跟随音乐节奏一拍一下踏步往前走,找

到一个朋友与他（她）面对面站好，摆一个与对面同伴相对称的造型（动作一致，方向相反）。

B段：

[1]—[2]小节，面对面踏步走。

[3]—[4]小节，对拍3下。

[5]—[8]小节，做4次挥手打招呼的动作。

[9]—[12]小节，重复[1]—[2]小节的动作。

[13]—[24]小节，小鞋子排成一路纵队，跟着排头在场地上小碎步跑动。

C段：

[1]—[9]小节，其中一只鞋子做"嘘"的动作，其他鞋子做侧耳听的动作，全体鞋子跑回鞋柜，摆好造型。

以上动作重复一遍。

A段（第三遍）：重复A段[1]—[16]小节的动作。

尾声：重复C段的动作。

用手部动作帮助幼儿熟悉乐曲结构的动作说明：

[1]—[8]小节，左手食指和中指从腰间做走路动作至膝盖处，并立住不动。

[9]—[16]小节，右手食指和中指从腰间做走路动作至膝盖处，并立住不动。

B段动作与动作建议相同，[13]—[24]小节双手同时从膝盖处移回腰间。

【教育活动设计】

活动目标

1. 尝试用不同的造型表现调皮可爱的鞋子形象，在A段相应的乐句变换小鞋子的造型。

2. 先用手在膝盖上随乐做动作，而后迁移到空间方位移动的全身动作，并学习完成两人合作的对称动作。

3. 当活动进入"米格爷爷"的角色时，在完整随乐游戏中体验与同伴一起游戏的愉快心情。

活动准备

音乐音频（见U盘）。

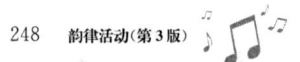

活动过程

1. 教师讲述故事,请幼儿仔细听米格爷爷的鞋匠铺里藏着什么秘密。(播放音乐,同时讲故事)

2. 幼儿再次倾听音乐,教师用手部动作帮助幼儿熟悉乐曲结构并知道鞋匠铺里的秘密是小鞋子会跳舞。

3. 教师请幼儿一边听音乐一边看教师的动作,着重看一看小鞋子怎样跳舞,(先摆好造型,走一走,拍拍手,打个招呼)并带领幼儿试一试。(2遍。坐着1遍,站着1遍)

4. 教师引导幼儿随乐用手部动作一起跳舞。请幼儿仔细想一想两只小鞋子是不是一起出来的,并与教师一起用小手来试一试。

5. 教师再次引导幼儿用身体动作感知乐曲,帮助幼儿参与情境游戏。

首先,请幼儿创编各种鞋子的造型,引导幼儿发现米格爷爷的鞋店里有不同种类的鞋子;然后,教师先示范,再引导一名幼儿来学与教师对称的动作。

6. 教师进一步帮助幼儿理解对称的概念,告诉幼儿跳舞的时候怎样做对称动作,并与一名幼儿合作示范表演。

7. 请两名幼儿合作表演"鞋之舞",其余幼儿继续观察学习在什么乐句做什么动作。

8. 请幼儿两两合作表演"鞋之舞",尝试在相对固定的空间里完整游戏。

9. 教师引导幼儿再次进入鞋柜情境,和米格爷爷的角色完整地跳舞,提醒幼儿找合适的空地方展示自己的小鞋子造型。

(设计者:南京市游府西街幼儿园 郑姗姗)

2. 纸杯舞会

【故事及最终游戏玩法】

纸杯国王邀请各国的公主来参加纸杯王子的舞会。在舞会中,公主和纸杯王子跳起了优美的宫廷舞。可是,他们很傲慢、互相不理睬,越跳越不开心。国王看见了,很着急,请天上的小仙女来帮忙。小仙女撒下了欢乐的种子,傲慢的公主和王子变得相互友爱起来,跳起了欢乐的舞。

【乐曲】

Aus Ungam

（片段）

1=C 2/4

前奏

(6̣· 3̣ 6̣ | 1 — | 6̣· 3̣ 6̣ | 1 — |)

A段 [1]   [3]

3 3 6 6 | 5 4 3 | 2 2 1 2 | 3 1 6̣ |

[5]   [7]

2 2 1 2 | 3 1 6̣ | 1 1 7̣ 7̣ | 6̣ — |

B段 [9]   [11]

‖: 6 6 3 6 5 4 3 | 6 6 3 6 5 4 3 | 1 1 2 2 1 1 2 | 3 2 1 7̣ 6̣ 6̣ 6̣ :‖

（B段反复四遍）

🌸 动作建议

[1]—[4]小节：内圈小朋友找下一个舞伴，并在最后一拍说"哼"。

[5]—[8]小节：动作同[1]—[4]小节。

[9]—[10]小节：外圈小朋友找下一个舞伴。

[11]小节：按节奏握两下手。

[12]小节：和舞伴抱一抱。

注：[9]—[12]小节重复四遍。

队形：

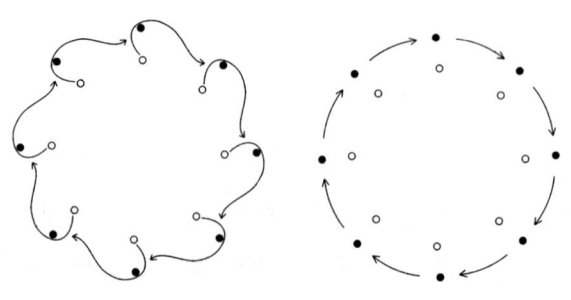

注：空心白点为女生，实心黑点为男生。箭头为幼儿行进路线。

【教育活动设计】

活动目标

1. 初步熟悉乐曲,感受乐曲 AB 段结构以及 A 段舒缓、B 段欢快的旋律。
2. 迁移纸杯游戏的经验,在手环的提示下,学习交换舞伴。
3. 在舞蹈过程中,能与同伴用目光、姿态交流,愉快地跳舞。

活动准备

1. 纸杯人手 1 个。(杯面上画有五官、表情,杯底上画有从左往右的箭头标记)
2. 手环人手 1 个。(两种颜色,数量相同)
3. 音乐音频。(完整的、只有 A 段、只有 B 段)
4. 场地上粘贴光芒形状的线段。(线段的数量为幼儿人数的一半,长度为 50 厘米)

活动过程

1. 教师和幼儿围成单圈坐在地毯上玩纸杯游戏,幼儿熟悉音乐的旋律。

(1)教师示范并引导幼儿玩第一个纸杯游戏,帮助幼儿熟悉 A 段音乐。

请幼儿伸出戴手环的手(右手),并将食指摆于纸杯的前方,然后顺着箭头绕到纸杯的后面,继续往前走,不停下,一直走到下一个纸杯的面前。3~4 遍。(教师注意提醒面对自己的幼儿看着纸杯上的箭头玩纸杯游戏,避免幼儿受镜面示范的影响)

(2)引导幼儿玩第二个纸杯游戏,帮助幼儿熟悉 B 段音乐。

请幼儿先将戴手环的手伸出来,指着下一个朋友。接着将自己的纸杯送到下一个朋友的面前,然后再和自己面前的纸杯握握手、抱一抱。3 遍。

2. 教师讲述故事,引发幼儿参与活动的兴趣。

3. 幼儿站双圈,迁移第一个纸杯游戏的经验,学习 A 段交换舞伴的方法。

(1)邀请幼儿站双圈。请女孩子面朝圈外,站在线的一头,然后请每一个男孩子找一个女孩子面对面站在线的另一头。

(2)迁移经验,学习交换舞伴。请男孩子当纸杯王子,把戴手环的手伸出来,放于身体的右侧做邀请状,并对女孩子说"请从这边走"。3 遍。

4. 迁移第二个纸杯游戏的经验,学习 B 段交换舞伴的方法。

引导女孩子将戴手环的手伸出来指向下一个女孩子,男孩子根据女孩子的指向找到下一个朋友并和她握握手,抱一抱。3遍。

5. 幼儿听音乐完整进行纸杯舞会的游戏,1遍。教师在游戏中提醒幼儿用戴手环的手提示同伴前进的方向。(在幼儿熟悉队形的基础上,可在 B 段"握手"和"抱一抱"的地方请幼儿创编各种逗乐的动作,增加活动的趣味性)

(设计者:南京市北京东路小学附属幼儿园　刘　晶)

3. 输赢竞争—抢椅子—追逐游戏:
大家一起喜洋洋

【故事及最终游戏玩法】

教师带领幼儿将椅子摆放成圆形,椅面朝向圆心。教师和幼儿站在椅背后,即圈外。

A 段音乐:集体先后做羊高兴、狼高兴的动作各2遍,一共做4次。

B 段音乐:集体面向圆上,双手在胸前做绕圈的动作,脚踩着小碎步,围着圆圈做追跑的游戏,在听到拍手声后,抢椅子坐下,没有抢到椅子的幼儿站到圆圈内。

C 段:站在圈内的幼儿当狼,坐在椅子上的幼儿当羊,狼和羊边做比力气的动作,边说:"我的力气大!"共做3次比力气的动作,然后当狼的幼儿站到圈外,再玩一遍游戏。

🐝 动作建议

[1]—[2]小节:双手放在头顶作羊角,左右各摇摆两次。

[3]—[4]小节:双手转动,从下到上做划圈打开的动作一次。

[5]—[6]小节:动作同[1]—[2]小节。

[7]—[8]小节:动作同[3]—[4]小节。

[9]—[10]小节:双手在胸前做狼爪的动作,左右各摇摆两次。

[11]—[12]小节:双手转动,从下到上做划圈打开的动作一次。

[13]—[14]小节:动作同[9]—[10]小节。

[15]—[16]小节:动作同[11]—[12]小节。

间奏：双手在胸前绕圈做跑步的动作，当听到拍手的声音时，抢椅子坐下，没有抢到椅子的幼儿当灰太狼，站在圈的中间，和其他幼儿做比力气的动作。

[17]—[32]小节：重复[1]—[16]小节的动作。

[33]—[51]小节：做拍手的动作。

[52]小节：集体说完"大家一起喜洋洋，耶"后，做"耶"的动作。

【教育活动设计】

活动目标

1. 初步熟悉音乐的旋律，感受音乐欢快的情绪，尝试合拍地做羊和狼的游戏动作。

2. 借助故事情境，初步明确动作含义及其顺序，尝试用动作表现"力气大"。

3. 注意倾听音乐，理解并遵守"听到信号抢椅子"的游戏规则。

活动准备

1. 音乐《大家一起喜洋洋》（剪辑的和完整的），曲谱略。

2. 椅子摆成圆形。

活动过程

1. 教师创编故事情境，帮助幼儿熟悉游戏情节。

教师：青青草原要举办一场运动会。小羊们很高兴，灰太狼也很高兴。它们玩起了跑步比赛，动物们都为它们拍手加油。灰太狼没追上小羊，就和小羊玩起了比力气的游戏。灰太狼说："我的力气很大！"小羊也说："我的力气很大！"它们玩得很高兴。

讲完故事，教师引导幼儿用动作表现羊和狼。

2. 教师放音乐，完整表演示范一遍，引导幼儿根据故事猜测动作的含义。

3. 教师再次完整表演，通过"先做了什么？又做了什么？然后做了什么？最后做了什么？"的问题，帮助幼儿初步梳理动作的顺序，并学说最后一句"大家一起喜洋洋，耶"。如果幼儿对动作顺序有争议，教师可引导幼儿通过再观看教师表演一遍的方法，进一步明确动作的顺序。

4. 教师带领幼儿在座位上边做动作，边完整感受一遍音乐，然后带领幼儿站在椅子的背后完整做一遍动作，引导幼儿将绕圈的动作替换成边绕圈边做跑步的动作。当教师拍手的时候,幼儿就要赶紧找一张椅子坐下来。

5. 教师讲解游戏规则,引导幼儿将"抢椅子"的游戏情节替换到 B 段,没有抢到椅子的人就要当灰太狼,站到圆的中间,并通过增加"狼和羊比力气"的游戏情节,引导幼儿创编比力气的动作,增加游戏的趣味性。

6. 教师带领幼儿完整游戏。在第一次游戏时,教师作为没有抢到椅子的人,扮演灰太狼站在圈中。幼儿扮演小羊。教师和幼儿比力气,帮助幼儿熟悉游戏的玩法。等幼儿熟悉后,教师可逐步减少椅子的数量,邀请个别幼儿和教师一起当灰太狼,站在圈中和"小羊"比力气,使游戏更具有挑战性。在幼儿熟练后,教师可逐渐退出角色。

(设计者:南京市北京东路小学附属幼儿园　马　骏)

4 开 火 车

【故事及最终游戏玩法】

幼儿一个接一个,在圆圈上跟随教师玩"开火车"的游戏,当唱到"one two three four"时,开始进行"对密码":教师做一个动作,幼儿要重复教师的动作,共做 4 个动作。对上密码后,教师与"车尾"最后一名幼儿搭成一个山洞,让"火车"经过。

【乐曲】

开 火 车

$1=C \quad \dfrac{4}{4}$

5 5 - - | 5 5 - - |

3 5 6 5 ♭7 7 | 6 ♭7 6 5 6 0 | 5 3 5 3 5 3 | 5 5 3 5 0 |

3 5 6 5 6 5 0 5 | 6 ♭7 6 5 6 0 | 6 5 6 5 6 6 | one two three four |

6 7 5 3 5 - | 6 5 6 5 6 6 | 6 ♭7 6 ♭7 5 - |

```
5    5   -   -  | 5    5   -   -  |
5532 5532 | 53 53 ♭7 - | ♭7   7   5   - |
5532 5♭7 0 | 0  0  0 05 | ♭75 53 5  - ‖
```

【教育活动设计】

🐝 **活动目标**

1. 初步熟悉音乐的旋律，学习随乐做开火车、钻山洞的动作。
2. 借助教师的动作暗示及语言提示，较准确地做与教师相同的动作。
3. 知道在圆圈上"开火车"时，尽量匀速前进，避免发生拥挤。

🐝 **活动准备**

1. 幼儿有"开火车"的经验。
2. 在地上贴一个大圆圈，当作铁轨。
3. 音乐《开火车》。

🐝 **活动过程**

1. 幼儿围坐成半圆形，教师简单讲述"开火车"游戏的规则：火车会经过魔力山洞，我们必须对上密码，才能通过。
2. 教师带领幼儿了解用动作对密码的玩法：从单一动作开始，帮助幼儿明确规则——教师先做，幼儿后做；教师做时，幼儿不做。
3. 教师带领幼儿练习做四组动作，继续巩固"师做幼不做"的规则。
4. 教师带领幼儿坐在自己的座位上初步学习随乐做开火车、对密码的动作。
5. 教师引导幼儿在中间找空地方玩"开火车"的游戏，提醒幼儿注意在对密码时教师将变化动作。
6. 教师引导幼儿学习在单圆上玩"开火车"的游戏："火车"先在铁轨上行进，对密码的时候，我们要面向圆心（山洞），以便看清楚动作密码。
7. 教师带领幼儿练习变出山洞后开火车、钻山洞。教师用语言指导：密码对上，面向圆上，准备——哦哦，通关——哦哦，开火车、开火车，穿过山洞开火车……

（设计者：南京市北京东路小学附属幼儿园　陶　蓉）

5. 快反游戏：魔法师的学徒

【故事及最终游戏玩法】

故事：

魔法学校开学了,神奇的魔法帽子要在所有小朋友中间选择一个人扮作魔法师的学徒。小朋友们听了这个消息都很高兴,争着说:"选我,选我。"魔法帽子说:"每个人要找一个竞争对手,和他一起施展魔法来比一比。"

游戏玩法：

游戏中一名幼儿在圈外逆时针行走,其余幼儿在单圈双圆上,两两听音乐做动作,当唱到"呜啦"的时候,圈外幼儿跳到圈上一组幼儿之间,这组幼儿从两边绕圈跑回原来的位置,谁先回到原来的位置,谁就是魔法师的学徒。

动作建议

[1]小节:每两拍拍一下手。

[2]小节:每两拍双手做一次指向自己胸前的动作,并说"选我,选我"。

[3]小节:同[1]小节。

[4]小节:同[2]小节。

[5]小节:第一拍,向前伸出左手;第三拍,向前伸出右手。

[6]小节:手向下抖动两次。

[7]小节:第一拍,手放身体两侧;第三拍,做敬礼的动作。

[8]小节:做鞠躬的动作,并说"你好"。

[9]—[16]小节:动作同上,重复一次。

[17]小节:第一拍,左手在空中抓一下;第三拍,右手握拳,左手食指指向右拳。

[18]—[20]小节:双手在胸前交叉画圈并摆一个造型,同时说"呜啦呜啦,呜啦呜啦,变"。

[21]小节:第一拍,左手挡住脸;第三拍,右手挡住脸。

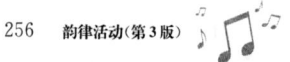

[22]—[23]小节:向下扭动身体并蹲下。

[24]小节:双手摆于嘴前并跳起来。

[25]—[32]小节:每两拍拍一下手。

【教育活动设计】

活动目标

1. 熟悉音乐及动作结构,学习随音乐跳集体舞。
2. 借助生活经验,理解舞蹈动作的含义及顺序,按规则交换魔法帽。
3. 体验和不同同伴跳舞及竞争带来的乐趣。

活动准备

1. 魔法帽子,帽子中藏有 2～3 样玩具。
2. 音乐《魔术先生》,曲谱略。

活动过程

1. 教师出示魔法帽子,边念"呜啦呜啦,呜啦呜啦,变"的咒语,边变魔术给幼儿看。
2. 教师讲述游戏情节,引发幼儿参与的兴趣。
3. 教师示范游戏动作,帮助幼儿初步熟悉音乐的旋律。
4. 教师与幼儿讨论游戏动作的内容和顺序,并引导幼儿在变魔术的时候念"呜啦呜啦、呜啦呜啦,变"的咒语,2 遍。
5. 教师邀请幼儿站成单圈双圆的队形,并听音乐做游戏动作。
6. 教师边讲解边示范游戏的玩法。教师在念到咒语"变"的时候,跳到一组幼儿中间,并引导幼儿从两边绕圈跑。最先回到自己位置的幼儿就是魔法师的学徒。教师将帽子戴到这位幼儿的头上,接着为魔法师寻找下一位学徒。1～2 遍。
7. 教师引导幼儿通过观察模仿学习交换舞伴的方法,并在游戏中用"拉手、换位置、转身、敬礼、你好"等动作或语言提示幼儿做相关的动作,1～2 遍。
8. 听音乐玩"魔法师的学徒"的游戏,2～3 遍。

(设计者:南京市北京东路小学附属幼儿园　刘　晶)

6. 潜伏—快反游戏：狡猾的狐狸在哪里

【故事及最终游戏玩法】

游戏共有三个角色：公鸡、母鸡和狐狸。

前奏：

扮演公鸡的男孩与扮演母鸡的女孩，在地面上找一个事先贴好1—9的数字点，呈双圈队形面对面站立，男生站外圈，女生站内圈，做好准备。

A段：

［1］小节，扮演公鸡和母鸡的幼儿随音乐的节奏，双手在身体两侧做跑动的动作。跑动时扮演公鸡的男孩在外圈原地做跑动的动作，而扮演母鸡的女孩则按顺时针的方向行进，移动至下一个扮演公鸡的男孩面前。

［2］小节，扮演公鸡和母鸡的幼儿，随着音乐的节奏，同时做一边耸肩一边摊开双手的诙谐动作。

［3］小节，同［1］小节动作。

［4］小节，同［2］小节动作。

B段：

［1］—［2］小节，双手各伸出食指和中指，横在眼前，随乐有节奏地旋转，表现仔细看的动作。

［3］小节，扮演公鸡和母鸡的幼儿，一边双手做手枪状，随乐有节奏地做搜寻狐狸的动作，一边走着进行内外圈位置的交换。

［4］小节，交换位置后，大家双手继续做手枪状，并随乐原地做搜寻狐狸的动作。

音乐停止后，教师任意报出1个数字，如报"5"，站在内圈5号位置的"公鸡"此刻就变成"狐狸"，去捉站在外圈5号位置上扮演鸡的幼儿，两人围着圆圈朝同一个方向追逐跑。若"鸡"先跑回原来的位置，"鸡"就胜利了；若"鸡"没跑回原来的位置，被扮演狐狸的幼儿捉住，"狐狸"就胜利了。

【乐曲】

瑞典狂想曲
（片段）

1=C 4/4

[瑞典]雨果·阿尔芬　作曲

裴西·费　改编

欢快

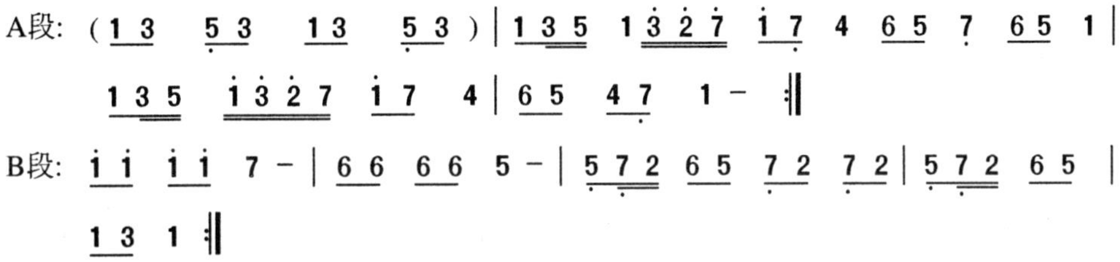

A段：（1 3　5 3　1 3　5 3）| 1 3 5　1 3 2 7　1 7　4　6 5　7　6 5　1 |

1 3 5　1 3 2 7　1 7　4 | 6 5　4 7　1 — ‖

B段：1 1　1 1　7 — | 6 6　6 6　5 — | 5 7 2　6 5　7 2　7 2 | 5 7 2　6 5 |

1 3　1 ‖

队形参考图：

A段：

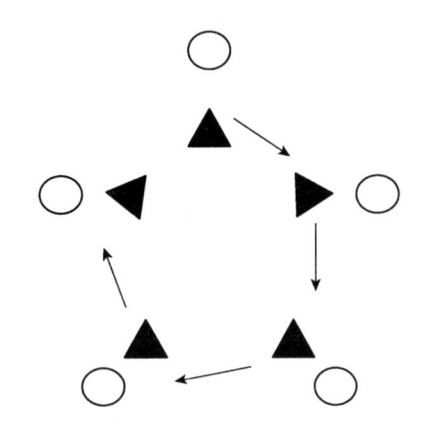

B段：

三、幼儿园韵律活动教育活动设计　259

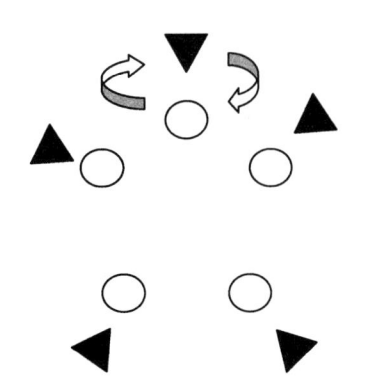

🐝 游戏儿歌建议

A 段：

狡猾的狐狸在哪里，嗯？嗯？狡猾的狐狸在哪里，嗯？嗯？

狡猾的狐狸在哪里，嗯？嗯？狡猾的狐狸在哪里，嗯？嗯？

B 段：

仔细看一看，仔细瞧一瞧！狡猾的狐狸，狡猾的狐狸，可能就是你！

仔细看一看，仔细瞧一瞧！狡猾的狐狸，狡猾的狐狸，可能就是你！

【教育活动设计】

🐝 活动目标

1. 学习跟随 A、B 两段音乐，表现双圈集体舞《狡猾的狐狸在哪里》中的相关游戏动作，明确交换同伴及内外圈交换位置的规则。

2. 借助标记的提示，了解交换朋友的方向，并能根据教师发出的数字信号，快速做出追逐或逃离的反应。

3. 体验空间变换及听信号快速反应所带来的挑战乐趣。

🐝 活动准备

1. 音乐《瑞典狂想曲》(片段)。

2. 男孩、女孩各 9 个，右手上都贴有一个标记，以作为换朋友的记号。

3. 事先在地面上贴数字点 1—9，所贴的数字点可以围成一个大圆圈。

4. 幼儿在体育游戏中玩过喊号追逐跑，有听信号相互追逐的经验。

🐝 活动过程

1. 教师讲述"狐狸想混进养鸡场吃鸡"的故事情节，引导幼儿在观察教师边念游戏儿歌边表演游戏动作的基础上，逐步感知音乐的旋律、游戏结构及游戏动作的顺序。

2. 教师借助游戏儿歌，帮助幼儿梳理游戏动作的顺序及动作重复的次数。

3. 教师边念 A、B 两段的游戏儿歌，边带领幼儿坐在座位上学习相应的游戏动作。

4. 教师引导幼儿跟随 A、B 两段音乐，坐在座位上练习相应的游戏动作。

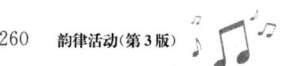

5. 教师引导幼儿跟随 A、B 两段音乐,在场地中央散点站,再次练习相应的游戏动作。

6. 教师组织男孩、女孩分别扮演公鸡、母鸡的角色,站成双圈队形,在 A 段音乐处,边念游戏儿歌,边以示范讲解的方式,引导幼儿观察并发现:母鸡是按照贴标记的右手方向(即顺时针方向)移动,并交换了 4 次同伴。

7. 教师引导扮演母鸡的女孩跟随 A 段音乐练习按顺时针方向交换 4 次同伴,表现"母鸡找狐狸"的游戏情节。

8. 教师在 B 段音乐处,边念游戏儿歌,边示范内外圈互换位置,帮助幼儿明确男孩、女孩交换位置的动作与方法。

9. 教师哼唱音乐,引导内外圈扮演公鸡和母鸡的男孩、女孩练习交换位置的动作与方法。

10. 教师引导幼儿跟随 B 段音乐,练习内外圈交换位置的动作与方法。

11. 教师引导幼儿跟随 A、B 两段音乐,完整地表演"母鸡找狐狸,公鸡和母鸡交换位置找狐狸"的游戏情节。

12. 教师引入"喊号追逐跑"的体育游戏,任意报 1—9 之间的一个数字,引导幼儿玩"狐狸捉鸡"的快速反应游戏。

13. 教师引导幼儿跟随 A、B 两段音乐,完整地玩听信号快速反应游戏"狡猾的狐狸在哪里"。

(设计者:南京市北京东路小学附属幼儿园　成　媛)

7. 情境表演—玩队形游戏:解救公主

【故事及最终游戏玩法】

故事:
一群美丽的公主被女巫关在了魔力之门内。一群王子来到魔力之门前,凭借着自己的力量和公主一起打开了魔力之门,解救了公主。

游戏玩法：

女孩子在内圈，男孩子在外圈，面对面形成双圈。在念白"来来来"处，男孩、女孩面对面往前走；在"用力推"处，男孩、女孩双手掌心相对做用力推的动作；在"来来来，没打开"处，男孩、女孩往后退，同时双手自然在身体两侧打开；在"加油，加油，加油"处，幼儿双手握拳放于胸前并振臂，同时随乐跺右脚，表现加油状；在"嘿"处，幼儿双手向前做用力推门状；在"魔力之门打开了"处，幼儿双手在头顶上方向身体两侧打开；在"穿越魔力之门"处，男孩双手叉腰，原地踩小碎步，女孩双手叉腰，踩着小碎步，顺着右手方向从"新朋友"后面绕到"新朋友"前面，表示穿越魔力之门成功了！

【乐曲】

马鲁序卡舞曲

$1=C$ $\dfrac{4}{4}$

A段

（念白）来 来 来， 用 力 推， 来 来 来， 没 打 开。

（念白）加 油，加 油，加 油，嘿！ 加 油，加 油， 加 油，嘿！

B段

（念白）魔 力 之 门 打 开 了！ 魔 力 之 门 打 开 了！

（念白）穿越魔力之门！

【教育活动设计】

❀ 活动目标

1. 初步熟悉集体舞的音乐，学习集体舞的动作及队形变换。

2. 尝试在音乐 B 段处变换队形,找到正确的舞伴。

3. 感知双圈舞的队形,知道在舞蹈中与舞伴保持适当的距离。

❀ 活动准备

1. 剪辑好的音乐。

2. 地上贴 10 对点子(紫色的和蓝色的),形成双圈。

3. 幼儿的椅子摆成半圆形。

4. 五角星 20 个,事先贴在幼儿的右手上;五角星 1 个,事先贴在教师的左手上。

❀ 活动过程

1. 教师讲述王子解救公主的故事,创设游戏氛围,激发幼儿参与活动的兴趣。

2. 幼儿听音乐,教师边念儿歌边完整地表演集体舞动作,引导幼儿初步了解舞蹈动作。

3. 在教师的带领下,幼儿坐在座位上听音乐学习动作,明确动作的顺序和含义。

4. 幼儿起立,散点站立,听音乐做动作。

5. 幼儿站双圈,听音乐完整练习。

(1)教师:看来王子解救公主的本领已经练得差不多了,那魔力之门在哪儿呢?请女孩子找一个紫色的点,面向圈外站好,男孩子找一个蓝色的点,和女孩子面对面站好,现在女孩子就是……公主,男孩子就是……王子,魔力之门就在这两个魔力圈上!

(2)教师念 A 段儿歌,幼儿练习 A 段合力推门的动作。

(3)幼儿听音乐,完整练习动作。

6. 在教师的引导下,幼儿练习 B 段队形变换的动作。

(1)教师示范 B 段交换舞伴的动作,幼儿观察。

(2)教师念儿歌,幼儿练习 B 段交换舞伴的动作。

(3)幼儿听 B 段音乐练习交换舞伴的动作。

7. 幼儿站双圈,听音乐完整跳集体舞,音乐可循环播放。

(设计者:南京市北京东路小学附属幼儿园　徐雯雯)

8. 情境表演游戏：匹诺曹愿做真孩子

活动一

【故事及最终游戏玩法】

A段音乐：

第一段：

[1]—[2]小节：在胸前做四下拍手的动作。

[3]—[4]小节：做四下长鼻子的动作,如双手摆成六的造型放在鼻子前面。

[5]—[6]小节：重复做[1]—[2]小节动作。

[7]—[8]小节：重复做[3]—[4]小节动作。

第二段：

[1]—[2]小节：在胸前做四下拍手的动作。

[3]—[4]小节：做四下驴耳朵的动作,如双手摆成四的造型贴在两个耳朵上面。

[5]—[6]小节：重复做[1]—[2]小节动作。

[7]—[8]小节：重复做[3]—[4]小节动作。

B段音乐：

[9]—[12]小节：与同伴手拉手一前一后交替舞动。

[13]—[16]小节：原地踏步,双手与耳朵并齐,转手腕。

[17]—[18]小节：在胸前做四下拍手的动作。

[19]—[20]小节：两臂平行放于胸前,翻转手臂。

在最后歌词"一次"处：一人跳舞时右手做"耶"的造型,与同伴跳舞时可与同伴玩"石头剪刀布"的游戏。

【乐曲】

匹诺曹愿做真孩子

$1=\flat E$ $\frac{4}{4}$

3 ♭3 3 4 3 ♭3 3 | 2 1 2 3 1 | 3 ♭3 3 4 3 2 3 | 2 1 2 3 2 1 7 |

```
6 - - 01 ‖: 6̣ 01 6̣ 03 | 33 ♭33 43 01 |
              来     来 来     我  愿做 真 的 孩子，来
              来     来 来     我  愿做 真 的 孩子，来

6̣ 01 6̣ 03 | 33 ♭33 43 21 | 7̣ 02 7̣ 03 |
来    来 来，  不  愿再 长长鼻子 来来， 来    来 来，  我
来    来 来，  不  愿有 驴的 耳朵 来来， 来    来 来，  我

33 ♭33 43 02 | 7̣ 02 7̣ 03 | 63 27̣ 16̣ 01 :‖
愿 做 真 的 孩子， 来    来  来 来， 不  愿再 长长鼻子，来，
愿 做 真 的 孩子， 来    来  来 来， 不  愿有 驴的 耳朵，让

42 22 31 16̣ | 2 5̣ 5̣ 03 | 42 22 31 16̣ |
我们 大家 一起 来      跳 个 舞，  让 我们 大家 一起 来

5̣ 5 3 21 | 321 3215 | 5553 321 |
跳 个 舞，    啦啦啦 啦啦啦啦   啦啦 啦啦 啦啦啦
[15]        [16]              [17]

321 3215 | 5553 321 | 2 7̣ 1 6̣ |
啦啦啦 啦啦啦啦  啦啦 啦啦 啦啦啦， 梦 想 就 要
[18]        [19]              [20]

7̣ 3 6̣ 11 | 27̣ 17̣ 6̣ 11 | 27̣ 17̣ 6̣ 0 ‖
实 现 啦，  让我 再努 力 一次  让我 再努 力 一次。
```

【教育活动设计】

🦋 活动目标

1. 初步熟悉音乐的结构，学习跳集体舞，初步有规律地做拍手、长鼻子、驴耳

朵等动作。

2. 借助歌词、舞蹈动作、图片等的提示,感知 A 段动作的顺序及重复、交替的规律,学习运用规律掌握动作。

3. 在圈上舞蹈时,关注与舞伴的空间位置,注意保持双圈队形。

❀ **活动准备**

1. 听过《木偶奇遇记》的故事。

2. 钢琴、黑板、图谱(见附图)。

3. 音乐《匹诺曹愿做真孩子》,曲谱略。

4. 地上沿着圆圈贴好标记点。

5. 椅子摆成马蹄形。

❀ **活动过程**

1. 情境导入,引起幼儿兴趣。

(1)教师:大家都听过《木偶奇遇记》吧? 里面的匹诺曹因为说谎,结果怎么样了? 长出了什么?(长出了长鼻子和驴耳朵)

(2)教师:谁来用动作表现长鼻子的样子? 驴耳朵可以怎么表示?

(3)教师:今天我带来了一首音乐,说的也是匹诺曹的故事,请你们听听匹诺曹说了些什么。

2. 听教师演唱歌曲,并观察教师的舞蹈动作,初步感知歌曲旋律及歌词。

(1)教师:刚才匹诺曹愿做什么? 不愿长什么? 不愿有什么?

(2)教师:他做了什么动作呢?(出示图谱,引导幼儿重点感知 ABAB 动作模型)

(3)教师:还有什么动作呢?(带幼儿理清所有动作顺序)

3. 教师再次播放音乐,幼儿跟着音乐完整做出 A、B 两段动作。

4. 引导幼儿站双圈和同伴游戏。

在幼儿熟悉了舞蹈动作后,教师引导幼儿站双圈和同伴面对面跳舞,并鼓励幼儿做出与别人不同的长鼻子和驴耳朵的动作。

5. 教师引导幼儿通过"石头剪刀布"的游戏,实现匹诺曹变成真孩子的愿望。

(1)教师:两个好朋友之间谁能先变成真孩子呢? 他们可以用什么方式可以决出胜负呢?(石头剪刀布)

(2)教师:在什么时候我们可以做这个动作呢?(清唱)

(3)教师:平局的人相互抱一抱;输的人现在可以变成小仙女,帮赢的人把长鼻子轻轻点回去,把驴耳朵变没有。

(设计者:南京市北京东路小学附属幼儿园　柏　杨)

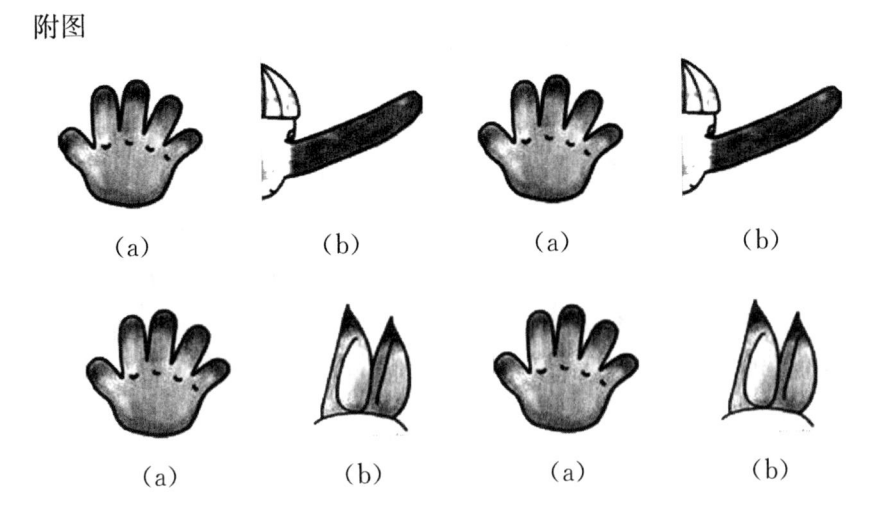

附图

(a)　(b)　(a)　(b)

(a)　(b)　(a)　(b)

活动二

【故事及最终游戏玩法】

男孩、女孩都扮演小木偶,分内、外圈站双圈队形跳舞,并借助图示及手环,尝试用平移、绕行等不同的方式交换舞伴,完成变回真孩子的梦想。

【教育活动设计】

活动目标

1. 在了解集体舞基本动作和结构的基础上,尝试用新的动作(木偶动作)替换原有动作(拍手),巩固对 A 段动作模型的认识。

2. 借助图示及手环,学习用平移、绕行等不同的方式交换舞伴。

3. 在探索中愿意表达自己的想法,体验挑战成功的喜悦。

活动准备

1. 音乐《匹诺曹愿做真孩子》。(剪辑成 1 遍的和 2 遍的)

2. 在地面上贴好9个点子,供幼儿站双圈时使用,同时幼儿每人的右手上都戴一个手环作为标记。

3. 两块黑板(一块贴动作模型图谱,另一块贴交换舞伴图谱,见附图)。

活动过程

1. 教师出示图谱1,帮助幼儿回忆《匹诺曹愿做真孩子》的舞蹈动作,引导幼儿站双圈队形随乐舞蹈。

2. 教师以"玩具城里的木偶也想变成真孩子"的故事情节,引导幼儿尝试用手臂表现"木偶"断顿的姿态。

3. 教师引导幼儿根据图谱1中的动作模型变化规律,尝试将图谱中"拍手动作"替换成"木偶动作"进行随乐表演,进一步感知动作模型的工整替换。

4. 教师提出不同的挑战,启发幼儿探索不同的换朋友的路线与方法,并以图示标明换朋友的路线,帮助幼儿明确换朋友的方法。(见图谱2)

(1)教师提出第一个挑战:"外圈的小木偶不动,内圈的小木偶要顺着戴手环的手(右手)的方向移动,换下一个外圈朋友跳舞,可以走到哪个新朋友面前呢?"(此处,教师根据幼儿的表述,画出相应换朋友的路线图)

(2)当幼儿明确交换朋友的路线后,教师哼唱"啦啦啦……"部分,引导幼儿按上述方法换朋友。

(3)教师播放音乐,引导幼儿用上述方法变化队形。

(4)教师提出第二个挑战:"除了可以换到新朋友1的面前,还可以换到新朋友几的面前呢?"

〔注意:教师此处提问的目的在于,提示幼儿不仅可以尝试只移动到第一个新朋友的面前,还可以尝试移动到第二个新朋友的面前。〕

(5)当幼儿明确第二种交换朋友的路线后,教师同样可以以先哼唱练习,再随乐舞蹈的循序渐进方式,引导幼儿练习第二种队形变化。

(6)教师提出第三个挑战:"除了直接向旁边移动来换新朋友,还可以从哪儿走到新朋友面前呢?

〔注意:此处,教师提问的目的在于,鼓励幼儿尝试用绕行的方式换朋友,绕行的路线由幼儿决定,绕行路线图可参考图谱2。〕

(7)幼儿明确第三种交换朋友的路线后,教师同样以先哼唱练习,再随乐舞蹈的循序渐进方式,引导幼儿练习第三种队形变化。

5. 教师引导幼儿在上述三种换朋友的路线中,任选一种,尝试连续跳2遍舞蹈。

6. 教师引导内、外圈男、女孩互换位置,任选上述一种路线再次连续跳 2 遍舞蹈,使得内、外圈的幼儿都有机会体验按路线换朋友的方法。

附图

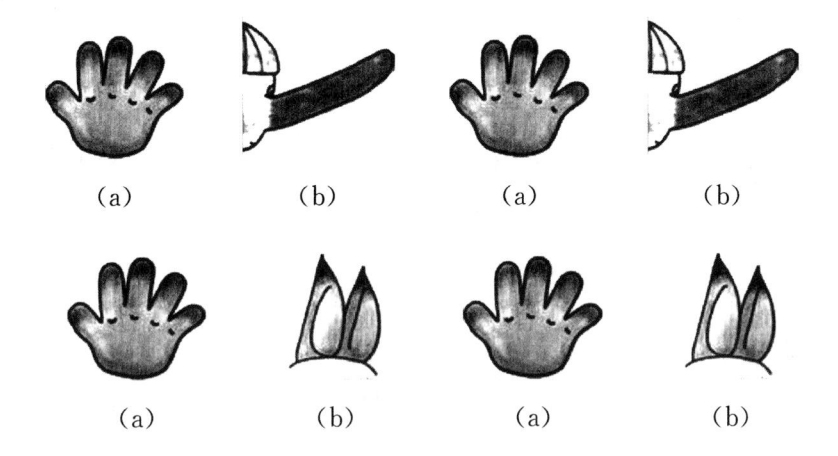

  (a)   (b)   (a)   (b)

  (a)   (b)   (a)   (b)

图谱 1:A 段音乐的动作模型

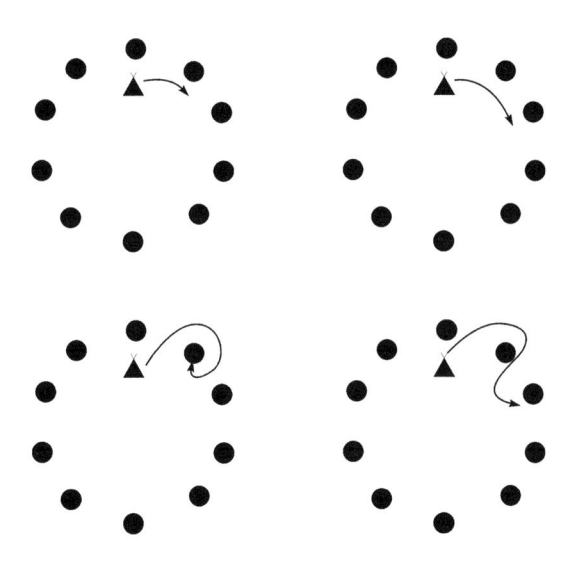

图谱 2:B 段音乐交换舞伴的图示

(设计者:南京市北京东路小学附属幼儿园 成 媛)

9. 圆队形游戏：钻山洞

【故事及最终游戏玩法】

温暖的春天来到了，小朋友们坐着火车去春游，一路上看到好多山洞，在火车钻过一个山洞时他们就高兴地发出"呜"的声音。

【乐曲】

美国乡村舞曲

♩=100

‖: 55 55 55 5 | 55 55 55 5 | 55 5 55 5 | 5.5 55 555 5.4 |
咔嚓咔嚓咔嚓 咔， 咔嚓咔嚓咔嚓咔， 咔嚓 咔，咔嚓咔， 咔 咔 咔 咔

2.2 22 22 17 | 11 75 55 52 | 44 42 45 55 | - - - - |
快来 快来快来快来 快 来 春 游， 朋友快来 春 游。

2.2 22 22 17 | 11 75 55 52 | 44 42 45 57 | 5 0 0 0 1 |
快来 快来快来快来 快 来 春 游， 看见一座 山 洞。 钻

17 75 65 0 1 | 17 75 65 0 1 | 17 75 65 54 | 2 - 21 76 |
进 山洞 钻 进 山洞 钻 进 山洞 呜……

6 0 0 0 1 | 17 75 65 0 1 | 17 75 65 51 | 17 75 46 52 |
钻 进 山洞 钻 进 山洞 钻 进 山洞。呜……

2 - 21 76 | 6 - - - :‖

动作建议

歌词:咔嚓咔嚓咔嚓咔,咔嚓咔嚓咔嚓咔,咔嚓咔,咔嚓咔,咔咔咔咔。

动作:幼儿站成单圈,面向圆上,双手握拳在身体两侧,按节奏向前转动,双脚原地不动,双手放在身体两侧停住。

歌词:快来快来,快来快来,快来春游,朋友快来春游。

动作:双手握拳在胸前绕圈,向前跑,原地踏步走一走。

歌词:快来快来,快来快来,快来春游,看见一座山洞。

动作:双手握拳在胸前绕圈,向前跑;女孩向圈内走到自己前面一个男孩的旁边,变成双圈,在最后一拍,女孩和男孩都将靠近的手举起来,两人搭成山洞。

歌词:钻进山洞,钻进山洞,钻进山洞,呜……

动作:女孩先从两人搭好的山洞里钻过去,两人一起做拉汽笛的动作。

歌词:钻进山洞,钻进山洞,钻进山洞,呜……

动作:男孩再从两人搭好的山洞里钻过去,两人一起做拉汽笛的动作。

歌词:咔嚓咔嚓咔嚓咔,咔嚓咔嚓咔嚓咔,咔嚓咔,咔嚓咔,咔咔咔咔。

动作:幼儿双手握拳放于身体两侧,按节奏向前转动,女孩边做动作边走向男孩前面的空当,男孩原地做动作,这时双圈变单圈,继续跳舞。

【教育活动设计】

活动目标

1. 复习跟随音乐进行"钻山洞"的律动,创造性地表现火车钻山洞的动作,并替换到集体舞中。

2. 借助歌词、教师的动作或语言的提示,学习单圈变双圈的集体舞队形的变换。

3. 和同伴跳舞的时候,知道和前面的同伴保持一定的距离。

活动准备

1. 练习过集体舞队形的变换。

2. 欣赏过音乐,会进行散点律动。

3. 活动前,教师可以通过录像或谈话的形式,帮助幼儿积累火车在铁轨上开动以及火车钻山洞时的相关经验。

4. 在教室的地面上贴一个单圆。

5. 音乐音频(见 U 盘)。

活动过程

1. 教师带着幼儿边听音乐边跳着火车舞进教室,并在教室的中间散点进行舞蹈。1遍。

2. 教师带幼儿站在教室中间贴好的圆圈上,形成一列长长的火车,并尝试创编火车鸣笛的动作。音乐结束后,全体幼儿面向圆心站好。1遍。

3. 通过讨论和尝试,幼儿练习在圆圈上两两合作变成"山洞"。搭山洞的两人应该站在铁轨两边,直到两人将靠近的手臂搭成一个山洞的造型,外侧的手叉腰,并在两人搭好的山洞中轮流"钻山洞"。

4. 教师清唱,幼儿练习从单圆变双圆。

5. 在教师的指令下学会用指认的方式明确山洞的位置(两人手臂搭建的中间),明确钻山洞的方向(从前往后钻)。

教师:"两人搭了一个山洞,我们一起来指指,山洞的洞口在哪里?"

6. 教师通过语言指令帮助幼儿了解里圈的小朋友先钻山洞,外圈的小朋友再钻山洞。

7. 通过讨论,幼儿明确变换队形的音乐,即在唱到"看见山洞的时候"变成山洞(面向圆上的双圈)。

8. 教师用清唱的方式帮助幼儿完整练习钻山洞的动作。明确唱"钻进山洞,钻进山洞,钻进山洞,呜……"时,只有里圈的幼儿钻过山洞;在唱第二句"钻进山洞,钻进山洞,钻进山洞,呜……"时,外圈的幼儿钻过山洞。

9. 教师带领幼儿完整听音乐跳一遍集体舞。

10. 教师清唱,幼儿练习从双圆变成单圆队形。

教师:现在我们要上轨道变火车,里圈的人走到你现在好朋友的前面。练习3遍。

11. 随音乐游戏2遍。

〔注:此活动需要分两个课时完成,建议提前欣赏音乐环节作为课时一。课时一设计方案:初步熟悉音乐,重点学习律动表演。课时二设计方案:在熟悉音乐律

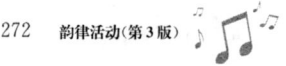

动的基础上,学习在圆圈上跳集体舞。〕

(设计者:南京市北京东路小学附属幼儿园　马　岚)

10. 快反一组合游戏:快乐的圈圈

【故事及最终游戏玩法】

教师带领幼儿随乐曲做相应的动作。第一乐句:幼儿两两面对面原地踏步,双手自由摆动。第二乐句:幼儿原地站好,双臂屈肘在胸前转动,表示圈圈在转动。第三乐句:幼儿之间依次按照后背、肩膀、脸颊的顺序进行接触,双脚原地站立。第四乐句:双脚站立,双手在胸前摇晃,表示再见。尾奏:教师用手做出数字3手势,幼儿之间重新组合,变成三人一组玩圈圈游戏。

【乐曲】

圈　圈

$1=C$　$\dfrac{4}{4}$

| 3 5 5·5 | 6 5 − − | i 5 5·5 | 6 5 − − |
| 走 走 我 的 圈 圈　　走 走 我 的 圈 圈 |

| 3 5 5·5 | 6 5 − − | i 5 5·5 | 6 5 − − |
| 转 转 我 的 圈 圈　　转 转 我 的 圈 圈 |

| 3 0 3 0 | 2 1 − − | 3 0 3 0 | 2 1 − − |
| 背 对 背 的 圈 圈　　肩 对 肩 的 圈 圈 |

| 3 1 1·6 | 1 1 − − | 3 1 1·6 | 1 1 − − ‖
| 拜 拜 我 的 圈 圈　　拜 拜 我 的 圈 圈 |

【教育活动设计】

🐝 活动目标

1. 在熟悉旋律的基础上,能按照歌词有节奏地做踏步走、自转、抱臂、摇手动作。

2. 在教师的口令和手势引导下,明确与同伴合作游戏的规则。

3. 找到新同伴之后学习安静倾听音乐,用目光和滑稽的动作表现自己的快乐心情。

🐝 活动准备

1. 音乐音频(见 U 盘)。

2. 初步掌握了两人、三人、四人的面对面的组合队形。

🐝 活动过程

1. 教师演唱歌曲并示范与歌曲相匹配的动作,幼儿学唱歌曲并模仿动作。1 遍。

〔注意:教师通过提问让幼儿明确,身体接触是按照什么顺序进行的。(是按照背、肩、从后到前的顺序进行身体接触的。〕

2. 幼儿两两合作,边演唱歌曲边做动作。2 遍。

〔注意:坐在椅子上做 1 遍,站在椅子前面做 1 遍。〕

3. 教师和四位幼儿示范多人合作的玩法。

教师:要学会倾听音乐的间奏,这是找朋友的音乐,找几个朋友呢?当老师手势为"2"时,就是两个小朋友一起玩跳圈圈的舞蹈。当老师手势为"4"时,就是四个小朋友一起玩跳圈圈的舞蹈。

4. 全体幼儿散点站立,学习从一人到多人游戏。2 遍。

〔注意:幼儿在游戏的过程中可能会因为紧张、兴奋的情绪而影响倾听音乐,教师要事先向幼儿提出要求。〕

5. 个别幼儿示范夸张、滑稽的表情。

〔注意:在幼儿找到新朋友之后,教师可以引导幼儿做一些夸张、滑稽的动作,表现自己紧张后的幸福感,同时引导幼儿在间奏处保持能听到音乐的状态,大声喧哗会影响音乐的效果。〕

6. 全体幼儿散点站位,再次游戏。

〔注意:教师事先计划好游戏人数,如16位幼儿,既是2的倍数,又是4的倍数;又如18位幼儿,既是2的倍数,又是3的倍数。考虑到幼儿年龄小,最好不要让幼儿落单,以免有失落的情绪。〕

(设计者:南京市游府西街幼儿园　金　慧)

11. 身体接触—控制游戏:小猴坐沙发

【故事及最终游戏玩法】

幼儿分角色饰演猴哥和猴妹,散点站好。A段音乐:"猴哥"和"猴妹"随乐一边行进一边找朋友,四个乐句之后要找到朋友,然后和朋友互相挠痒痒,也是4个乐句,挠痒痒的顺序是脸、手、腋下、肚子。A′段音乐:先由"猴哥"用小手变沙发,"猴妹"将小屁股坐在沙发上随音乐和"猴哥"一起左右摇晃身体。两个乐句之后,在大家一起说"变"的时候进行角色互换,"猴妹"小手变沙发,"猴哥"屁股坐沙发。等大家都用小手变过沙发之后再引导幼儿进行创编,用小腿或身体的其他部位变沙发给对方坐。"猴哥"和"猴妹"无论用小手还是小腿变沙发,双方都要配合好。变沙发的人要尽量将沙发变得稳,坐沙发的人要能照顾到对方,轻轻稳稳地坐在上面。

【乐曲】

甩　葱　歌

[乐谱略]

【教育活动设计】

活动目标

1. 在熟悉乐曲旋律和结构的基础上,能用动作表现角色,并合乐表演。

2. 尝试用身体的一些部位,如小手或小腿创编出各种沙发的造型,并能与同伴合作变沙发和坐沙发。合作时互相配合,使双方都感觉相对舒适。

3. "挠痒痒"的时候要双方配合好,按照顺序逐一挠;变沙发时要轮流,说"变"的时候交换角色。

活动准备

1. 已经在上一次活动中熟悉音乐,能随乐做简单的律动动作;知道自己给自己挠痒痒的顺序,并能在音乐的A′段说出相应的口令。

2. 玩过散点找朋友的游戏,知道如何最快地找到朋友。

3. 音乐音频(见U盘)。

活动过程

1. 复习律动,能合乐做挠痒痒的动作并能准确地在A′段说出口令。1遍。

2. 探索两两合作挠痒痒,确定挠痒痒的顺序,即脸—手—胳肢窝—肚子,完整随乐游戏1遍。

〔注意:两人在合作挠痒痒的时候要尽量让自己和对方都舒适,能感受到挠痒

痒给彼此带来的乐趣。〕

3. 引入新的故事情节,引发幼儿游戏的乐趣。

游戏情节:森林里住着一群可爱的小猴哥和小猴妹,它们在森林里快乐地玩着挠痒痒的游戏。玩着玩着,它们觉得有点累了,可是又找不到休息的地方,怎么办呢?它们想到了一个好办法,就是轮流将自己的小手变成电动沙发,这样好朋友就可以坐在上面按摩按摩、舒服舒服了。

4. 尝试将小手变沙发,讨论如何让沙发变得坚固又能让同伴坐稳,以及两人如何相互配合摇动沙发。

〔注意:可以先请一对幼儿进行尝试,全体幼儿观察,再根据情况进行提升,找到让自己和别人舒适的方法。〕

5. 合乐游戏,尝试加入挠痒痒和变沙发的游戏情节,完整随乐游戏。教师提醒幼儿在A′段的后两个乐句在口令的提示下交换角色变沙发。1~2遍。

〔注意:可以在教师唱谱下尝试练习变沙发的游戏,等幼儿明确自己的角色和任务之后再加入音乐完整游戏。〕

6. 尝试将小腿变沙发,讨论与同伴如何配合。教师鼓励幼儿创编出更多的用身体部位变沙发的动作。1~2遍。

7. 交换舞伴,再次随乐游戏。1遍。

(设计者:南京市游府西街幼儿园　杨　静)

12. 猜谜—快反—玩队形—追逃游戏:
狡猾的狐狸在哪里

【故事及最终游戏玩法】

教师邀请全体幼儿蒙上眼睛,然后用自己的方法悄悄选定一位幼儿担任狐狸,其他人都是兔子。

A段音乐:集体围成一个圆圈,面向圈上两两相对。在说"嗨"的同时停下,并和对面的朋友相互看看,一共做6次。

B段音乐：面向圆心，用手指着圆圈中的任一人，用玩笑的态度有节奏地说规定的话。

A'段：全体幼儿面向圆心轻轻小跑步，在说"嗨"的同时停下，并将脸转向圆圈里面相互看，一共做2次。尾声：按照节奏说规定的话。事前被悄悄指定的"狐狸"大声地说最后三个字"就是我"，然后突然冲出来抓"兔子"。全体"兔子"快速上位，如果"狐狸"抓住了某只"兔子"，可以获得权利悄悄告诉教师他所选定的下一位扮狐狸的幼儿。

【乐曲】

拨 弦

1=F 2/4

[德]德利博 曲

A段

0 0 0 3 | 5 2 4 1　3 5 6 1 | 7 2　5 0 6 | 1 5 7 4　6 7 2 4 | 3 3　5 0 3 | 5 2 4 1　3 5 6 1 |
　小跑步　　　　　　　说"嗨" 小跑步　　　　　　　说"嗨" 小跑步

7 4　7 0 7 | 3 5 6 1　7 3 4 5 | 3 5 4 5　3 5 4 3 | 5 2 4 1　3 5 6 1 | 7 2　5 0 6 |
说 "嗨" 小跑步　　　　　　　　　　　　　　　　　　　　　　　　说 "嗨"

1 5 7 4　6 7 2 4 | 3 5　1 0 5 | 1 5 7 6　2 6 1 7 | 3 7 2 7　1 2 3 4 | 5 3 4 4　5 5 6 7 |
小跑步　　　　　说"嗨" 小跑步

1 5 | 1 0 ‖
说"嗨"

B段

3 - | 0 4 6 7 | 3 - | 0 4 6 7 | 3 4　6 5 | 7 6　5 3 | 3 4　6 3 | 2 5 |
狐　　狸呀　　狐　　狸呀　　狡猾的　狐狸　是 谁呀？

3 - | 0 4 6 7 | 3 - | 0 4 6 7 | 3 4　6 5 | 1 5　3 4 | 2　2 3 | 1 5 :‖
不　　是我　　不　　是我　　狡猾的　狐狸　不 是 我！

A′段   尾声

<u>03</u> | <u>5241</u> <u>3561</u> | <u>72</u> <u>506</u> | <u>1574</u> <u>6724</u> | 35 <u>105</u> | <u>1576</u> <u>2617</u> |
　　　小跑步　　　　　　说"嗨" 小跑步　　　　　　说"嗨"　狡 猾 的 狐 狸

| <u>3727</u> <u>1234</u> | <u>5344</u> <u>5567</u> | 1　5 | 1　0 ‖
在　　　哪里? 狡猾的　狐狸　　就 是"我"!

【教育活动设计】

活动目标

1. 按照音乐的节奏和"长短句结构"与同伴打招呼、念儿歌、做律动、玩游戏。

2. 在图谱及教师的手指游戏的暗示下,理解和记忆乐曲的长短句结构,并通过打招呼游戏进一步感知长短句结构的特殊趣味。

3. 教师指定"狐狸"的时候小动物不能"偷看";"狐狸"没有说完"就是我"之前,小动物不能"逃跑"。

活动准备

1. 已经在上一次活动中通过图谱和教师指导练习律动和儿歌,初步掌握了上肢律动组合。小跑步动作用双手同时拍大腿代替。

2. 图谱(能够明确体现乐曲的长短句结构,见附图),音乐音频(见 U 盘)。

3. 幼儿将手腕花戴在右手上。

4. 约小拇指指甲盖大小的贴画若干。

活动过程

1. 教师出示图谱,幼儿参照图谱独立复习已经掌握的随乐上肢律动和儿歌。2~3遍。

2. 教师带领幼儿继续熟悉并掌握随乐上肢律动和儿歌。1遍。

〔动作提示:A段,双手轮流拍打腿面,在乐句结束处说"嗨"。B段,手指向前方,随乐句韵律念儿歌。A′段同A段动作。尾声处,随乐句韵律念儿歌。教师此时动作要有收缩感且幅度小,意图在于引领幼儿专注倾听乐句长短的变化。在说"嗨"的时候将双手放在嘴巴的两侧,轻声地说"嗨"。随乐的儿歌要注意韵律感与乐句长度相匹配,要轻声地念。〕

3. 幼儿在座位前两两结伴随乐律动1遍。（提问建议："哪一个手部动作可以变成脚部动作？"）

4. 幼儿两两结伴站在圈上随乐律动1遍。（队形建议：幼儿先结伴，再两两面对面站到单圈上）

5. 主班教师与配班教师合作示范换朋友的方法，并请两队幼儿参与圈上换朋友的方法示范。教师唱谱，集体练习圈上换朋友。（动作建议：面对面的两人同时伸出右手（戴手腕花的手），握握手，同时走到对方的位置上）

6. 全体幼儿围成一个圆圈，面向圈上，两两相对，按照乐谱上规定的方法做律动念儿歌，教师扮演狐狸角色，游戏1~2遍。（教师扮演狐狸，在最后一句说出"狡猾的狐狸就是我"后抓"小兔子"，"小兔子"四散跑回自己的座位）

7. 加入"卧底游戏——追捉"，玩1~2遍。教师悄悄地将标记贴在一位幼儿身上，这位幼儿即是狐狸，在最后一句说出"狡猾的狐狸就是我"后抓小兔子。

〔注意：教师选择"狐狸"之后，将小贴画贴在幼儿身上不太显眼的地方，并告知其他幼儿扮狐狸的人的身上是有记号的，需要仔细观察才能够发现。〕

附图

    A段图谱

        〔1〕—〔3〕 ~~~~~   X

        〔4〕—〔5〕 ~~~~~   X

        〔6〕—〔7〕 ~~~~~   X

        〔8〕—〔11〕 ~~~~~~~~~~ X

        〔12〕—〔13〕 ~~~~~   X

        〔14〕—〔18〕 ~~~~~~~~~~ X

    说明："~~~~~"为跑步动作，"X"为打招呼，"嗨"。

（设计者：南京市游府西街幼儿园　禹心悦）

13. 情境表演—输赢竞争—追逃游戏：逗牛

【故事及最终游戏玩法】

全体幼儿扮演小牛围成圆圈，其中一人在圈外扮演牛仔。

A段，"牛仔"手持一块红布，围着"小牛"做走、甩红布和用红布逗"小牛"的动作。"小牛"和旁边的朋友面对面拍手、交换舞伴。

B段，"小牛"捂住眼睛蹲下。"牛仔"把红布任意丢在一头"小牛"的身后，并拍他说"一哈"，这头"小牛"就要拿起红布围着圆圈追"牛仔"。"牛仔"围着圆圈跑到该"小牛"的位置坐下。"小牛"没追上就算输，追上了就算赢。输的人在音乐间奏部分，走进圆圈内做生气、伤心和逗乐的动作。

动作建议

小牛动作

A段：随乐曲节奏拍手、拍手、双手向前拍空、双手向前拍空；举右手（右手做"六"的造型）并晃动、左右手（左右手都做"六"的造型）在胸前左、右、左、右晃动。

B段：随乐句捂眼睛；两手握拳、屈肘在胸前绕动手臂。

间奏1：做生气和伤心的动作。

间奏2：做相互逗乐的动作。

间奏3：唱"让我们准备一下"，做双手指胸前的动作；唱"游戏又要开始了"，做双手摊开的动作。

牛仔动作

A段：随乐曲节奏走，在"小牛"做"举右手（右手做"六"的造型）并晃动"时做单手挥红布动作，在"小牛"做"左右手（左右手都做"六"的造型）在胸前左右左右晃动"时做双手持红布逗"小牛"的动作。

B段：在"小牛"捂眼睛时丢红布，在"小牛"做两手握拳、屈肘在胸前绕动手臂动作时，顺着一个方向围圆圈跑。

间奏1：做生气和伤心的动作。

间奏 2：做相互逗乐的动作。

间奏 3：唱"让我们准备一下"，做双手指胸前的动作；唱"游戏又要开始了"，新"牛仔"拿红布走出圈外。

间奏（有三段音乐）

间奏 1："小牛"和"牛仔"都做生气和伤心的动作。

间奏 2："小牛"和"牛仔"都做相互逗乐的动作。

间奏 3："小牛"唱"让我们准备一下"，做双手指胸前的动作；唱"游戏又要开始了"，做双手摊开的动作。"牛仔"唱"让我们准备一下"，做双手指胸前的动作；唱"游戏又要开始了"，新"牛仔"拿红布走出圈外。

【教育活动设计】

活动目标

1. 通过观察、表述，替换学习牛仔舞蹈及逗牛游戏和圈上两两结伴舞蹈的动作。

2. 在腕带的帮助下，明确动作的方向，并在圈上换舞伴。

3. 体验与不同伙伴跳舞和玩追跑游戏带来的快乐。

活动准备

1. 音乐《牛仔很忙》，曲谱略。

2. 红布一块。

3. 幼儿每人右手戴一个腕带。

4. 幼儿会玩"丢手绢"的游戏。

5. 幼儿围坐成圆圈，不用椅子。

活动过程

1. 教师介绍游戏的情景，引导幼儿坐在圆圈上，学习舞蹈动作。在学习中明确动作的模型，强调腕带的作用。

2. 教师示范牛仔和小牛的游戏方法。配班教师扮演牛仔，幼儿继续扮演小牛，一边跳舞一边观察教师是怎么在圈外跳舞的，做了哪些动作。教师引导幼儿梳理牛仔逗牛的四个动作。

(1) A 段,拍手、拍空替换为牛仔双手叉腰按乐曲节奏顺时针方向向前走。

(2) 牛仔在小牛做"举右手晃动"时做单手挥红布动作。

(3) 在小牛做"左右手于胸前晃动"时,双手持红布逗小牛的动作。

(4) 在 B 段小牛捂眼睛时丢红布,在小牛做两手握拳、屈肘在胸前绕动手臂动作时,顺着一个方向围圈圆跑。

3. 教师唱谱,带领幼儿集体练习 A 段的牛仔舞蹈动作。

4. 教师请一位幼儿当牛仔,教师和其他幼儿继续当小牛,完整游戏 1 遍。在游戏中,教师观察幼儿游戏的情况;游戏后,对遇到的困难及时引导幼儿分析并寻找解决方法。

〔注意:幼儿在游戏中可能出现的困难会源于三方面,第一方面是牛仔音乐节奏和动作匹配的困难,第二方面是掌握小牛游戏规则的困难,第三方面是队形、空间的变化,幼儿可能找不到位置,或是圆圈越来越小……教师可选择最主要的困难进行反馈。〕

5. 教师请输的幼儿当牛仔,再游戏 1 遍。

6. 教师引出圈上小牛交换舞伴的学习内容。请四名幼儿和两位教师一起示范圈上的小牛交换舞伴的方法:两两结伴,将拍空替换成对拍,将单手举牛角替换成有腕带的手相拉,将双手晃牛角替换成顺着腕带的方向交换位置。

〔注意:(1)有腕带的手相拉;(2)向对面朋友的右边走一步;(3)走过后不转身不回头。口令:拍拍、碰碰、拉拉手、换位置。〕

7. 教师引导全体幼儿反馈刚才示范的交换舞伴的方法,并让幼儿在圈上两两结伴,尝试在教师语令和唱谱的帮助下,学习换朋友的玩法。

8. 教师当牛仔,幼儿当小牛,加入交换舞伴的玩法,完整游戏 1~2 遍,感受游戏的愉悦。

(设计者:南京市游府西街幼儿园　周　瑾)

14. 情境表演—输赢竞争游戏：小老鼠找朋友

【故事及最终游戏玩法】

歌曲第一段：教师当老鼠，边唱歌边随乐合拍走，做孤单造型不动，唱到"找朋友"时双手伸向台下，(台下所有幼儿做邀请状)然后双手拉着台下幼儿A的双手，上台站好。歌曲第二段：教师和幼儿A手拉着手边唱歌边随乐合拍走，同样在歌词"找朋友"处做孤单造型、做邀请状；唱到"来来来"时，两人用第一段动作各自找一个朋友上台来。歌曲第三段：教师和幼儿A、幼儿B、幼儿C四人两两合作（邀请者和被邀请者），手拉着手边唱歌边随乐合拍走，同样做孤单造型、做邀请状；唱到"来来来"时，四人各自找一个朋友上台来。歌曲第四段：八个朋友站在台上，边唱歌边随歌词内容表演老猫肚子饿想吃老鼠的情节；夸张、缓慢地表演看、听等寻找老猫的动作。每段间奏处可以加入按电梯按钮（"叮咚"）及电梯上升（蹲、站、伸手；"如"声）的表演。歌曲结束：老猫大叫一声"喵"，并做捉状，老鼠们迅速跑回家（座位）坐好。

【乐曲】

小老鼠找朋友

朱玛丽　词
曲：朱玛丽根据外国童谣《the old king》改编

$1=D$　$\frac{4}{4}$

前奏和间奏：（ 3 3 2 2 | 1 - - - ）|

‖: 3 3 3.2 1 6 | 5 - 1 - | 2.1 2 3 2 1.2 |

一楼　住着　小　老　鼠，　　整天　很孤单，想出
二楼　住着　小　老　鼠，　　整天　很孤单，想出
三楼　住着　小　老　鼠，　　整天　很孤单，想出
四楼　住着　一只　老　猫，　真的　肚子饿，想要

3	3.2 1 -	5 - 5 -	5 3.2 1 - :|
去 找 朋 友，	来 来	来	好 朋 友。
去 找 朋 友，	来 来	来	好 朋 友。
去 找 朋 友，	来 来	来	好 朋 友。
吃 小 老 鼠，			

5 - 5 -	5 - 0 0	5 - 5 -	5 3.2 1 - :||
看， 看，	看，	听 听	听 猫 在 哪？

【教育活动设计】

🦋 活动目标

1. 在歌词和教师动作的提示下，尝试用找朋友的方法玩游戏"小老鼠找朋友"。
2. 迁移生活中的经验表现高兴和孤单的样子，并创编小老鼠寻找老猫的动作。
3. 在游戏中体验老猫出现时小老鼠快速跑回家的紧张感所带来的乐趣。

🦋 活动准备

1. 已经在上一次活动中会玩"狡猾的老猫在哪里"的游戏：全体幼儿坐在座位上，蒙眼，教师悄悄指定某一幼儿当老猫。全体幼儿睁眼，散点站立，齐念"狡猾的老猫在哪里"3遍。念完后，教师指定的老猫大声喊"喵"，并迅速追捉老鼠，老鼠迅速逃回家（椅子）躲好。
2. 音乐音频（见 U 盘）。

🦋 活动过程

1. 教师唱歌曲前三段，示范前三段游戏的玩法。幼儿观察学习：边唱歌边随乐合拍走；做孤单造型，不动；"找朋友"时双手伸向台下做邀请状，"来来来"时找朋友。1～2遍。
2. 教师通过讨论帮助幼儿明确游戏规则：在唱到"来来来"的时候，台上老鼠要双手拉着台下老鼠的双手上台站好，即找到朋友。
3. 教师引导幼儿迁移生活经验，尝试用动作表现出高兴和孤单的样子，在游戏中表演。1～2遍。

4. 幼儿在教师带领下学唱歌曲前三段1~2遍，完成邀请舞的学习。

5. 教师当老猫，幼儿当老鼠，完整游戏2遍。在"看看看，听听听，猫在哪"最后一句歌词唱完后，老猫大叫一声"喵"，并做扑状，然后老鼠们迅速跑回家（座位）坐好。通过讨论明确规则：老猫叫"喵"，老鼠才能跑；老猫没叫，老鼠就要静止不动，仔细看看老猫会藏在哪里。

〔第一遍游戏：教师重点关注幼儿邀请朋友的情况。第二遍游戏：教师引导幼儿用好方法快速找到朋友。〕

6. 请个别幼儿当老猫，其他幼儿当老鼠，体验独立游戏的快乐。2~3遍。

7. 教师启发幼儿创编老鼠寻找老猫的各种动作，再次随乐完整游戏。1~2遍。

（设计者：南京市游府西街幼儿园　朱玛丽）

15. 领袖模仿—情境表演—"变异"邀请舞游戏： 机器人之地球探秘

【故事及最终游戏玩法】

幼儿围成半圆扮演机器人，一名幼儿在半圆的中间，扮演地球人，根据情境思考两个动作。比如，在体育馆，幼儿可以做打球、跑步两个与运动相关的动作，其他幼儿用机器人程序模仿这两个动作。B段音乐，地球人去找朋友，机器人在半圆上做召唤的动作。音乐尾声，地球人找到一个机器人，伸出双手对接，交换位置。地球人变成了机器人，机器人变成了地球人。游戏继续。

【教育活动设计】

活动目标

1. 根据故事情节和音乐旋律，学习机器人断顿动作。

2. 学会观察地球人的连贯动作，用机器人的断顿动作进行模仿表现。

3. 根据自己的意愿交换朋友，体验与同伴合作游戏的乐趣。

🐝 活动准备

音乐《Baby》,曲谱略。

🐝 活动过程

1. 教师引导幼儿学习机器人刷牙、洗脸的动作。

讨论:机器人刷牙和地球人刷牙哪里不一样?

教师示范机器人刷牙程序是:"刷—刷—刷—刷—咔。"

提问:机器人洗脸的程序是怎样的?(和刷牙的程序是一样的)带领幼儿一起学习:"洗—洗—洗—洗—咔。"

2. 教师讲述故事,带领幼儿学习动作。

重点练习机器人刷牙和洗脸的动作程序。

3. 教师创设情境,引导幼儿创编地球人动作,用机器人动作模型进行模仿。

首先来到公园,看到地球人钓鱼,幼儿创编机器人钓鱼动作:钓—钓—钓—钓—咔。接着划船回家,幼儿创编机器人划船动作。教师提示幼儿要用机器人的程序做动作。

4. 请一名幼儿扮演地球人,做地球人钓鱼、划船等的连贯动作,其他幼儿扮演机器人,按程序模仿地球人的动作。

5. 教师迁移情境——飞船降落到体育馆,幼儿创编两个体育动作。请一名幼儿扮演地球人,其他幼儿扮演机器人,用程序模仿地球人的动作。

6. 学习机器人找朋友,回答问题:机器人找到朋友后,做了什么动作?

7. 完整游戏。飞船降落到音乐厅,一名幼儿扮演地球人,做两个表演乐器的动作,其他幼儿扮演机器人,用程序模仿地球人的动作,并在音乐结尾处找朋友,交换位置。

(设计者:南京市第一幼儿园 李 培)

16. 情境表演—合作造型游戏：
机器人系列之星球漫步

【故事及最终游戏玩法】

教师和幼儿扮演成机器人，双手在头顶搭成飞船顶的样子，一下一下打开飞船顶。机器人用断顿的动作及固定的节奏（看—看—看—回）左右各看两次、上下各看两次，放松身体做出没有能量的样子，接着充电，做触电般的抖动动作，做机器人一边走一边找机器人朋友的样子。音乐结束的时候，要和朋友手掌心相对，并做出合作的造型。合作造型的人数，教师在活动前要告诉幼儿。

【教育活动设计】

活动目标

1. 根据故事情节模仿机器人看、走、说话的方式。
2. 迁移已有经验，通过观察、模仿、讨论表现不同的机器人造型。
3. 愿意和同伴合作，体验做不同机器人造型的乐趣。

活动准备

1. 物质准备：音乐《Baby》，4个不同星球的PPT。
2. 经验准备：会快速找朋友，合作造型。

活动过程

1. 难点前置，感受并创编机器人"看"的动作，动作与"看—看—看—回"的节奏相匹配。

〔注意：在幼儿熟悉"看—看—看—回"的节奏性动作后，教师可以引导幼儿模仿机器人的说话方式，边做动作边学机器人讲话，感受模仿机器人的乐趣。〕

2. 教师讲述故事，为幼儿提供音乐线索。

教师：有一天，机器人乘坐的飞船降落在一个星球上，他们要去找机器人同伴。他们左看看，右看看，能量不足了，充好电，又上看看下看看，找到朋友了。找个朋友,交换能量,组合成一个新的机器人。

3. 教师带领幼儿坐在座位上随音乐做动作,引导幼儿完整感受音乐。

〔注意:初步感受音乐时,师幼随乐做相应的动作,教师通过语言提示幼儿机器人做动作的"程序"(看—看—看—回)。〕

4. 再次随乐做动作,感受机器人断顿的动作特点。

5. 幼儿随乐合拍模仿机器人行走,并随音乐游戏。

〔注意:请个别幼儿创编机器人的走路动作,然后集体练习机器人走路动作。最后站着随乐完整游戏。〕

6. 幼儿创编单个机器人的不同造型,并随乐游戏,在音乐结束时,做单个机器人造型。

7. 幼儿随乐散点游戏。教师引导幼儿根据高、低、左、右等不同的方位进行两两合作,创编机器人组合造型。

〔注意:教师在评价幼儿动作的时候要简单明了,注意挖掘幼儿组合造型中的闪光点,为其他幼儿树立高级榜样。〕

8. 幼儿创编4人一组合作造型。随乐散点游戏,在音乐结束处4人合作做机器人造型。

(设计者:南京市第一幼儿园　周宁娜)

17. 领袖模仿—情境表演—控制游戏: 猫和老鼠

【故事及最终游戏玩法】

角色设计:一名幼儿扮演"爱臭美、喜欢跳舞的猫",其余幼儿扮演小老鼠。

A段:小老鼠随乐跟着"爱臭美、喜欢跳舞的猫"出门散步,猫走一段,小老鼠跟一段。

B段:猫戏老鼠(猫用爪子挠老鼠,老鼠保持造型不动)

尾声:猫大叫一声,老鼠们迅速跑回家。

【乐曲】

香草咪咪

许雅涵 词
许雅涵 曲

1=C 4/4

| 1 1 1 2 3 - | 1 1 1 3 6̣ - | 1 1 1 2 3 5 | 2 2 1 2 2 - |
| 左 左 右 右 我 | 上 上 下 下 你 | 星 期 天 的 早 晨 | 走 在 阳 光 里 |

| 1 1 1 2 3 - | 1 1 1 3 6̣ - | 1 1 1 2 2 4 | 3 3 2 2 1 - ‖
| 喵 喵 喵 的 你 | 呵 呵 呵 的 我 | 星 期 天 的 黄 昏 | 我 并 不 孤 单 |

动作建议

前奏：自由创编"爱臭美、喜欢跳舞的猫"早晨起床、化妆等动作。

A 段：

[1]—[2]小节：猫自由地创编一个有趣的走路姿势：每小节走两步，共走4步。（例如：双手举过头顶，双脚踮起，向前和向后交替走；双手置于身体两侧做螃蟹状，分别向身体左、右侧横向走；双手做猫爪状，原地转圈跳；趴在地上，爬着前进等。小老鼠伪装成小猫定住不动。

[3]—[4]小节：小老鼠模仿前面两小节中猫的走路动作。（动作相同、节奏相同、路线相同）猫原地定住不动。

[5]—[6]小节：同[1]—[2]小节。

[7]—[8]小节：同[3]—[4]小节。

A 段重复一遍。

B 段（自由变奏）：所有的小老鼠原地定住不动，猫随机去挠小老鼠，挠到哪个部位，哪个部位就往里缩一下。

结尾：猫大叫一声，小老鼠快速往家跑。

【教育活动设计】

活动目标

1. 感受乐曲诙谐、欢快、跳跃的风格，了解其所表达的故事情节。

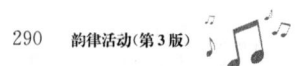

2. 通过手部游戏、动作创编、故事情节累加，进一步感受音乐的节奏和变化。

3. 体验音乐带来的想象以及模仿猫的快乐。

活动准备

1. 剪辑音乐《香草咪咪》，曲谱略。

2. 将幼儿用椅放在场地一侧，另一侧预留较大的活动空间。

活动过程

1. 教师讲述故事：一只爱臭美、喜欢跳舞的猫在每个星期天的早晨都会出门散步。隔壁的一群小老鼠想跟他开开玩笑，就伪装成猫的样子，偷偷地跟在猫的身后，学他走路。

2. 幼儿倾听乐曲 A 段，通过音量大小辨别哪一句是猫走，哪一句是小老鼠跟。

3. 教师带领幼儿随音乐 A 段玩手部游戏。教师随乐用手指表现猫在身体的各个部位"散步"，一个乐句走，一个乐句停。幼儿用手指扮演小老鼠，模仿猫走路的节奏和散步路线。

4. 幼儿尝试创编猫走路的各种动作，并随教师唱谱练习。（在幼儿创编动作时，教师需用准确的语言描述幼儿的动作，包括动作姿态、方位、表情等）然后，请幼儿选出 4 个猫走路的动作，随乐连贯练习。

5. 教师和幼儿共同讨论 B 段音乐中猫戏老鼠的动作。先由教师扮演猫，一名幼儿扮演小老鼠，示范猫戏老鼠的动作。然后教师扮演猫，所有幼儿扮演老鼠，练习猫戏老鼠的动作。

6. 教师扮演猫，幼儿扮演小老鼠，随音乐完整游戏。然后，教师更换新的猫走路的动作，幼儿扮演小老鼠，随音乐完整游戏。个别幼儿扮演猫，大部分幼儿扮演小老鼠，随音乐完整游戏。

7. 配班教师扮演急性子猫：快速地化妆，走路飞快，然后摔了一跤，最后只好一瘸一拐地往前走。（动作频率加快一倍，游戏情节进一步延伸和拓展，增加活动的趣味性和挑战性）

（设计者：南京市第一幼儿园　费　颖）

18. 传递—控制游戏：帽子恰恰恰

【故事及最终游戏玩法】

教师和幼儿站成一个圈，面向圆心，圆上有人头戴帽子，圆中心地上有一顶帽子。音乐开始，头戴帽子的人随着音乐按逆时针方向（圆上的人是向右手方向）传递帽子，两个八拍传递一次。欢呼的时候，所有头戴帽子的人全部去圆中心拿帽子，拿到的人成为"首领"，没有拿到帽子的人全部成为"冷冻人"。"首领"邀请圆上任意一人为朋友，给朋友戴上帽子，一起站到圆圈中间开始跳舞。他们跳舞的时候，冷冻人解冻，大家一起跳舞。结束部分，所有人定格造型。间奏音乐响起，所有人回圆上，教师在圆中间再放一顶帽子，循环游戏。

【教育活动设计】

活动目标

1. 感受恰恰舞曲热情的风格，能合着音乐的旋律进行传递帽子的游戏。
2. 通过选择首领、结伴造型等情节的逐步累加，了解游戏的玩法和规则。
3. 感受和同伴合作游戏的快乐，愿意接受游戏中的失败。

活动准备

1. 已学习舞蹈律动。
2. 知道传递东西的方法。
3. 音乐《Chilly Cha Cha》，帽子10顶。

活动过程

1. 回忆已习得的舞蹈。

教师：今天来了这么多的客人老师，我们一起跳一支热情的舞蹈欢迎他们吧！

2. 出示道具帽子，幼儿观察教师把哪个舞蹈动作换成了传帽子。全体幼儿和教师一起听着口令熟悉传递的方法，然后尝试听着音乐传递帽子。

3. 了解游戏中关于首领的游戏规则。帽子传到了谁的手里谁就是首领,首领要做三件事:第一,到圆中间拿帽子;第二,找一个好朋友,把帽子送给他;第三,和朋友站到舞台上一起跳舞。戴着帽子的幼儿试着听慢速的口令,完成首领的工作任务,其他幼儿观察该幼儿,了解首领角色的任务。

4. 教师在圆中间放一顶帽子,幼儿听着音乐开始完整游戏。游戏结束会有两位幼儿头戴帽子。(一位是被传到帽子的首领,另一位是被首领邀请的朋友)

5. 教师在圆中间再放一顶帽子,此次游戏同时传递两顶帽子。两顶帽子一起传就会出现两个人到中间,可是首领只能有一个,反应快,先拿到帽子的人就是首领,可以把帽子送给朋友,没有拿到帽子的就是"冷冻人","冷冻人"要定住不动,一直到跳舞的时候才解冻,和大家一起跳舞。

6. 听着慢速的口令,完成首领和冷冻人的游戏,了解游戏规则。

7. 听音乐尝试游戏:反思游戏中自己感到困难或者不清楚的地方。

8. 再加放帽子,尝试连续播放两遍音乐进行游戏。在幼儿渐渐熟悉游戏的玩法和规则后,可以对造型提出新的要求,如:两人合作,有位置的变化等。

9. 加入乐器。(视幼儿游戏的情况,如熟悉可增加乐器)

没有被传到帽子的幼儿,可以在跳舞的部分,拿上手铃和大家一起舞蹈。

(设计者:南京市第一幼儿园　赵　初)

19. 领袖模仿游戏:甩葱舞

【故事及最终游戏玩法】

故事:一个葱老大带着一群葱小弟出去玩,他们走一走,甩一甩。葱小弟看到葱老大在拍手,也学着葱老大的样子拍拍手。葱小弟又看呀看,看到葱老大在拍手,又学着葱老大的样子拍拍手。他们玩累了,就高高兴兴走回家里了。

游戏玩法:幼儿拿葱站成圆形,A 段(4 小节为一个动作单元),先随音乐走动,往右上方甩葱(4 次),B 段(8 小节为一个动作单元),做看的动作,然后拍手。

【乐曲】

甩 葱 歌
（芬兰 波尔卡）

$1={}^{\flat}B$ $\dfrac{2}{4}$

A 段

0 6 | 3 6 6·7 | 1 1 6 6 6 6 1 | 7 5 5 5 | 7 6 6 6 6 | 3 6 6·7 |

1 1 6 6 6 6 1 | 3 3 3 2 1 1 7 | 1 6 6 6 1 | 3 3 2 1 | 7 5 5 5 5 7 |

2 2 2 2 1 1 7 7 | 1 6 6·6 6 | 3 3 2 1 | 7 5 5 5 7 | 2 2 2 2 1 1 7 7 |

1 6 6 6·6 :||

B 段

3 6 6·7 | 1 1 6 6 6 6 1 | 7 5 5 5 | 7 6 6 6 6 | 3 6 6·7 |

1 1 6 6 6 6 7 | 3 3 3 2 1 1 7 | 1 6 6 6 6 | 3 3 2 1 | 7 5 5 5 5 7 |

3 3 2 1 | 7 5 5 5 5 7 | 3 3 2 1 | 3 3 2 1 | 3 3 3 3 |

3 3 3 3 3 (6) :||

【教育活动设计】

🌸 活动目标

1. 感受乐曲活泼欢快的风格，能合着乐曲旋律进行游戏。
2. 通过将游戏情境嵌入舞蹈模型的方法，逐步掌握游戏的玩法和规则。
3. 勇于接受挑战，享受成功的快乐。

活动准备

1. 音乐《甩葱歌》。

2. 用无纺布制作的葱。(葱的数量与师幼总人数相等)

活动过程

1. 教师讲述故事,引入学习内容。

故事:一个葱老大带着一群葱小弟出去玩,他们走一走,甩一甩。葱小弟看到葱老大在拍手,也学着葱老大的样子拍拍手。葱小弟又看呀看,看到葱老大在拍手,又学着葱老大的样子拍拍手。他们玩累了,就高高兴兴地走回家里了。

2. 在教师的语言提示下,师幼共同在座位上合着音乐做两遍动作,第一遍完整随乐练习,第二遍结尾加上"耶"的动作。

3. 幼儿下位跟着音乐做动作。

4. 请配班教师到圆圈的中间当葱老大,做刷牙的动作,小朋友模仿、游戏。

5. 在配班教师将葱变成牙刷刷牙的基础上,讨论葱的多种创编方法,可请一名幼儿创编和生活有关的动作,伴随着教师唱谱,带领大家进行练习。

6. 跟着音乐练习B段动作。

7. 幼儿当葱老大,玩一遍游戏。

8. 教师进一步启发幼儿创编出不一样的动作,再玩一遍游戏。

9. 教师启发幼儿想出两个不一样的动作进行游戏,先唱谱进行模仿练习,再随乐进行游戏。

10. 用指针转盘的方法在音乐的最后一句选出下一个葱老大,连续玩两遍游戏。

11. 游戏拓展。教师使用有手和脚的拟人葱精灵(用无纺布制作的葱)作葱大哥,让幼儿模仿其动作。

(设计者:南京市第一幼儿园 张晓勤)

20. 猜谜—快反—情境表演游戏：
孙悟空打妖怪

【儿歌及最终游戏玩法】

A：

x x	x x	x x	x x	x x	x x	x x	x x
唐僧	骑马	咚那个 咚，		后面	跟着	个孙	悟空。
拍手	拍手	拍腿	拍腿	拍手	拍手	拍腿	拍腿（做孙悟空动作）

x x	x x	x x	x x	x x	x x	x x	x x
孙悟	空	跑得	快，	后面	跟着	个猪	八戒。
拍手	拍手	拍腿	拍腿	拍手	拍手	拍腿	拍腿（做猪八戒动作）

x x	x x	x x	x x	x x	x x	x x	x x
猪八	戒	鼻子	长，	后面	跟着	个沙	和尚。
拍手	拍手	拍腿	拍腿	拍手	拍手	拍腿	拍腿（做挑担的动作）

x x	x x	x x	x x	x x	x x	x x	x x
沙和	尚	挑着	箩，	后面	跟着	个老	妖婆。
拍手	拍手	拍腿	拍腿	拍手	拍手	拍腿	拍腿（做老妖婆动作）

| x x | x x x | x x | x x | x x | x x x | x x | x - |
| 看一 | 看那个 | 看一 | 看， | 瞧一 | 瞧那个 | 瞧一 | 瞧。|
（做左右张望的动作）

B：不好！（做快跑的动作）定！（动作静止）要把鬼怪消灭光。（做被金箍棒打死的动作）

A段：幼儿围坐成一个圆圈，称为魔法圈。坐在圈上的幼儿轮流拍自己的手和两边同伴的手。一名幼儿坐在中间扮演唐僧敲木鱼，一名幼儿在圈外扮演老妖婆按顺时针走，还有一名幼儿隐藏在圈中扮孙悟空（老妖婆不知道孙悟空是哪名幼儿扮演的）。

B段：圈上的幼儿做两臂摆动假装跑步的动作。扮演孙悟空的幼儿从圈上跳到圈外捉扮演老妖婆的幼儿，在音乐停止前抓到老妖婆，表示赢了。赢的人下一次游戏当唐僧，原来的唐僧到圈外当老妖婆，输的人坐到圈上和大家一起游戏。

【乐曲】

百鸟朝凤

1=G 2/4　　　　　　　　　　　　　　　　　　民间乐曲

A 1 稍慢、悠闲、愉快地

4 5 7 6 | 5 - | 6 7 6 5 | 2 #4 5 6 | 5 - | 5 1̇ 5 1̇ | 2 5 3 | 2 3 2 1 | 6 7 5 6 7 6 |

5 - | (5 1̇ 5 1̇ | 2 5 3 2 3 2 1 | 6 7 5 6 7 6 | 5 0 6 5 5) | 3 5 3 2 1 6 1̇ |

2̇ 3̇ 2̇ 3̇ 2̇ 3̇ 2 7 | 6 7 6 5 5 #4 5 6 | 5 - | (5 5 3 2 1 2 6 1̇ | 2̇ 3̇ 2̇ 3̇ 2̇ 3̇ 2 7 |

6 7 5 6 5 5 2 | 5 0 6 5 5) | 2̇ 3̇ 6 1̇ 2̇ 1̇ 2̇ 3̇ | 1̇ 2̇ 5 5 2 3 2 1 | 6 1 5 7 6 5 2 #4 |

　　　　　　　　　　　　　　　　　　　　　　　　　　A 2
5 - | (2̇ 3̇ 6 1̇ 2̇ 1̇ 2̇ 3̇ | 1̇ 2̇ 5 5 2 3 2 1 | 6 5 6 7 6 | 5 0 6 5 5) | 2 5 6 5 3 |

2 · 5 2 5 6 5 6 3 | 2 · (∨ 5 | 3 · 1̇ 6 5 3 | 2̇ 3̇ 2̇ 3̇ 2̇ 3̇ 2 7 | 6 7 6 5 5 #4 5 6 |

5 ·) ∨ 5 6 | 7 0 5 0 | 6 0 7 6 | 5 6 5 6 2̇ 3̇ 2 7 | 6 7 6 5 5 #4 5 6 | 5 · (5 6 |

7 0 5 0 | 6 0 6 7 | 5 6 5 6 2̇ 3̇ 2 7 | 6 7 6 5 2 #4 5 6 | 5 -) | (3 · #2 3 · #2 |

3 · #2 3 · #2 | 3 · #2 3 · #2 | ⌢3 - | 2 · #1 2 · #1 | 2 · #1 2 · #1 | 2 · #1 2 · #1 | ⌢2 ·) 6 |

B 快、热烈

5 · 3 2 | 6 · 1 2 | 5 · 3 2 | 6 · 1 2 ‖ 2 · 2 2 2 | 2 3 2 2 · 2 2 2 | 2 3 2 ‖

‖ 5 3 2 | 1 3 2 ‖ 2 3 2 1 | 2 5 2 1 ‖ 2 5 2 5 | 2 · 2 2 2 | 0 2 2 |

0 5 3 2 | 1 6 5 6 | 1 5 3 2 | 1 6 5 6 | 1 3 1̇ | 6 1̇ 6 1̇ 3 2 | 1 5 1 |

　　　　　　　　　　　　　　　　　　　　mf 突慢　　　　　　　mp
2 1 5 2 | 1 5 1 | 2 1 7 6 | 5 3 1 | 2 1 7 6 | 5 6 7 2 | 6 5 2 3 | 5 0 0 ‖

【教育活动设计】

🐝 活动目标

1. 在熟悉儿歌的基础上,学玩游戏"孙悟空打妖怪"。
2. 在儿歌、动作表演、乐器演奏等提示下,逐渐丰富游戏玩法。
3. 愿意在集体面前表演并感受追捉游戏带来的快乐。

🐝 活动准备

1. 音乐音频(见U盘),木鱼一个,指镲13副、锣1个。
2. 幼儿会念儿歌《孙悟空打妖怪》,能随儿歌的节奏拍手做动作。幼儿玩过"贴烧饼"游戏。

🐝 活动过程

1. 师幼随音乐边念儿歌边拍节奏,复习律动"孙悟空打妖怪"。
2. 明确各游戏角色的不同任务:唐僧坐在圈中间敲木鱼,老妖婆在圈外边走边打唐僧的坏主意,孙悟空隐藏在圈中间试图不被老妖婆发现。
3. 幼儿尝试随乐游戏2~3次。

〔注意:在游戏的过程中,教师首先应该帮助幼儿理清游戏中各个角色要做的事情,以及追捉时机及游戏规则。在此基础上,教师可以适当引导幼儿关注在游戏中自由、创造性地表现自己的角色。〕

4. 圈上的幼儿尝试边演奏乐器指镲边做动作。

〔注意:在乐曲A段教师引导幼儿将拍自己手和腿的动作替换成敲击指镲的动作。〕

5. 尝试戴着指镲游戏2~3次。

〔注意:A段,可以引导幼儿将自己敲击指镲的动作替换成双手打开敲击旁边同伴的指镲;B段,可以将圈上幼儿跑步的动作替换成摩擦指镲的动作,增强乐曲紧张的气氛。〕

6. 幼儿站立玩游戏,并尝试加入2个孙悟空的角色。

(设计者:南京市第一幼儿园　周宁娜)

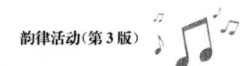

21. 团队对抗—输赢竞争—"变异"猜拳游戏：
熊出没

【故事及最终游戏玩法】

活动前请幼儿学会"光头熊二枪"的游戏，类似于"剪刀石头布"。游戏双方一起说"光头熊二枪"，在说到"枪"的时候一起摆出一个动作，"光头"赢"枪"，"枪"赢"熊二"，"熊二"赢"光头"。

教师引导幼儿跟随音乐的节奏匹配相应的动作，前四个乐句分别随音乐的节奏做"熊大""熊二""光头"和"枪"的动作；"青草香—我还有点小糊涂"，做"想一想"的动作，这段音乐是用来讨论最后做哪个一样的动作；"啦啦……"，分组整齐前进，从绿线走到红线，两组面对面，在音乐结尾大家一同喊出"光头熊二枪"，并做相应的动作，赢了的那组去追输了的那组，输的那组跑回自己的绿线后，就安全了。

【教育活动设计】

❀ 活动目标

1. 体验音乐诙谐幽默的特点，初步根据音乐的节奏做动作，表现角色的特点。
2. 尝试运用商量的办法，在团队中合作进行游戏。
3. 遵守游戏规则，体会合作游戏的快乐。

❀ 活动准备

1. 图片：熊大、熊二、光头、枪。
2. 在地上贴标志线：两条绿色，中间一条红色。
3. 幼儿会玩"光头熊二枪"的游戏。

❀ 活动过程

1. 幼儿分两组坐成半圆形，教师先以谈话的方式引出《熊出没》的主要人物，请幼儿听音乐匹配相应的图片。1~2遍。
2. 教师讲述故事：熊大、熊二、光头和枪在森林里溜达，他们要玩"光头熊二枪"的游戏,赢了的人就去追输了的人。幼儿在故事的情境中倾听音乐,匹配动作。3~4遍。

3. 运用层层递进的方式,探索游戏的规则:教师可先请一位幼儿和教师玩"光头熊二枪"的游戏,向集体示范游戏玩法以及站位;接着请一位幼儿和另一位幼儿玩游戏,再过渡到两位幼儿和两位幼儿玩游戏,由此引申到两两商量好在最后的音乐处做出一样的动作。

〔注:在这个环节主要解决游戏玩法以及站位的问题,赢的人要去追输的人。〕

4. 两组幼儿随乐游戏,发现问题,及时讨论:你们这组为什么没有做出一样的动作呢?怎么才能变出一样的动作?可播放"讨论"处的音乐,请幼儿练习在规定的乐句中,讨论出结果。

5. 探索游戏中角色的变化:组长的任务是什么?怎样才能快速地商量出一样的动作?

6. 在游戏中变队形,由直线变为圆圈。

7. 邀请客人老师游戏,生成高级榜样。

(设计者:南京市第一幼儿园 刘 婵)

22. 领袖模仿游戏—照镜子:企鹅历险记

【故事及最终游戏玩法】

故事:在很冷很冷的南极,住着一群勇敢的企鹅,它们想去探险。路上,企鹅们走进了一座奇特的城堡,里面住着一个巫师,他有一面魔镜。企鹅们破解了魔镜的魔法,学会了念咒语,最终将城门打开。谁会是下一只领头的企鹅,带着大家去探险呢?

游戏玩法:

A段:模仿企鹅一拍一下左右摇晃走路的样子。

B段:玩照镜子游戏,创编左右对称的动作,魔镜(即领头人)和其余幼儿(即企鹅)每两小节交替模仿动作。例如,"魔镜"在1—2小节往左做四下拍手动作,"企鹅"在3—4小节做和魔镜相同方向拍四下手的动作;"魔镜"在5—6小节往右拍四下手,"企鹅"在7—8小节做与魔镜相同方向拍四下手的动作。

C段:最后一名幼儿快速向前冲,冲到排头当领头人,其余幼儿双手握拳于胸前绕圈做加油状!

【乐曲】

小 企 鹅

曲选自法国音乐《小企鹅》

$1=C \quad \dfrac{2}{4}$

前奏

3 5 3 5 | 6 5 4 | 4 6 4 6 | 5 4 3 |

A段

6 6 5 6 | 4 — | 1 1 1 2 | 3 — | 4 4 3 4 | 2 — | 5 5 4 2 | 3 — |

6 6 5 6 | 4 — | 1 1 1 2 | 3 — | 4 4 3 4 | 2 — | 5 5 4 2 | 1 — |

B段

1 3 1 3 | 4 3 2 | 2 4 2 4 | 3 2 1 | 1 3 1 3 | 4 3 2 | 2 4 2 4 |

3 2 1 |

C段

1̇ 6 1̇ 6 | 1̇ 6 1̇ 6 | 1̇ 6 1̇ 6 | 1̇ 6 1̇ 6 | 1̇ 1̇ 1̇ 1̇ | 1̇ 1̇ 1̇ 1̇ | 1̇ 1̇ 1̇ 1̇ |

1̇ 1̇ 1̇ 2̇ | 3̇ — ‖

【教育活动设计】

活动目标

1. 感受音乐活泼欢快的情绪,并随乐做企鹅照镜子的动作和追逐跑的游戏。

2. 通过观察模仿创编出企鹅探险过程中左右对称的行进动作。

3. 在游戏过程中,体验当领头人的成功与快乐。

活动准备

1. 幼儿对"左右对称"这个关键概念有初步的认识,并有领头人游戏的经验。
2. 完整的音乐和B段音乐。

活动过程

1. 幼儿坐成弧形。教师简单讲述故事。

2. 完整地倾听乐曲,双手在腿上有节奏地做动作,感受音乐的结构。2遍。

随乐游戏的基本动作:A段,在腿上一拍一下地敲击;B段,魔镜部分,休止,企鹅部分,大家一拍一下地拍手;C段,双手握拳于胸前绕圈。

3. 再次熟悉音乐,教师引导幼儿回忆企鹅走路的样子,随乐做基本动作。2遍。

幼儿创编不同的企鹅走路的动作,替换A段企鹅一拍一下走路的动作,B段、C段动作与前面相同。完整随乐游戏2遍。

4. 教师引导幼儿重点练习B段的动作——与领头人做"镜面"(面对面)动作模仿的游戏——轮流对称的动作。

(1)教师作魔镜,幼儿跟随教师随B段音乐练习一组左右对称的动作,共2遍,发现对称动作的特征。

(2)部分幼儿尝试自己做一组对称的动作。

(3)教师引导个别幼儿随乐做"魔镜"的动作,带领其余幼儿(企鹅)随B段音乐游戏2遍。

5. 观察学习轮流当领头人的游戏方式。

(1)主班、配班教师先示范完整随乐游戏1遍。主班教师带着幼儿在圈上行进走,做"魔镜"的动作(对称动作),体验A段和B段音乐。C段时,配班老师从最后一个位置快速冲向队伍最前面,成为下一个魔镜。

(2)配班教师成为魔镜,带领幼儿随乐游戏1遍,主班教师站在队伍的最后,提醒最后一名幼儿C段时快速冲向队伍的最前面。

6. 教师引导幼儿随乐连续游戏2~3遍,感受企鹅探险的游戏情境。

(设计者:南京师范大学幼儿园音乐组　执笔:乔　桦)

23. 身体接触—控制游戏：破冰进行曲

【故事及最终游戏玩法】

故事：很久很久以前，树林里有一条魔法河，一年四季都结了厚厚的冰。一群勇敢的小鸭子为了证明自己长大了，来到这条魔法河，它们想知道自己能不能在冰上行走。听，它们来了。

游戏玩法：

A段（1—4小节）。模仿小鸭子一拍一下左右摇摆行进走。

B段（5至最后小节）。小鸭子：摆好鸭子造型，不动。解救的人：拍三下手，摸两下小鸭子的头；拍三下手，摸两下小鸭子的肩；拍三下手，摸两下小鸭子的屁股；拍三下手，摸两下小鸭子的腿。

【乐曲】

Da Da Da

（节选）

1=C 4/4　　　　　　　　　　　　　　　　Kannan Chandren 曲

A段：

0 3 3 3　3 2 1　2 1　1 1 ｜ 0 1 1 1　1. 1 1 #3 2　2 2 #3. ｜

模仿小鸭子走路　一拍一下左右摇摆

0 3 3 3　3 2 1　2 1　1 1 ｜ 0 1 1 1　1. 1 #3 2　2 2 #3. ｜

B段：

‖: 1 1　1　0 3　2 3 2 1 7 ｜ 6 6　6　(1 1 3 1　5 5 6 5) ｜

拍拍拍　　摸两下头　　拍拍拍　　摸两下肩

× × ×　× - × -,　× × ×　× - × -。

```
1  1  1        03  2  3 2 1 7 | 6  6  6     ( 1 1 3 1  5 5 6 5 ) :||
拍 拍 拍       摸两下屁股：      拍 拍 拍     摸两下腿
X  X  X        X  -  X  -       X  X  X     X  -  X  -
```

【教育活动设计】

活动目标

1. 感受音乐活泼欢快的情绪,并随乐玩小鸭子被冻住、营救小鸭子的游戏。

2. 观察模仿并创编出小鸭子的不同行进姿态,能在歌词的"哒哒哒"处有控制地保持造型静止不动,以及在"哒哒哒"时拍手,解救被冻住的小鸭子。

3. 在结冰游戏中努力控制自己不动,在解救游戏中被摸哪里,哪里就解冻。

活动准备

1. 幼儿玩过体育游戏"结冰、解冻"。

2. 音乐《Da Da Da》。

活动过程

1. 教师简单讲述关于小鸭子的故事。

2. 教师引导幼儿随音乐做小鸭子出发、结冰的动作。

幼儿使用上肢随乐做基本的模仿动作,2 遍。A 段,模仿小鸭子的动作,一拍一下地左右摇摆;B 段,摆好造型不动。

3. 随音乐 B 段部分,探索小鸭子解冻的动作。

(1)教师用问题"有的小鸭子被冻住了,我们在体育游戏中可以怎样救同伴呢"?帮助幼儿回忆解冻的动作。

(2)教师用语令"拍一拍,头动了;拍一拍,手动了;拍一拍,屁股动了;拍一拍,腿动了"引导幼儿随 B 段音乐练习动作模型:拍三下手,摸两下头;拍三下手,摸两下肩膀;拍三下手,摸两下屁股;拍三下手,摸两下腿。随乐解冻自己,1 遍。

(3)幼儿在教师引导下发现解冻小鸭子的顺序是从上到下,然后再次随 B 段音乐练习解冻自己的动作,1 遍。

4. 教师邀请个别幼儿完整玩"破冰进行曲"的游戏。

(1)随乐完整游戏,在第一个B段处,教师解冻一名幼儿。

(2)教师用问题引导幼儿思考,如"这个时候应该由谁和谁去解冻同伴"。幼儿发现是由教师和被解冻的幼儿去解冻同伴。然后继续完整随乐游戏1遍,由教师和这名幼儿在B段处解冻两名幼儿。然后再引导幼儿反思下一遍应该由谁去"解冻"同伴。

5. 教师引导幼儿完整玩游戏"破冰进行曲"4遍,发现游戏里的人数变化,一个人变成两个人,两个人变成四个人,四个人变成八个人,八个人变成十六个人,感受解冻的人越来越多所带来的快乐。

(设计者:南京师范大学幼儿园音乐组 执笔:乔 桦)

24. 情境表演游戏:大战蛀牙虫

【故事及最终游戏玩法】

故事:牙齿喜欢吃很多很多的好东西。她吃、吃、吃、吃,吃了许多好东西。牙虫们看见了,就走、走、走、走,走到了牙齿中,要饱餐一顿。牙齿看见了,好害怕啊!看见了"呲~",看见了"哎哟、哎哟",看见了"呲~",看见了"哎哟、哎哟",牙虫吃得好开心啊!牙齿左逃逃,右跑跑,上逃逃,下跑跑,最后会怎么样呢?

游戏玩法:

牙齿:A段,吃——双手指尖相对,手心对着嘴巴,随乐一拍一下做表示吃的动作。B段,看见了——双手放在自己的眉毛旁,手心对着地面;啊~——双手靠在一起在胸前握紧,身体微微后倾,说"啊~";哎哟、哎哟——双手靠在一起,握紧放于胸前,身体向后微微倾斜。C段,动作同曲谱中文字说明。

牙虫:A段,走——双手握起,放在胸前,随乐一拍一下向前走。B段,看见了——双手放在自己的眉毛旁,手心朝向地面;呲~——双手食指在胸前向前伸,身体前倾,同时说"呲~";咔哧咔哧——双手在胸前,五指微微张开,一拍一下,做向前抓握东西的动作。C段——双手上举,在头顶按照文字方向做不同方向的摇动动作。

【乐曲】

瑞典狂想曲
（片段）

1=C $\frac{2}{4}$　　　　　　　　　　　［瑞典］雨果·阿尔芬　曲

A段：

<u>1351</u> <u>327</u> | <u>17</u> 4 | <u>65</u> 7 | <u>65</u> 1 | <u>1351</u> <u>327</u> | <u>17</u> 4 | <u>6547</u> | 1 - |

牙齿：吃　吃　　吃吃吃吃吃吃，吃　吃　　吃吃吃吃吃吃，
牙虫：走　走　　走走走走走走，走　走　　走走走走走走，

<u>1351</u> <u>327</u> | <u>17</u> 4 | <u>65</u> 7 | <u>65</u> 1 | <u>1351</u> <u>327</u> | <u>17</u> 4 | <u>6547</u> | 1 - |

（牙齿和牙虫分别按照1—8小节的语言儿歌，重复一遍）

B段：

<u>11</u> <u>11</u> | 7 - | <u>66</u> <u>65</u> | 5 - | <u>1356</u> 5 | <u>7272</u> | <u>1356</u> 5 | <u>13</u> <u>13</u> |

牙齿：看 见 了 啊 ～ 看 见 了 哎哟哎哟，看　见 了 啊 ～ 　看　见 了 哎哟哎哟，
牙虫：看 见 了 呲 ～ 看 见 了 咔嚓咔嚓，看　见 了 呲 ～ 　看　见 了 咔嚓咔嚓，

<u>11</u> <u>11</u> | 7 - | <u>66</u> <u>65</u> | 5 - | <u>1356</u> 5 | <u>7272</u> | <u>1356</u> 5 | <u>13</u> <u>13</u> |

（牙齿和牙虫分别按照17—24小节的语言儿歌，重复一遍）

C段：

<u>1234</u> <u>5671</u> | <u>1234</u> <u>5671</u> | <u>1234</u> <u>5671</u> | <u>1234</u> <u>5671</u> | <u>1234</u> <u>5671</u> | <u>1234</u> <u>5671</u> |

牙刷：向左　　～　　～　　～　　向右　　～　　～　　～　　向上　　～　　～　　～
牙虫：向右　　～　　～　　～　　向左　　～　　～　　～　　向下　　～　　～　　～
牙齿：双手在胸前快速绕圈　　　　　　　～　　　　　　　　　　　　　～

<u>1234</u> <u>5671</u> | 1　5 | 1 - ‖

牙刷：向下　　～　　～　　～　　拍牙虫！
牙虫：向上　　～　　～　　～　　倒地装死！
牙齿：　　　　　　　　　　　　　起立说"耶！"

【教育活动设计】

活动目标

1. 感知乐曲活泼的风格，能根据故事情境变化，表现牙齿吃东西、牙齿同牙虫斗争、用牙刷刷牙齿的动作。

2. 通过观察模仿与练习，在 B 段音乐中尝试与同伴合作用身体动作来创造表演牙齿与牙虫的"斗争"。

3. 体验(感受)与同伴合作表演带来的乐趣，有爱护牙齿的意识。

活动准备

1. 牙刷、音乐音频(见 U 盘)。

2. 幼儿了解牙齿和牙虫及牙刷之间的关系，有一定的保护牙齿的经验。

活动过程

1. 教师讲述牙虫和牙齿的故事。教师和幼儿共同用双手做出牙齿吃东西的动作。

2. 教师和幼儿共同尝试随乐表演牙齿的动作 2 次，幼儿用动作和表情表现出牙齿看见牙虫害怕的情景。

3. 教师开始表演牙虫的动作。幼儿继续随乐表现牙齿的动作，并在观察教师的过程中，发现牙齿和牙虫的关系。再次随乐游戏，尝试在音乐的最后一个小节，牙齿做倒下状，牙虫做表示胜利的动作并说出相应的语言儿歌。经过两次练习后，幼儿尝试在结尾处和教师互动。

4. 教师与幼儿换角色，随乐游戏。教师扮演牙齿，幼儿扮演牙虫，在两次互动游戏后，幼儿逐步累加关于牙虫的动作；第三次由个别幼儿尝试扮演牙虫与牙齿们互动游戏。

5. 幼儿尝试两两互动随乐游戏。一人扮演牙齿，一人扮演牙虫，随乐互动玩游戏。然后交换角色，玩游戏。

6. 累加情境：大家讨论并想办法打败牙虫。教师出示牙刷，讨论当牙刷出现后，最后的故事结局会发生什么样的变化。幼儿尝试用动作表示：牙刷"拍"的动作，牙虫"倒地"的动作，牙齿"胜利"的动作。幼儿在教师的语令中分别进行这三个动作的练习。

7. 师幼合作随乐游戏。幼儿尝试两两扮演牙齿和牙虫,教师扮演牙刷。音乐结束时,看看大家的动作是否符合情境。

〔注意:在这个环节中,幼儿和教师的站位如下。扮演牙齿的小朋友坐在椅子上,扮演牙虫的小朋友站着和牙齿面对面,教师面向扮演牙虫的小朋友站着,扮演牙齿的小朋友看不见扮演牙虫的小朋友的动作。在音乐的最后,当"牙齿"看见"牙虫"倒地时,就及时站起来,表示胜利。〕

8. 教师总结爱护牙齿的重要性,以及如何爱护牙齿,如早晨和晚上要刷牙,饭后漱口。

(设计者:南京师范大学幼儿园音乐组　执笔:周　洁)

25. 输赢竞争—比大游戏:兔子开火车

【故事及最终游戏玩法】

故事:我是一只大兔子,最爱吃萝卜。一天早上,我发现家里的萝卜都吃完了。可是肚子好饿呀!于是我决定开着火车出去找萝卜。开呀开呀开,有只兔子说要坐我的火车去找萝卜,我说"行"。我们继续往前开。开呀开呀开,又有一只兔子说要去找萝卜,"邀请你,上来吧!"又来了一只,"好,赶紧的!"……最后我们一大群兔子找到了好多好多新鲜的萝卜,吃得可饱了。

游戏玩法:
16名幼儿站成单圈,面向圆心,4名幼儿在圆心处当火车头。
[1]小节:火车头从圆心处跳到朋友面前。
[2]小节:弯腰,伸出双手邀请朋友上火车。
[3]—[8]小节:每两个小节为一个单位,重复前两个八拍的动作,重复三次。
间奏:
[9]—[14]小节:双手同时在身体两侧做火车轮子状。
[15]—[16]小节:两个火车头面对面。

[17]小节:双手在胸前绕圈,玩"石头剪刀布"游戏。

[18]小节:对游戏结果做出反应,赢了就伸长兔耳朵,输了就耷拉下来兔耳朵,平局就击个掌。

[19]—[24]小节:每两个小节为一个单位,重复前两个八拍的动作,重复三次。

【教育活动设计】

活动目标

1. 感受乐曲活泼欢快的情绪,随乐作兔子找朋友开火车,和朋友进行"石头剪刀布"的游戏。

2. 通过对故事情境的感受、理解与记忆,逐步累加参与游戏的人数,创编输、赢和平局的动作,逐步建构完整的游戏结构,丰富游戏经验。

3. 在与同伴游戏过程中,享受团队竞赛游戏带来的成就感、刺激感和愉悦感。

活动准备

1. 音乐《兔子跳跳跳》(分别录有完整乐曲、A段音乐、B段音乐)。

2. 地上贴好数量与人数相等的点子,幼儿围坐成圈。

3. 幼儿有邀请同伴游戏的经验;有两人玩"石头剪刀布"游戏的经验,可以根据结果做出反应。

活动过程

1. 幼儿倾听关于歌曲的故事,并创编邀请的动作。集体练习一次。教师清唱歌曲的前4个小节。幼儿关注教师邀请了几只兔子,并发现教师邀请了4只兔子。

2. 教师随乐示范"邀请兔子上火车""开火车""石头剪刀布"的基本动作。师幼共同随乐做两次基本动作,大部分幼儿在随乐做动作时逐步弄清游戏的基本过程和结构。(基础动作模型为:睡觉—伸懒腰—找萝卜—没萝卜—肚子饿—准备出发了—跳跳跳跳—邀请朋友—开火车—1、2、3、4、5,摇摇,拍拍手—回家了—吃

萝卜—吃饱了）

3. 在完整倾听音乐和游戏过程中累加"石头剪刀布"的游戏。教师带领幼儿再次随乐游戏（备注：教师从第 12 小节开始，使用"石头剪刀布"的动作模型）；幼儿回忆兔子们玩的是什么游戏，尝试为"赢""输""平局"创编不同的动作，并分别单独随乐练习"赢""输""平局"的动作。

4. 幼儿尝试听着音乐完整地做动作，累加教师和一名幼儿玩"石头剪刀布"的游戏，教师特别关注该幼儿在游戏后的感受。

5. 所有幼儿和教师随乐完整游戏，进行一对多的"石头剪刀布"。

6. 幼儿尝试两两随乐游戏，玩"石头剪刀布"，坐着、站着各玩一次。

7. 教师示范站起来邀请朋友的动作，并请一名幼儿和教师共同尝试邀请朋友玩游戏。

教师与一名幼儿分别作火车头，随乐分别邀请 3 名幼儿玩游戏（如果有问题，幼儿尝试讨论，并小结快速邀请到朋友的方法，如"邀请离你近的朋友"），然后开着火车面对面玩"石头剪刀布"的游戏，游戏规则是：两队排头进行"石头剪刀布"，如果领头的"兔子"输了，就要让出"火车头"的位置，垂头丧气地走到自己队伍的尾处，由本列"火车"新的领头的"兔子"与另一列"火车"领头的"兔子""石头剪刀布"，如果赢了，就得意扬扬地继续当火车头，如果平局就击个掌，接着再来！

8. 再次随乐游戏，由 2 名幼儿自主当火车头，教师进行动作和语令提示。如有时间，还可以由 4 名幼儿作火车头，完整游戏。

（设计者：南京师范大学幼儿园音乐组　　执笔：周　洁）

26. 猜谜—快反游戏：狡猾的狐狸在哪里

【故事及最终游戏玩法】

故事：狐狸在魔幻岛散步时，碰到一只老虎。于是，狐狸来到一个到处都是镜子的魔幻屋里，哇！屋子里出现了许多一模一样的狐狸，他坏笑道："呵呵！这下你可逮不到我了吧,我要好好地逗逗你。"狐狸得意扬扬地做出各种动作来逗老虎。老虎看得晕头转向,气急败坏地说:"狡猾的狐狸在哪里?狡猾的狐狸在哪里?狡猾的狐狸在哪里?"狐狸兴奋地说道:"我在这儿呢!"老虎腾地一下,向狐狸猛追过去!最后会是谁赢了呢?

游戏玩法:

[1]—[2]乐句:狐狸随乐一拍一下做梳头的动作,8拍后换做照镜子的动作。

[3]—[6]乐句:狐狸,单圈面向圈上一拍一下向前按逆时针散步(一个八拍),左右各看四下(一个八拍)。然后重复一遍。老虎,蹲在圆圈中间做睡觉状。

[7]—[10]乐句:狐狸,由领头的狐狸带领所有的狐狸做左右对称的动作来逗老虎(一个八拍交换一边,并在每句的最后一拍转换动作)。老虎,站在圆圈边注意观察哪只是真正的狐狸。

[11]—[12]乐句:老虎,气急败坏地连说了三声"狡猾的狐狸在哪里"?

[13]乐句:狐狸得意地说:"我在这儿呢!"

[14]—[15]乐句:狐狸逃跑,老虎追逐,狐狸要在被老虎抓到前坐下来。

[16]乐句:大家随乐做双手向上并同时向外从头顶打开的动作,并问:谁胜利了?(重复两次)

[17]乐句:胜利的一方,双手拍自己胸口,说:"我胜利了。"然后向上伸出食指和中指,说:"耶!"

【乐曲】

在山妖的宫殿里

1=C 2/4 　　　　　　　　　　　　　　　　　　　[挪]格果格 曲

注:整首乐曲,是同样的乐句重复17遍。

【教育活动设计】

活动目标

1. 在故事情境的引导下,跟随音乐玩"狡猾的狐狸在哪里"的"领头人"的游戏。敢于在集体面前大声问"狡猾的狐狸在哪里"。

2. 根据故事情节、教师及同伴的提示,记忆游戏顺序;能随乐表现出狐狸逗老虎的不同的动作,并探索出掩护"真正的狐狸"的方法。

3. 体验狐狸走路及逗老虎时的心情,并能表现出神气活现的样子。

活动准备

1. 知道《狐假虎威》的故事,有猜领头人的游戏经验。

2. 音乐音频(见 U 盘)。

活动过程

1. 师幼围坐成圆形。教师讲述故事后,引导幼儿创编狐狸走路的动作。

2. 幼儿听音乐,跟着教师做狐狸角色的基本动作,两遍。

3. 教师引导幼儿回顾狐狸"逗"老虎的动作,并让幼儿创编"左右对称"逗老虎的动作。然后选取一位幼儿的动作,教师唱逗老虎部分的曲谱,请这位幼儿尝试当真正的狐狸,其余幼儿当镜子,模仿他的动作。

4. 再次明确在乐曲的什么地方做左右对称的动作。教师扮演老虎,幼儿扮演狐狸,随乐玩游戏一遍。在随乐游戏的过程中,教师提示幼儿关注老虎是在狐狸做什么动作的时候醒过来的。

5. 教师继续扮老虎,一位幼儿扮演狐狸,随乐游戏一遍。教师引导幼儿关注狐狸用左右对称的动作逗了老虎四次,老虎说了什么,说了几遍。

6. 重点反思并练习:当狐狸们做左右对称的动作逗老虎四遍后,老虎说了什么?说了几遍?真正的狐狸又说了什么?(教师可以和幼儿进行老虎和狐狸的对话式互动,老虎说:"狡猾的狐狸在哪里?狡猾的狐狸在哪里?狡猾的狐狸在哪里?"狐狸说:"我在这儿呢。")

7. 教师引导幼儿思考:狐狸告知老虎"我在这儿呢"时,老虎和狐狸分别会有什么反应。引导幼儿累加老虎追狐狸的追逃游戏。

8. 主班教师扮老虎,到圆圈中间蹲下,做睡觉状。配班教师请一位幼儿作真正的狐狸,先想好逗老虎的时候可以做什么左右对称动作,然后和教师随乐完整游戏一遍。

9. 扮演真正狐狸的幼儿变身为老虎。教师再次请一位幼儿当真正的狐狸,随乐完整游戏一遍。

10. 再次交换游戏角色,幼儿站在自己椅子的外面,形成椅子外围的圆圈,在站立行走的状态下,完整随乐游戏一遍。

(设计者:南京师范大学幼儿园音乐组　陈　雪)

(六)活动案例详析

小班

1. 美味果汁店

【乐曲】

单簧管波尔卡
(节选)

$1=C$　$\frac{2}{4}$

[波]普罗休斯卡　曲
佚名　填词

波尔卡速度

动作建议

前奏：教师语令"榨果汁"。

[1]—[4]小节：左手伸直，手心向下，横放在胸前做"菜板"状，右手伸直做"水果刀"状，右手一下一下"切"在左手背上，做切水果的动作。（切水果）

[5]—[8]小节：双手握拳在胸前绕圈圈。（榨果汁）

[9]—[12]小节：同[1]—[4]小节。（切水果）/（挤蜂蜜）

[13]—[16]小节：同[5]—[8]小节。（榨果汁）

[17]—[20]小节：同[1]—[4]小节。（切水果）/（挤蜂蜜）

[21]—[25]小节:同[5]—[8]小节。(榨果汁)

出现新榨汁机后,榨果汁的动作变为:双手握拳向前伸直,走小碎步,环绕椅子一周。

挤蜂蜜的动作为:双手在胸前伸直,掌心相对,做"捏"的动作。

【教育活动设计】

活动阶梯

其他2	创编"挤蜂蜜"的动作,看图谱自主游戏。
其他1	结合"新榨汁机",累加下肢动作。
音乐	1.坐在座位上做上肢律动;2.变式练习:随乐看图谱结合情境榨"橙汁""苹果汁"等。
动作	幼儿迁移经验,创编"切水果""榨果汁"的动作。
故事	教师结合《小河马波波的混合果汁》,简单改编并讲述故事,帮助幼儿迁移关于"榨果汁"的经验。

活动目标

1. 初步熟悉音乐旋律,尝试随乐做切水果、榨果汁、挤蜂蜜等游戏动作。
2. 通过图片线索了解榨果汁的基本步骤,在游戏情境中随乐玩榨果汁的游戏。
3. 体验为客人榨果汁,分享美食的乐趣。

活动准备

1. 物质准备:剪辑好的音乐、PPT、水果标记。
2. 经验准备:读过绘本《小河马波波的混合果汁》,有搬椅子找标记的经验。
3. 空间准备:地面上贴有水果标记,每个标记贴前后左右间距50厘米左右;椅子摆成半圆形,前方有较大场地,方便幼儿活动。

活动过程

1. 故事导入,帮助幼儿了解游戏内容。

教师:爷爷给小河马寄了许多橘子,小河马分享给了好朋友们。第二天,朋友们送来了各种各样好吃的水果。小河马想,这么多水果,做成果汁一定很好喝。于是他就和朋友们开了一个果汁店,给客人们制作各种各样的美味果汁。

〔注意:教师坐在座位上讲故事,讲到"果汁店"三个字时,放慢速度,播放PPT第一页,带幼儿进入果汁店情境。〕

2. 幼儿回忆做果汁的基本流程,创编切水果、榨果汁的动作。

教师:做果汁需要哪些材料和工具呢?(水果、水果刀、榨汁机、杯子)

教师:水果刀是用来做什么?切水果怎么切?榨汁机是怎么榨果汁的?(鼓励幼儿用动作表示)

〔注意:教师提取幼儿创编的切水果、榨果汁动作,幼儿集体学习。〕

3. 教师在座位上随乐做动作,幼儿观察动作,感受和故事的匹配。

教师:原来果汁是这样制作的,那我先来用你们说的先切水果再榨果汁这个方法来试一试吧!你们想喝什么果汁呀?(苹果汁/草莓汁/西瓜汁……)

教师:好的,这次我先来榨一杯苹果汁吧!

〔注意:教师随乐做从幼儿中提取的切水果、榨果汁的动作,提醒幼儿注意观察。配班教师随乐播放PPT。〕

教师完整随乐做上肢动作第1遍。

教师:哇!好棒呀!你们的办法真不错,真的榨出了美味的苹果汁。苹果汁可有营养了,快来尝一尝。

4. 教师再次示范,幼儿观察动作模型,初步感知图谱与动作之间的匹配。

教师:真好喝!那我再来做一杯苹果汁吧!这次小眼睛注意看,我是用几个苹果榨汁的。

〔注意:问题前置,帮助幼儿进一步理解图谱、感知动作模型。教师在示范时,可做简单语言提示"第一个""第二个""第三个",以帮助幼儿理解。〕

教师完整随乐做上肢动作第2遍。

教师:我用了几个苹果榨果汁啊?(3个)我们来看看是不是?

〔注意:播放PPT,出示图谱,可以进行点数,帮助幼儿检查。〕

5. 梳理图谱,师幼在座位上随乐做动作。

教师:你们会做果汁了吗?趁着客人没有来,我们先练习练习吧!你们还想做什么果汁呢?(橙汁/草莓汁/西瓜汁……)

教师:这次我们来做橙汁吧!做橙汁的方法和苹果汁是一样!我们先?(切橙子)接着?(榨果汁)

〔注意：教师用动作提示，并随着语言提示播放PPT，逐幅出示图片。〕

教师：咦，你们发现了吗？这些图片说的就是做果汁的工作图呢！你们会看着工作图榨果汁吗？考一考你们，这是要做什么事情？这是要做什么事情？

〔注意：播放PPT，出示图谱，教师指图，引导幼儿用动作回答。〕

教师：看来你们真的看懂工作图了！我们看着图片，听着音乐榨果汁吧！

师幼完整随乐做上肢动作第3遍。

教师：好多小服务员工作得可认真啦！可是注意哦，切水果要慢慢地一下一下切，切太快容易切到手，我们听着音乐慢慢切哦。

6. 进入情境：加入客人角色，集体站立游戏。

（播放PPT音效）

教师：有客人来了，快看看是谁？（播放PPT图片：小熊）

小熊，你好，请问你想喝什么呀？（播放PPT音效）

教师：小熊说什么呀？它想喝甜甜的菠萝汁，我们一起为它做一杯吧！

菠萝汁怎么做呢？（切菠萝，榨果汁）

教师：可是菠萝比别的水果硬。这样吧，我们站起来，力气大一点，好不好？那我们赶紧听着音乐开始吧！

师幼随乐站立，完整游戏第4遍。

（播放PPT音效）

教师：小熊再见！

7. 增加新情境"新榨汁机"，了解使用新榨汁机的方法，集体散点随乐练习。

教师：切菠萝是不是累坏了呀？快坐下来休息一下吧！告诉你们一个好消息！小河马波波给我们店里买了一个新的榨汁机。

（播放PPT，出示新榨汁机图片）

教师：想不想知道这个榨汁机怎么用呢？

使用方法是站起来握住小把手，转一圈，果汁就榨好了。

〔注意：教师放慢语速，一边讲一边用动作演示。〕

教师：你们想不想试一试？我的榨汁机在这里，你们的榨汁机在哪里？

〔注意：教师手指着小椅子提示。〕

我们来找一个有水果的地方，把榨汁机放好，面朝工作台哦！

〔注意:引导幼儿搬起小椅子,找地面的水果标记,面向电视机放下小椅子,教师可帮助找不到位置的幼儿,并关注幼儿在这一环节的安全。〕

教师:准备好了吗? 握住小把手,转一圈。榨好啦! 再来一次,榨,榨,榨果汁。

〔注意:此环节可进行口头练习1—2遍,在转圈的部分可以用"轻轻地榨果汁哦,不要把果汁弄洒了"等情境性语言提示幼儿注意安全,不和同伴碰撞,避免不必要的纪律整顿和情绪调整。〕

教师:新的榨汁机可真不错! 咦? 你们有没有发现我们的工作图也换了? 你们还能看懂吗? 这是要做什么动作? 这是要做什么动作?

〔注意:播放PPT,出示图谱,教师指图,引导幼儿用动作回答。〕

教师:趁着现在没来客人,我们先来练习练习吧!

师幼随乐散点站立,完整游戏第5遍。

教师:转一圈就可以榨好果汁了,可别转得太快了。榨完一个水果要赶紧切下一个水果哦! 客人还没来,我们休息一下吧!

〔注意:此环节可能容易出现的问题是幼儿转一圈不会停下来。针对这一问题可进行练习。〕

8. 进入情境:加入客人角色,创编挤蜂蜜的动作,尝试看图谱随乐集体自主游戏。

(播放PPT音效)

教师:有客人来了,快看看是谁? (播放PPT图片:大象)

大象,你好,请问你想喝什么呀? (播放PPT音效)

教师:大象说什么呀? (它想喝酸酸甜甜的的蜂蜜柠檬汁)

蜂蜜柠檬汁怎么做呀? (切水果,榨果汁,最后加蜂蜜)

蜂蜜怎么加呢?

嗯,这次我们就切两个柠檬,放一次蜂蜜吧!

〔注意:此环节可引导幼儿迁移已有经验创编"挤蜂蜜"的动作,并提取出统一动作,引导幼儿看图谱随乐游戏。〕

师幼随乐散点站立,完整游戏第6遍。

(播放PPT音效)

教师:大象说什么了?(太酸了)

看来两个柠檬太多了,怎么办?(只放一个柠檬)

只放一次蜂蜜又太少了,怎么办?(挤两次蜂蜜)

好的,那这次我们就切一个柠檬,放两次蜂蜜试一试吧!

〔注意:教师语速放慢,并播放PPT逐幅出示图谱,帮助幼儿理解图谱的变化。〕

教师:我们按新的制作方法给大象做一杯果汁吧!站起来,准备榨果汁吧!

师幼随乐散点站立,完整游戏第7遍。

(播放PPT音效)

教师:大象说还想再喝一杯,这次你们自己给大象做果汁可以吗?我帮你们指着工作图哦!

幼儿随乐散点站立,完整游戏第8遍。

教师:大象再见。

9. 迁移做混合果汁的经验,活动结束。

教师:看来喜欢果汁店的客人越来越多啦,我们要榨出各种各样的果汁才行。果汁里除了放蜂蜜还可以放什么呢?那我们赶紧去买材料回来试一试吧!

(设计者:南京市石杨路幼儿园　秦蕴函)

2. 谁混到羊群里了

【乐曲】

膨　胀

$1=F$　$\frac{4}{4}$　　　　　　　　　　　　　电影《西虹市首富》插曲

前奏

| 5 34 5 34 5 1̇ 1̇ | 6 45 6 45 6 2̇ 2 | 5. 3̇ 3 5 4 2̇ 6 7 |

　　　　　　　　　　　　[1]　　　　　　　　　　　[2]

| 1̇ - - 1.2 | 3 5 5 6 5 - | 4 6 6#5 6 - |

动作建议

前奏：小羊们，跟着妈妈一起出去做运动吧。

[1]—[2]小节：双手在膝盖上交替做"走"的动作（8下）。

[3]—[4]小节：双手在头上做羊角的样子，学小羊叫。一小节叫一声。

[5]—[6]小节：重复[1]—[2]小节。

[7]—[8]小节：重复[3]—[4]小节。

[9]—[16]小节：双手交替做打拳动作8下。（语言提示：嘿，嘿……每打一拳"嘿"一次）

[17]—[20]小节：两手在眼睛前面做望远镜状，手随着头摇摆，做寻找状（语言提示：找，找，是谁呀）

[21]—[24]小节:两手在眼睛前面做望远镜状。手随着头摇摆,做寻找状。最后一句说完时,双手指大屏幕。(提示语:找,找,我们要找到它!)

【教育活动设计】

● 活动阶梯

其他2	1.加入找狼情节(披着羊皮的狼);2.帮助灰太狼找他的儿子小灰灰(根据灰太狼的提示来创编锻炼身体的动作)。
其他1	1.加入找小马情节(同色系,不同种类的小动物);2.创编锻炼身体的动作;3.加入找小兔子情节(不同色系,不同种类的小动物)。
音乐	带幼儿随乐做动作(说出在音乐最后做了一个什么动作,说了句什么话)。
动作	教师示范动作。
故事	天气真好,羊羊村里的小羊们决定结伴去草地上找朋友,他们找到朋友会发出什么声音?他们找到朋友要做什么呢?锻炼锻炼身体,让自己长得更结实。这时一些调皮的小动物们混进了羊群,想和小羊们玩捉迷藏的游戏。于是他们就开始玩起来。

● 活动目标

1. 熟悉音乐,能根据乐曲 A、B、C 三段,一下一下地做小羊找朋友—锻炼身体—找动物的动作。

2. 在 B 段能迁移自己的生活经验,创编出不同的锻炼身体的动作。

3. 喜欢和同伴一起游戏,体会找到隐藏的小动物的成就感。

● 活动准备

1. 物质准备:PPT、小灰灰贴纸。

2. 经验准备:有锻炼身体的经验,看过《喜羊羊与灰太狼》动画片。

3. 空间准备:会找空地方站。

● 活动过程

1. 故事导入,引起幼儿的学习兴趣和有意注意。

教师:天气真好,羊羊村里的小羊们决定结伴去草地上找朋友。他们找到朋友会发出什么声音?他们找到朋友要做什么呢?锻炼锻炼身体,让自己长得更结实。这时一些调皮的小动物们混进了羊群,想和小羊们玩捉迷藏的游戏。于是他们就玩了起来。

〔注意：故事导入中，教师通过故事和生动的PPT的情境创设，引导幼儿观察图片，同时抛出画线部分问题，让幼儿很快进入游戏情境，激发幼儿参与活动的积极性。〕

2. 教师随乐示范动作。

教师：在玩游戏时，要先把本领学好，我们来看看小羊一共做了几件事情。

锻炼身体的时候做了什么动作啊？

幼儿观看教师完整示范2遍。

〔注意：活动开始，幼儿在反复聆听音乐和观察教师的示范的过程中逐渐理清动作顺序。在反复聆听音乐和观察中，教师通过提问帮助幼儿记忆动作顺序和动作内容。〕

3. 随乐带幼儿做完整动作。

教师：在音乐的最后做了一个什么动作？说了句什么话？

〔注意：通过提问幼儿最后做了什么动作、说了什么话，来提示幼儿游戏的规则是在说完话以后找小羊。〕

幼儿完整随乐做1遍动作。

4. 加入找小动物的游戏情节，完整游戏。

教师：我们来看看哪个调皮的小动物藏进我们羊群里了？

(1) 找小兔子。

教师要提醒幼儿跟小兔子问好。

(2) 找小马。

请幼儿猜猜是什么动物，并请个别幼儿上来向小马问好，创编锻炼身体的动作。

教师：除了锻炼臂力，还可以做什么体育锻炼呢？

(3) 找大灰狼。

教师：为什么灰太狼会混进羊群里呢？我们来问问灰太狼哦。（原来灰太狼是来找他的宝宝小灰灰的）

(4) 教师扮演灰太狼，和小羊们一起锻炼身体。

教师：我们问问灰太狼想做什么运动？谁来做一做呢？

(5)幼儿散点站立玩游戏,找到小灰灰。

〔注意:幼儿根据教师提供的PPT图片中的有效线索找到藏在羊群里的小动物,难度层层累加。第一层次是:不同色系、不同种类的小动物。第二层次是:同色系、不同种类的小动物。第三层次是:披着羊皮的狼。第四层次是:将小灰灰贴纸贴在幼儿的身上。一点点提升难度让幼儿的观察力得以训练和提升。〕

完整随乐游戏5遍。

（设计者:南京市游府西街幼儿园　黄悦）

中班

1. 小 黑 鱼

【乐曲】

Nachdi Phira

（节选）

$1=C$　$\frac{4}{4}$

[印]Amit Trivedi、Kausar Munir 曲

(0　0　05 6̲ 1̲6̲ | 1̇ 5 - - | 6 3 - - | 4 1 - 03 |

2 - - 1) | 1 3 5̇ 1̇ 7̇ 5 6̇ 5 | 5̇ 2 2 - - | 1 3 5̇ 1̇ 7̇ 6̇ 1̇2̇3̇2̇ |

2̇2̇ 2 - - | 1̇1̇ 2̇1̇ 7̇1̇ | 1̇ 3̇ 2̇1̇ 7̇1̇ | 1̇ 1̇1̇ 3̇4̇ 3̇2̇ |

2̇1̇ 1̇ 5 5 - | 3̇ - - - | 4̇4̇ 3̇3̇ 2̇2̇ 1̇1̇ |

1̇ - - 2̇3̇2̇ | 3̇2̇.2̇ 1̇1̇1̇ 2̇1̇ | 3̇ - 5̇4̇3̇ 3̇ | 4̇4̇ 3̇3̇ 2̇2̇ 1̇1̇ |

$$\dot{1} - \widehat{7\underset{3}{6}5} \mid 6 5 \widehat{4\underset{3}{3}5} 3 2 \mid \dot{1} 7 6 5 \mid 0 \underline{56} \underline{1767} \underline{6565} \underline{4543} \mid$$

$$\dot{2} - \underline{1.} \underline{\dot{3}} \mid \dot{2} - \underline{1 1 1} \underline{2 1} \mid \dot{3} - \underline{5 4 3} 3 \mid \underline{44} \underline{33} \underline{22} \underline{11} \mid$$

$$\dot{3} - - \widehat{4\underset{3}{5}4} \mid \underline{3.} \underline{4} \underline{232} 2 \mid \dot{1} - - - \parallel$$

🦋 动作建议

前奏

[1]—[3]小节：倾听音乐，不做动作。

[4]—[5]小节：(语言提示：一条孤独的小黑鱼吹着泡泡游走在海底，准备吹！)

A段

[6]—[7]小节：双手在嘴巴前准备，手臂向左右两侧张开，模仿吹泡泡的动作。

[8]—[9]小节：重复吹的动作。(在乐尾用语言提示：游！)

[10]—[13]小节：随乐左手在身体前模仿鱼鳍左右摆动。(在第13小节乐尾处用语言提示：发现小红鱼)

B段

[14]小节：双手在嘴巴前做呼喊状。(语言提示：小红鱼)

[15]小节：双手放在额头前，做招手状(2次)。(语言提示：一起来)

[16]小节：手指相对，在胸前做三角状。(语言提示：变大鱼)

[17]小节：双手呈空拳放在眼睛前，头从左向右转。(语言提示：看世界)

[18]—[21]小节：重复[12]—[16]小节动作。(在第22小节乐尾处语言提示：变)

[22]—[25]小节：随乐左手在身体前模仿鱼鳍左右摆动。(在第26小节乐尾处用语言提示：逗大鱼！动作：双手握拳，手臂在胸前交叉)

[26]小节：手臂上举过头顶，双手模仿鱼鳍向上摆动。(语言提示：上！)

[27]小节：弯腰，手臂放下在体侧，双手模仿鱼鳍向下摆动。(语言提示：下！)

[28]—[29]小节：重复[27]—[28]小节动作。

尾声

[30]小节：双手高举做剪刀手表，示胜利。(语言提示：胜利啦！)

【教育活动设计】

🐝 活动阶梯

其他4	累加和大鱼做相反方向动作的游戏。
其他3	累加分两组用积木小人排队形,合作组成大鱼队形。
其他2	累加向不同方向游的动作,站在椅子前完整律动。
其他1	累加表情,演绎小黑鱼的情绪变化。
动作+音乐	1.教师随乐根据故事的主要情节示范相应动作,幼儿重点观察学习小黑鱼看见小红鱼的语令和动作;2.教师再次示范,幼儿重点观察学习小黑鱼带领小红鱼斗大鱼的动作;3.完整学习基本游戏动作。
故事	教师边点PPT边讲述小黑鱼的故事,帮助幼儿了解小黑鱼带领小红鱼智斗大鱼的故事情节。

🐝 活动目标

1. 初步感知乐曲旋律和 ABC 结构,学习随乐做吹泡泡、游泳、呼喊、斗大鱼等游戏动作。

2. 迁移已有经验,尝试根据积木小人队形合作站队,共同玩斗大鱼的游戏。

3. 感受小鱼和大鱼在游戏中斗智斗勇的乐趣。

🐝 活动准备

1. 物质准备:音乐、PPT、积木小人 16 个、两张桌子、两张标记即时贴、小黑鱼胸饰两个、大鱼头饰一个。

2. 经验准备:

(1)听过绘本《小黑鱼》的故事。

(2)幼儿 8 人一组,在队长的带领下先用积木小人在桌面上排队形,然后按照积木小人队形排队,记得自己在队伍中的位置。队长站在队首,位置固定,所有幼儿面朝一个方向。

3. 空间准备:将幼儿的椅子摆成半圆形,两张桌子放置在半圆两侧,半圆中间的区域贴两个队长站位的标记。

🐝 活动过程

1. 教师边播放 PPT 边讲述故事《小黑鱼》,引出律动。

教师:小黑鱼孤独地吹着泡泡游在海底。他在石缝里发现了一群小红鱼。小红鱼害怕大鱼,不敢四处游。小黑鱼对小红鱼说,"小红鱼,一起来,变大鱼!"小红鱼在小黑鱼的带领下变成海里最大的鱼,把大鱼吓跑了!

〔注意:故事既是对绘本情节的复习,又是律动内容的呈现。教师在讲述故事时,尽量简练,突出小黑鱼的情绪变化和与律动有关的主要情节。〕

2. 教师示范律动,幼儿学习。

(1)教师完整示范律动,幼儿观察动作。

教师:现在我就是小黑鱼,请你们看一看我遇见小红鱼时说了什么,怎么做的。

教师完整随乐做动作第1遍。

(2)教师再次完整示范律动。

教师:请你们再看一遍我的表演,这次请你们注意观察小黑鱼是怎么斗大鱼的,做了什么?

教师完整随乐做动作第2遍。

〔注意:以往教师在示范完律动后会问幼儿做了哪些动作,幼儿的回答非常零散。他们只能对自己印象最深的动作做出反馈。然而这次教师示范两遍,引导幼儿每次只关注一件事,如在第1遍,观察在音乐B段小黑鱼看到小红鱼时说了什么做了什么。这样幼儿的观察、模仿、学习的对象就很明确,也会学得更好。〕

(3)幼儿尝试跟做律动。

教师:让我们一起来当小黑鱼吧,注意喊小红鱼时大家要一起轻声喊,小红鱼才会勇敢哟!

集体完整随乐做动作第1遍。

〔注意:教师强调"轻声",既是情境的需要,也是对幼儿过于兴奋后音量大过音乐声音的预知。〕

3. 幼儿尝试有表情地做律动。

教师:孤单的小黑鱼是怎样吹泡泡和游泳的?

〔集体完整随乐做动作第2遍〕

4. 教师引导幼儿创编小黑鱼游泳的动作。

教师:这次我们要在大海里游泳了,小黑鱼除了可以一只手向前游,还可以怎样游?现在你选择一个最喜欢的动作,跟着音乐表演。

集体随乐创编鱼游动作第1遍。

〔注意:中班幼儿已经拥有创编的经验,教师在此环节中,重点是引导幼儿将动作用语言表达清楚,如双手在身前游;一只手在身体前面游,一只手在身体后面游等。〕

5. 教师引导幼儿分组玩逗大鱼的游戏。

(1)教师播放PPT,呈现大鱼,引导幼儿分组,用积木小人排队形。

教师:小黑鱼要和小红鱼游成一条大鱼,我们来看看海底有哪些形状的大鱼呢?

锤头鲨——头是横着长的,好像一把锤子。

魔鬼鱼——身体是三角形,像风筝。

剑鱼——嘴巴像一把宝剑,直直地伸出去。

鳗鱼——身体很长,弯弯曲曲。

教师:如果你是小黑鱼,你准备和小红鱼变成一条什么样子的大鱼?

下面我们分成男生队和女生队,一队8个人,谁愿意当队长?队长先用积木小人在纸板上设计队形,然后按队形给小红鱼们排队,还要给你们的大鱼起名字。注意,队长!请你在邀请你的队员时说清楚,语言和动作都要轻柔。请队员按照队长的要求站位,不乱动,并且记住自己的位置。

〔注意:其实排队形的过程中,可能出现的问题很多,有一些要求,如面朝一个方向、队长的位置固定等。教师在活动前的经验准备中已经做了要求。活动中教师只选择最重要的两个要求——队长文明指挥和队员记住站位,引导幼儿迅速完成排队的任务。〕

(2)幼儿分组展示队形。

教师:你们排的是?我们来看看他们排的队形和设计的一样吗?

(3)幼儿随B段音乐组队变大鱼。

教师:你们能在音乐中迅速游成各自的队形吗?我们来试一试。

两队随B段音乐排队形第1遍。

〔注意:幼儿在音乐的时值里完成排队形是需要练习的。在几次执教的过程中,有的幼儿还需要两次合乐。教师的指导语也要更准确:在变的时候游成大鱼队形,在斗大鱼时要站好。〕

(4)幼儿合乐完整表演。

教师:看来小鱼们可以出发了。

两队完整随乐做动作第1遍。

6. 教师扮演大鱼,做相反方向的动作,逗小黑鱼。

教师:这次大鱼真的要来了,你们害怕吗?你们要和大鱼游的方向相反,就能保护自己,大鱼如果向上游,你们就?

〔注意:配班教师在变的时候游上场,根据幼儿的情况及时做反应。如果幼儿比较紧张,则做简单的上下方位动作,如果幼儿能力较强,可以不按乐句,随机做各个方位的动作。〕

两队完整随乐做动作第2遍。

(设计者:南京市游府西街幼儿园　周　瑾)

2. 小象玩水

【乐曲】

Schokoweihnachtsmann

(节选)

$1=C$　$\frac{4}{4}$

[1]

5 6　6 6　1 6 6　0　｜　5 6　1 2　1　6　｜　5 6　6 3　5 6 6　0　｜　5 6　6 6　1　6　｜

[5]

3 3　2 1　2．1 3　｜　0 2　2 1　3 6　6 1　｜　6　X　X　X　｜　X　X　X　X　｜

[9]

X　X　X　X　｜　X　X　X　X　｜　5 6　6 6　1 6 6　0　｜　5 6　1 2　1　6　｜

[13]

5 6　6 3　5 6 6　0　｜　5 6　6 6　1　6　｜　3 3　2 1　2．1 3　｜　0 2　2 1　3 6　6 1　｜

[17]

$\underline{6}$ X X X | X X X X | $\underline{1\ 7}\ \underline{6}\ \underline{1\ 7}\ \underline{6}$ | $\underline{5\ 6}\ \underline{6\ 1}\ \underline{6}$ — |

[21]

$\underline{1\ 7}\ \underline{6}\ \underline{1\ 7}\ \underline{6}$ | $\underline{5\ 6}\ \underline{6\ 1}\ \underline{6}$ — | $\underline{1\ 7}\ \underline{6}\ \underline{1\ 7}\ \underline{6}$ | $\underline{5\ 6}\ \underline{6\ 1}\ \underline{6}$ — |

[25]

$\underline{1\ 7}\ \underline{6}\ \underline{1\ 7}\ \underline{6}$ | 0 $\underline{0\ 5}\ \underline{5\ 6}\ \underline{6\ 6}$ | $\underline{6}$ 0 0 0 | 0 0 0 0 ‖

🐝 动作建议

前奏：教师语令"准备出门啦"。

[1]—[6]小节：第1、3、5小节，双手合十在膝盖上交替"走"，第2、4、6小节，左右手交替做"打招呼"动作。

[7]—[10]小节：双手作望远镜架在眼睛上，(语言提示：发现一个大池塘，我们一起玩水吧！)

[11]小节：身体稍微向下，手臂伸直朝下，双手五指交叉抱起。(语言提示：伸出鼻子……)

[12]小节：嘴巴随音乐吸气撅起(吸水状)，同时双臂往上抬起。

[13]小节：身体稍微向上，手臂伸直朝上，双手五指交叉抱起。(语言提示：扬起鼻子……)

[14]小节：嘴巴随音乐向外吐气(喷水状)，同时双臂对准某一方向"喷射"。

[15]—[16]小节：双手伸直向上且五指交叉，以身体为圆心转一圈，身体做摔倒状。(语言提示：伸出鼻子，转一圈……)

[17]—[18]小节：[17]小节，躺在地上不动，[18]小节，准备起身。(语言提示：哎呀摔倒啦，快点爬起来)

[19]小节：双手在胸前打开做疑问状，动作重复2次。(语言提示：好脏呀！好脏呀！)

[20]小节：双手各伸出食指放在太阳穴处，做想办法状。(想办法)

[21]小节：同[19]小节。

[22]小节：同[20]小节。

[23]—[24]小节:双臂展开至身体两侧,向前甩动全身。

[25]—[26]小节:双臂展开至身体两侧,向后甩动全身。

[27]—[28]小节:双手在胸前打开做疑问状(语言:甩干净了吗?),找到解决办法后,随意做"剪刀手"动作(语言:耶)。

【教育活动设计】

❀ 活动阶梯

其他3	累加身体接触部位的创编和合作探索。
其他2	累加双人合作。
其他1	累加下肢动作及"摔倒—站起"的部分。
音乐	1.坐在座位上做上肢律动,再次进行故事、动作和音乐的匹配;2.变式练习:替换"打招呼"的语言、创编"望远镜"的造型。
故事+动作	教师讲前半段故事,边讲边做动作,然后随乐做上肢动作,完整表现故事内容,激发幼儿的好奇心和主动性。

❀ 活动目标

1. 倾听、理解《小象玩水》的故事内容,尝试合乐用动作表现小象出门、玩水及其他的相关动作。

2. 通过教师引导,尝试替换"打招呼"的语言内容、创编"望远镜"的造型;在与教师合作示范中,将单人"甩一甩"的动作替换成同伴间背对背"蹭一蹭"的动作。

3. 在选择语言和身体部位的环节,能在较短的时间内与同伴达成共识。

❀ 活动准备

1. 物质准备:音乐《Schokoweihnachsmann》(片段)。
2. 经验准备:幼儿提前结伴,有面对面、背对背等的相关经验。
3. 空间准备:椅子两张一组,排列成半圆形,前方有较大场地方便幼儿活动。

❀ 活动过程

1. 讲述故事前半部分,引起幼儿的学习兴趣和有意注意。

教师:今天,我们要变成小象。小象有一根长长的(双手握拳,伸出,做长鼻子状)鼻子,出门玩,遇见朋友就打招呼(挥挥手),说:"你好!"小象走着走着,忽然,它发现一个大池塘,它伸出鼻子<u>吸水</u>,然后扬起鼻子<u>喷水</u>玩呢!(边说边做动作)现在我先作这只小象,请你们仔细看,在玩水之后发生了什么事情。

教师完整随乐做上肢动作第1遍。

〔注意:教师坐在座位上边讲故事边做动作(画线的文字部分),等待幼儿补充内容。在讲述故事时,遇到需要匹配动作的地方,教师应适度放慢讲故事的速度,便于语言和动作的匹配。〕

2. 幼儿尝试讲述故事后半部分,集体随乐做动作,感受动作和故事的匹配。

教师:小象吸水喷水后发生了什么事情?(甩鼻子;摔倒了;爬起来,发现自己好脏,用力甩,变干净了!)

教师:小象出门和朋友打招呼,看见了大池塘,玩起了水,伸出鼻子"吸水"和"喷水"时发出了什么声音?后来发生的事情是我们刚才说的那样吗?我们一起来验证一遍吧!

集体完整随乐做上肢动作第1遍。

〔注意:此环节中,教师在做"喷水"动作的时候,有方向性地指向某位幼儿,增加"喷水"的互动性和趣味性,也有助于之后幼儿两两互动时的合作与表现。〕

3. 幼儿创编"望远镜"的造型,创编"你好"的代替词。

教师:在"发现一个大池塘"的时候,你们注意到我的"望远镜"是什么形状了吗?(三角形)那么,除了有三角形的"望远镜",还有其他形状吗?

教师:小朋友们有那么多形状的"望远镜"了,这次每人选择一个,在我说"发现一个大池塘"的时候拿出来哦!

〔注意:此环节需要单独练习2—3遍,这样不仅能给予幼儿思考和反应的时间,也给予幼儿相互学习和积累造型的机会。每次幼儿做出造型时,教师同时做出一个可以激励幼儿更好地探索与创造的"高级"动作,如:菱形(用大拇指和食指完成造型)、柳叶形(用食指和中指完成造型)等。〕

教师:我们打招呼的时候,除了说"你好",还可以说什么呀?(Hello!)

教师:好,这次,我们带着自己的"望远镜"出去玩,和同伴打招呼说"Hello"哦!

集体随乐做上肢动作第2遍。

4. 集体律动,站姿,累加下肢动作和摔倒、站起部分。

教师:这一次我们要在家门口玩一玩了,全体起立,我们走路的时候轻轻地走还是重重地走？我们摔倒在地上,是轻轻地还是重重地呢？你们能"快点爬起来"(有节奏地说)吗？

〔注意:此环节也需要练习1—2遍,在走路的部分可以用"轻轻地走,不要吓到森林里的其他动物"这类情境性的语言引导幼儿注意下肢的力度。"摔倒"在地上需要有安全性的引导。当幼儿沉浸在倒地的喜悦情绪中时,教师需要及时引导幼儿在故事语言中快速站起来,避免不必要的纪律整顿和情绪调整。〕

教师:我们之前打招呼说"你好"和"Hello",还能说什么呢？(早上好!)

那我们跟着音乐试一试！全体起立。

集体随乐律动第1遍。

〔注意:此环节中,幼儿已初步熟悉随乐表现的内容,教师可以适度退出。建议开头、转换和结束部分的语令支架不退出,其他重复部分的内容都可以退出。〕

5. 主班教师与配班教师示范,累加身体接触游戏。

教师:刚才你们都甩干净了吗？我觉得我身上好像还有很脏的地方,我想请我的朋友(配班老师)来帮帮我。

教师:(对着配班老师)我们打招呼的方式有三种了,我想问问我的朋友,愿意在三种里面选一种,还是换新的……好的,我们就选择这一句。那么,好朋友,你的"望远镜"是什么形状的呢？那我做一个和你不一样的造型。

教师:小象们,这次你们坐在座位上看我和朋友是如何出门玩的,和我们之前的动作有什么不一样！

主班教师和配班教师合作示范第1遍。

〔注意:两位教师面对面示范,保证所有幼儿都能看到,做"喷水"动作的时候,建议一个"喷"对方的头发,另一个"喷"对方的鞋子。在"甩一甩"的部分,换成"背对背蹭一蹭"。若在"摔倒了"的部分,幼儿忍不住也和教师一起摔在地上,教师可以将原语令"快点爬起来"改成"快点坐坐好"。〕

6. 教师与一名幼儿再次示范。

教师:我刚才和好朋友做的动作和我们自己做的动作有什么不一样？

教师:有没有小象愿意和我一起游戏？(邀请一名幼儿,商量打招呼的语言、"望远镜"的动作)

教师和幼儿合作示范第1遍。

7. 幼儿两两结伴律动。

教师:现在和你的朋友商量一下打招呼说什么,然后给朋友看一看你的"望远镜",轻轻起立,面对面。

幼儿两两合作律动第1遍。

〔注意:在幼儿商量的过程中,教师应给予一定的时间,观察幼儿是否需要支持,依据本班幼儿的情况来决定是否需要提前练习"背对背蹭一蹭"的动作。〕

8. 创编身体接触的不同部位,尝试散点游戏。

教师:背脏了可以蹭一蹭背,那还可能有哪些地方脏呢?(部分幼儿回答)

〔注意:在幼儿探索身体部位接触的时候,教师需关注"创编的空间"。也许会有幼儿说"牙齿""舌头"等,教师需正确引导,培养幼儿的安全意识,如:摔下去的时候可不能磕到牙齿,很危险……〕

教师:和你的好朋友商量一下,这一次可能是哪个身体部位脏了,你们试试看,能不能蹭一蹭?

〔注意:在幼儿创编后,教师可教给幼儿合作探索其他身体部位接触的方法,给予适度支持,如:"蹭"脚的一组可用手拉手的方式保持身体稳定等。〕

教师:请你带着你的好朋友,找一个空的位置站好,你们打招呼时说的话要变吗?我们要开始了哦!

幼儿两两合作律动第2遍。

9. 活动结束。

教师:我们都变得好干净啊!现在请"小象"搬椅子"回家"吧!

(设计者:东部战区总医院第一幼儿园　陈静奋)

3. 快乐的小丑娃

【乐曲】

邮递马车

1=G 2/4

$\underline{3\ 7}\ 3\ |\ \underline{3\ 7}\ 3\ |\ \underline{3\ 3}\ \underline{{}^{\#}5\ 7}\ |\ \underline{3}\ 0\ 0\ \|:\ \underline{\dot 6\ 0}\ \underline{6\ 7}\ |$

(此段完整重复三次)

$\dot 1\ 0\ \underline{\dot 3\ 0}\ |\ \underline{\dot 4\ 0}\ \underline{\dot 6\ 0}\ |\ \dot 3\ -\ |\ \dot 2.\ \dot 4\ |\ \dot 1.\ \dot 3\ |$

$7.\ \underline{\dot 3}\ |\ \underline{\dot 1\ 7}\ \dot 6\ :\|\ \underline{\dot 6\ 0}\ \underline{6\ 7}\ |\ \dot 1\ 0\ \underline{\dot 3\ 0}\ |\ \underline{\dot 4\ 0}\ \underline{\dot 6\ 0}\ |$

$\dot 3\ -\ |\ \underline{\dot 3\ {}^{\flat}\dot 3}\ \underline{\dot 3\ {}^{\#}\dot 4}\ |\ \underline{\dot 5\ {}^{\#}\dot 4}\ \underline{\dot 5\ 6}\ |\ \underline{\dot 7\ 0}\ \underline{{}^{\#}\dot 4\ 7}\ |\ \underline{\dot 3\ 0}\ \dot 3\ |$

$\dot 1\ 7\ |\ {}^{\flat}7\ 6\ |\ 5\ 4\ |\ 3\ 2\ |\ \underline{1\ 2}\ \underline{3\ 4}\ |$

$\underline{5\ {}^{\#}4}\ \underline{5\ 3}\ |\ \underline{4\ 5}\ \underline{6\ 7}\ |\ \underline{\dot 1\ 7}\ \dot 6\ |\ 7.\ \underline{\dot 2}\ 5.\ \underline{7}\ |\ 3.\ \underline{5}\ 1.\ \underline{3}\ |$

$4.\ \underline{\dot 6}\ 1.\ \underline{\dot 6}\ |\ \underline{\dot 6\ \dot 1}\ \underline{\dot 4\ \dot 6}\ |\ \underline{1\ 2}\ \underline{3\ 4}\ |\ \underline{5\ {}^{\#}4}\ \underline{5\ 3}\ |\ \underline{4\ 5}\ \underline{6\ 7}\ |$

$\underline{\dot 1\ 7}\ \underline{\dot 1\ 6}\ |\ \underline{3.\ 5}\ \underline{\dot 1.\ 3}\ |\ \underline{\dot 6.\ \dot 1}\ \underline{{}^{\#}\dot 5.\ 7}\ |\ \dot 6\ 4\ |\ \dot 3\ \dot 6\ \|$

动作建议

音乐开始前躲到椅子后面,保持不动。

[1]—[4]小节:从椅子后面跳出来,站立不动。

[5]—[6]小节:做小丑逗乐的动作(两小节朝左右各做一次动作)。

[7]—[8]小节:躲到椅子后面。

([5]—[8]小节,音乐和动作重复三遍)

[9]—[12]小节:从椅子后面跳出来,站立不动。

[13]—[14]小节:做小丑逗乐的动作(两小节朝左右各做一次)。

[15]—[16]小节:躲到椅子后面。

[17]—[20]小节:面向圆上,准备跑步。

[21]—[39]小节:围圆圈跑动。

[40]小节:听到最后一个音,迅速坐到椅子上。

【教育活动设计】

活动阶梯

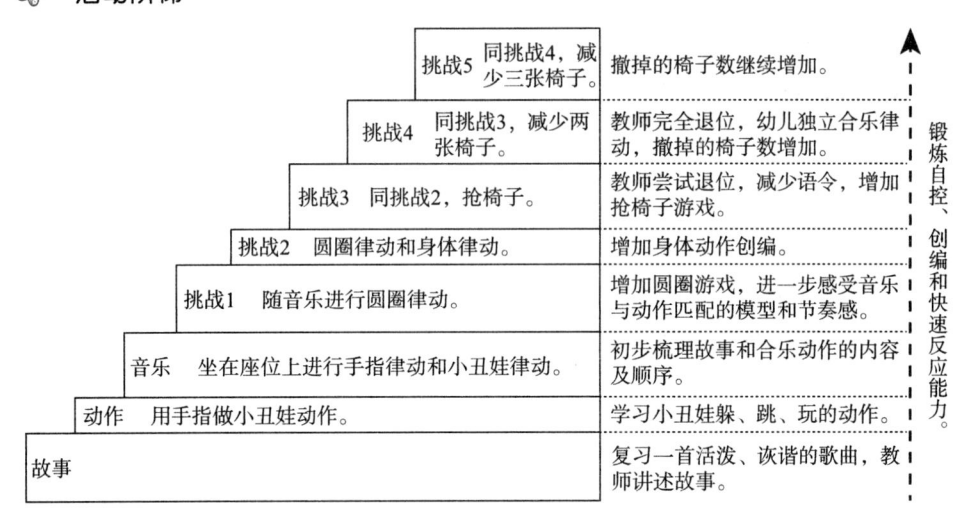

阶梯	内容	说明
挑战5	同挑战4,减少三张椅子。	撤掉的椅子数继续增加。
挑战4	同挑战3,减少两张椅子。	教师完全退位,幼儿独立合乐律动,撤掉的椅子数增加。
挑战3	同挑战2,抢椅子。	教师尝试退位,减少语令,增加抢椅子游戏。
挑战2	圆圈律动和身体律动。	增加身体动作创编。
挑战1	随音乐进行圆圈律动。	增加圆圈游戏,进一步感受音乐与动作匹配的模型和节奏感。
音乐	坐在座位上进行手指律动和小丑娃律动。	初步梳理故事和合乐动作的内容及顺序。
动作	用手指做小丑娃动作。	学习小丑娃躲、跳、玩的动作。
故事		复习一首活泼、诙谐的歌曲,教师讲述故事。

(锻炼自控、创编和快速反应能力)

活动目标

1. 初步感知乐曲旋律,尝试玩"快乐的小丑娃"的游戏,随乐做跳、逗乐、躲、跑的动作。

2. 迁移玩具小丑娃的游戏情节,尝试用身体动作扮演小丑娃玩游戏。

3. 体验小丑娃诙谐幽默、快乐的情绪。

活动准备

1. 物质准备:小丑娃人手一个、小丑道具7件。

2. 经验准备:玩过抢椅子游戏。

3. 空间准备:椅子围成一个圆圈,每两张椅子中间空一人进出的距离。

活动过程

1. 复习歌曲《小黑猪》。

2. 学习跟随音乐节奏玩游戏"快乐的小丑娃"。

(1) 故事导入。

教师:有一个调皮的小丑娃,它最喜欢玩躲猫猫的游戏。瞧!它找到了一个山洞,躲起来。预备跳,玩一玩,躲起来,再跳,玩一玩,躲起来。快快转身,准备出发……快乐的小丑娃快快回家!

〔注意:教师边讲故事边做动作。〕

(2) 动作:用手指做小丑娃动作。

教师:你们的小丑娃在哪里?躲起来!一二三,跳!

〔注意:练习躲和跳的手指动作。〕

(3) 音乐:手指律动。

教师:第二天,小丑娃又来喽!小丑娃邀请你们和它一起玩游戏哦!小山洞准备好,小丑娃躲起来,我们一起来玩游戏吧!

手指律动第1遍。

〔注意:教师随乐示范。〕

(4) 音乐:手指律动。

教师:刚才小丑娃是怎么玩儿的?做了什么动作呀?它先……然后……小山洞准备好,我们一起来试一试。

手指律动第2遍。

〔注意:教师帮助幼儿梳理动作顺序:躲、跳、玩一玩、跑、坐下来。〕

(5) 音乐:小丑娃律动(座位上)。

教师:这次小丑娃真的要来喽,瞧,我的小丑娃在这儿呢,你的小丑娃在哪儿呢?快把它请出来吧!先让我们的小丑娃躲起来,躲好了吗?我说"一二三,跳",一起整齐地跳出来哦,"一二三,跳!"再躲起来,"一二三,跳!"小丑娃玩得真棒呢,我们一起来玩游戏吧!准备好,躲起来!

小丑娃律动第1遍。

〔注意:引导幼儿跟随教师的语令合拍做动作。〕

(6) 音乐:小丑娃律动(座位上)。

教师:刚刚小丑娃是在里面向前弯弯腰,还可以怎么玩呢?

小丑娃律动第2遍。

〔注意:引导幼儿创编手指游戏动作,如方位上的变化。〕

(7)其他:挑战一——圆圈游戏

教师:刚刚有一个跑动的动作,如果能围着圆圈跑起来躲猫猫就更好玩儿了,我们大家正好围成了一个大圈圈,一起来试一试吧!

圆圈游戏第1遍。

〔注意:在进行完整圆圈游戏之前可以带领幼儿在圆圈上先进行练习:轻轻起立,让小丑娃坐在椅子上,快速站到椅子后面,面向圆上。〕

(8)其他:挑战二——身体律动(一)。

教师:小丑娃施了一个魔法,然后就悄悄地躲起来了,它把你们每一个人都变成一个小丑娃哦,我们可以在哪里玩躲猫猫的游戏呢?我们一起来试一试。我数一二三,大家一起跳起来。准备好了吗?一二三,跳!

圆圈游戏第2遍。

〔注意:游戏时有的幼儿会坐在地上甚至趴在地上,教师要适时引导并请幼儿练习。〕

(9)其他:挑战二——身体律动(二)。

教师:小丑娃可滑稽了,它会做什么动作逗别人呢?我们来试试,轻轻起立,我数一二三,你们就摆好造型静止不动。

圆圈游戏第3遍。

〔注意:总结动作的要点,提醒幼儿记得玩游戏的时候把动作做出来。〕

(10)其他:挑战二——身体律动(三)。

教师:好,这次我们再换一个嘴巴鼓气、手在两边摇摆的动作吧。记住了吗?准备好!

圆圈游戏第4遍。

〔注意:中途抽掉一张椅子,点评幼儿的表现,表扬做得好的幼儿,如眼神很到位等。〕

3. 学习游戏"快乐的小丑娃"。

(1)其他:挑战三——抢椅子游戏。

三、幼儿园韵律活动教育活动设计 337

教师:我的椅子呢?到哪儿去了?哦,原来我成了那个幸运的小丑娃!听说幸运的小丑娃有一个神奇的化妆间,我去看一看啊!(小丑娃做着滑稽动作出来)嗨,大家好!你们发现我有什么变化啊?(红鼻子)对喽,你们想和我一起玩游戏啊?

抢椅子游戏第1遍。

〔注意:减少语令字数(跳、玩、躲……转身、出发、快快回家)。〕

(2)其他:挑战三——抢椅子游戏,增加抽掉的椅子的数量。

教师:这次的幸运的小丑娃是谁啊?我刚才是什么时候从中间到圈上去的呢?(转圈跑的时候)哦,然后跑跑跑,就产生了新的幸运的小丑娃!幸运的小丑娃,接下来你要去哪里啊?(一边说一边指)要安静哦,我们去化装!

幼儿:嗨,大家好!

教师:这次幸运的小丑娃有什么变化呀?哇,小丑娃染了一个彩虹头!好,我们一起来和小丑娃玩游戏吧!

抢椅子游戏第2遍。

〔注意:鼓励成为"幸运的小丑娃"的幼儿和大家打招呼。〕

(3)其他:挑战三——抢椅子游戏,继续增加抽掉的椅子的数量。

教师:这次幸运的小丑娃是几个啊?两个,看来幸运越来越多了呢!你们俩该去哪里呀?这回幸运的小丑娃会变成什么样子呢?我们一起期待。

幼儿:嗨,大家好!

教师:这两个幸运的小丑娃一个有……一个有……准备好,玩游戏吧!

抢椅子游戏第3遍。

〔注意:退出语令,提示幼儿可以合作做造型。〕

教师:哇,这下有几个幸运的小丑娃了呀?好,准备化装!(提示三人一个一个轮流出来)

幼儿:嗨,大家好!

教师:我们幸运的小丑娃家族的成员越来越多了!光会玩躲猫猫可不行,还要学习趣味抛接球、奇幻小魔术,想不想学啊?回去拜我为师,好好练习,再来给各位观众表演啊!

〔注意:跟随音乐做律动,下场。〕

(设计者:南京市第一幼儿园 蒋 玲)

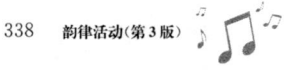

大班

1. 赛 马

【乐曲】

赛 马
（节选）

1=F 2/4

黄海怀 曲

奔放、热烈地

340　韵律活动(第3版)

三、幼儿园韵律活动教育活动设计 341

动作建议

前奏：等待。

A段：扬鞭催马。

B段：看风景。

C段：欢乐的草原生活。

D段：休息。

E段：扬鞭立马。

【教育活动设计】

🦋 活动阶梯

其他4　在教师带领下完整随乐表演。
其他3　在教师引导下随D段音乐即兴表现休息和娱乐。
其他2　在教师引导下随D段音乐即兴表现休息和娱乐。
其他1　在教师引导下随B段音乐即兴表现欣赏草原风景。
音乐　随C段音乐跟随教师使用上肢连贯练习三套动作。（坐姿）
动作　在教师引导下分成三组，各组根据想象情境为C段"如歌行板"创编两个上肢动作。
故事　进入"到草原旅游"的情境，策马奔驰→欣赏风景→赞美草原生活→休息娱乐→尽兴而归。

🦋 活动目标

1. 学习跟随音乐，表现骑马、看风景、劳动、休息娱乐和回家等系列场景。
2. 借助教师的提示，创编各种劳动和娱乐表演动作，即兴表演看风景和休息的情境。
3. 借助教师的指挥，合作随乐完整表演，体验热烈的音乐和激情的表演所带来的乐趣。

🦋 活动准备

1. 物质准备：蒙古族人民在草原上生活的相关场景图片或幻灯片。
2. 经验准备：幼儿已有蒙古族人民在草原上生活的其他相关主题活动经验。
3. 空间准备：幼儿围成一个大的半圆形。

🦋 活动过程

1. 欣赏图片，分享相关的经验。

教师：我们今天有幸来到了美丽的内蒙古大草原。我们可以骑着马去看看风景，再去看一看那里的人们都在做些什么事情，热情的蒙古族叔叔阿姨还为我们准备了丰盛的食物和好玩的游戏，最后我们还可以体验看到骑的马儿站立起来而激动欢呼的感觉！

2. 教师引导幼儿为C段音乐创编三个不同劳动场景的表演动作。

(1)教师提供人们在草原生活的场景图片。

教师：现在请看蒙古族人民的幸福生活。（骑马、挤奶、剪羊毛、射箭、摔跤、喝酒、跳舞、拉马头琴……）

教师:这些情境我们可以用怎样的动作来表现呢?

〔注意:幼儿比较缺乏相关经验,即便有一点经验,也是既不清晰又不稳定,非常难以提取,更难以进行表征。所以教师必须提供图片或视频,帮助有经验的幼儿回忆,帮助无相关经验的幼儿获得经验。〕

(2)幼儿用动作和语言表达他们的想法,教师将事先准备好的小图片放在磁性黑板上。

教师:我们可以选择六张图片,并把它们分成三组,谁愿意上来为第一组选择两张图片?

教师:(邀请一名幼儿)你能告诉大家怎样用动作来表现这两张图片上的事情吗?

教师:哦,你想先骑马,然后再剪羊毛,对吗?好,现在我来唱曲子给你伴奏,你来给大家表演。

(同样的流程重复3次)

3. 集体练习C段三种场景动作表演。

〔注意:1. 此环节重点在于,三位志愿者轮流担任领袖,带领全体幼儿随乐练习创编出来的动作。教师必须随时根据领袖幼儿的情况给予帮助。每遍音乐四个乐句,必须一个乐句或两个乐句换一次动作(ABAB 或 AABB),帮助幼儿形成乐句的感觉。2. 一般提出任务不适合用语言间接表述的方法,而应该用图示直接展示的方法。奥尔夫教师在师资培训中经常使用节奏卡片、结构卡片和语词卡片,配器图谱也是使用此种技术的很好的范例。〕

ABAB 结构

AABB 结构

A(ab)A(ab)B(cd)B(cd)结构

(1)邀请3名幼儿作领袖,先1—3报数,再按照顺序带领全体幼儿连贯练习三个场景的表演动作。

(2)教师随机用动作邀请幼儿领袖。(幼儿领袖需要快速反应,随时准备开始动作带领工作)

4. 教师引导幼儿即兴创编看风景场景,并尝试随乐即兴表演。

(1)教师提供图片,引发和补充幼儿的相关经验。

教师:现在,我们来看看,图片上都有哪些美丽的风景?你们是怎样来看风景的呢?

〔注意:这里,引导幼儿表现有两种思路:一是用怎样的姿态来看,如站?蹲?跪?坐?卧?躺?二是看见了什么?云?山?水?草?花?鱼?鸟?……〕

(2)幼儿自由用动作表现,教师反馈总结。

(3)教师哼唱B段乐谱,为幼儿的表演伴奏。

5. 教师引导幼儿即兴创编休息场景,并尝试随乐即兴表演。

(流程转为D段音乐的休息场景,即兴表演重复一次。内容为品尝食物、游戏、闭目养神、说悄悄话……)

6. 教师带领幼儿练习A、E段音乐的催马和立马的动作表演和嗓音表演。

练习喊"驾",学习模仿"马嘶"声。

(A段音乐:每个乐句的第一拍做挥鞭动作,同时喊"驾"。E段音乐相同,最后在结束的长音处模仿"马嘶"声并做立马姿态,然后做挥鞭动作,同时喊最后一声"驾"!)

三、幼儿园韵律活动教育活动设计 345

7. 幼儿跟随音乐,听教师的动作和嗓音信号,完整随乐表演。

〔注意:该环节主要的问题不在幼儿,当教师能高度熟练用动作指挥幼儿进行表演时,幼儿便能够享受活动的自由和流畅。〕

(设计者:南京师范大学 许卓娅)

2. 大魔法师

【乐曲】

The Game is On

(片段)

$1=C \quad \frac{4}{4}$

♩=105

[乐谱：第9-16小节]

🦋 动作建议

前奏：教师语令"魔法来啦！"

[1]—[2]小节：双手从前方往自己的胸前做抓东西的动作,表示收集空气中的魔法能量。

[3]—[4]小节：双臂同时向自己的前方伸出去,同时五指张开,做释放魔法的动作。

[5]—[8]小节：同[1]—[4]小节。

[9]—[12]小节：同[1]—[4]小节。

[13]—[16]小节：同[1]—[4]小节。

【教育活动设计】

🦋 活动阶梯

	其他3　幼儿和客人老师合作变魔法。（S众—T众）
	其他2　个别幼儿合作变魔法。（S1—S2）
	其他1　教师和个别幼儿合作变魔法。（T1—S1）
音乐	1. 两位教师合作变魔法。（T1—T2） 2. 创编并随乐表现变魔法的不同动作。（基于对视频动作的模仿）
故事+动作	创设魔法师念咒语的故事情境。（感受动作节奏型）

三、幼儿园韵律活动教育活动设计　347

活动目标

1. 随乐合拍做出不同的变魔法动作。
2. 根据魔法咒语的节律、视频动作等,模仿、创编合拍的变魔法动作。
3. 大胆学习同伴的动作,并尝试创编新动作。

活动准备

1. 物质准备:音乐《The Game is On》(片段),视频,PPT。
2. 经验准备:幼儿有相关造型经验。
3. 空间准备:将椅子摆成半圆形,前方有较大场地方便幼儿活动。

活动过程

1. 情境导入,探索变魔法的动作。

教师:你们看过魔法师变魔法吗?魔法师怎么收集能量?(两只手一起抓)收集了以后要干吗?(用它变魔法)我们一起来试试哦!(收,变,收,变)魔法师变魔法的时候还会念咒语,一起来听听,"乌卡拉卡乌卡拉卡变",我们一起念着咒语变一变!"魔法来了,乌卡拉卡乌卡拉卡变,乌卡拉卡乌卡拉卡变!"

教师完整随乐做上肢动作第1遍。

〔注意:教师坐在座位上边念魔法咒语"乌卡拉卡乌卡拉卡变"边做动作,念到"乌卡拉卡乌卡拉卡"的时候,做的是收集魔法能量的动作;念到"变"的时候,做的是变魔法的动作。在念咒语时,遇到需要匹配动作的地方,建议教师适度放慢速度,便于语言和动作的匹配,以及关注幼儿对动作的反应。〕

2. 观看视频,模仿分享高级榜样的不同动作。

教师:在这个黑匣子里面有一个大魔法师,我们看看他做了哪些魔法动作。

播放视频。

教师:谁能学一学刚才魔法师的动作?(个别幼儿示范自己看到的动作)我来帮你念咒语,你来变哦。(幼儿做动作,教师念咒语)"准备好哦!魔法来了,乌卡拉卡乌卡拉卡变!乌卡拉卡乌卡拉卡变"(幼儿集体合乐模仿同伴的变魔法动作)

〔注意:此环节需要进行4—5次模仿—学习—提升的循环。教师对幼儿关注和模仿的动作及时进行反馈,为幼儿后面的创编动作环节提供动作基础和铺垫。〕

3. 教师和教师合作,随乐轮流做动作,合作表现魔法师变魔法。

教师:今天我还邀请了一个大王魔法师来到我们的现场一起合作变魔法。请你们仔细观察我们的魔法是不是一样的。(引导幼儿发现动作表现方式的不同)

〔注意:从此环节开始到活动结束,每次合作变魔法成功后,PPT就会显示出魔法变出的一样神奇物品,激发幼儿游戏的兴趣。〕

4. 教师和一名幼儿随乐合作变魔法。

教师:现在有哪一个小魔法师想上来和我一起合作变魔法?

〔注意:此环节需要先随魔法咒语的节奏尝试合作轮流变魔法,再随乐进行合作变魔法,给予幼儿思考和反应的时间,也给予幼儿相互学习和积累造型的机会。〕

5. 两名幼儿合作变魔法。

教师:你想请哪个小魔法师和你一起变魔法?你们有没有想好等会变什么魔法?

幼儿随乐合作变魔法。

〔注意:此环节教师需要关注两名幼儿是否了解并能用不同的动作表现轮流变魔法的游戏规则。先随魔法咒语的节律尝试合作轮流变魔法,再随乐合作变魔法。坐在位置上的其他幼儿在观察模仿学习的同时,也在梳理游戏的规则,为后面的一对多合作变魔法做好准备。〕

6. 个别幼儿合作变魔法。

教师:还有谁想上来试一试的?准备好了吗?

集体随乐练习。

7. 幼儿和客人老师合作变魔法。

教师:下面坐着的魔法师们已经坐不住了,也想要宝石呢,不过这个宝石是我们小朋友的,要不我们陪他们也变一次吧!

集体随乐律动1遍。

〔注意:此环节教师需要关注所有幼儿是否能够随乐合拍做出自己喜欢的动作,变魔法。如果出现掉拍的现象,教师可以通过念咒语"乌卡拉卡乌卡拉卡变"或者走到该幼儿身边和他一起表演他的动作(按节奏)进行个别指导和帮助。〕

(设计者:南京市第一幼儿园　周宁娜)

四、幼儿园韵律活动教育教学实践体会

（一）幼儿园创造性韵律活动指导技术的研究

幼儿园创造性韵律活动的主要目的是培养幼儿的创造能力，但长期以来，广大幼儿园教师对此感到困难重重，致使教育目标也未能实现。笔者认为解决问题的关键是提高教师的实践操作技能，即要研究教师指导这类活动时应掌握哪些具体技术。只有这样，才能使其真正成为提高幼儿创造能力的有效途径。为此，笔者着重就教师如何掌握具体的、可操作的、指导创造性韵律活动的技术进行了研究。经过两年的研究，我们认为教师在组织创造性韵律活动时应掌握以下四个方面的操作技术。

1. 明确各年龄班幼儿的创造内容

在进行创造性韵律活动创编前，我们首先针对创造性韵律活动教材及本班孩子的实际水平，挖掘教材中可以创编的"点"，循序渐进地安排创编的容量和难度，尽量使每个幼儿都能体验到创编的乐趣。

（1）由无主题到有主题。

为了激发幼儿的创编兴趣，一开始，我们把创编范围定得很大，幼儿可以根据音乐的节奏韵律思考应该做什么动作，或做出别人没有做过的动作。在幼儿对创造性韵律活动创编产生兴趣之后，我们逐步向幼儿提出有主题的创编要求，即让幼儿进行有关某一主题或某一形象的创造性韵律活动创编。

（2）由横向到纵向。

幼儿刚开始进行韵律活动创编时，我们引导他们进行横向联想，在幼儿初步掌握了横向联想的思路之后，再向幼儿提出纵向创编的要求。

(3) 由小节、乐句过渡到段落,甚至完整的音乐作品。

考虑到幼儿发展水平的不同,我们将创编活动分成三个阶段。

第一阶段,创编终止造型。即要求幼儿在律动的最后一拍或最后一小节,做一个自己最喜欢的造型动作。这种单个造型动作的创编,不仅能使幼儿积累创编经验,而且能激发幼儿的创编兴趣。第二阶段,为乐句或乐段创编动作。在这一阶段,我们选择律动中的某一乐句或乐段让幼儿创编,其他乐句、乐段则由教师事先设计好统一的动作。第三阶段,根据情节线索创编相关动作。在创编律动前我们先以讲故事的形式给幼儿提供创编思路,然后引导幼儿根据故事情节创编动作组合。三个阶段的创编难度是逐渐递增的,易于幼儿达到目标,有助于其积极主动地参与到创造性韵律活动之中。

2. 帮助幼儿掌握动作变化和组合的创编规律

创造性活动有它自身的规律,我们只有让幼儿掌握创编规律,才能进一步调动幼儿创造的主动性和积极性,使幼儿获得更多的成功经验。

(1) 帮助幼儿掌握动作变化的规律。

在幼儿掌握基本动作后,可引导幼儿根据基本动作变化出许多相似的动作。随着创编经验的积累,幼儿逐步体会到:可以通过改变某动作的姿态、节奏、幅度、力度、方向,创编出许多动作。

(2) 帮助幼儿掌握动作组合的规律。

两个以上的动作被组合在一起,就形成了一组新的动作。组合应按照主题的表现需要,把表现角色形象、情节内容的一系列动作,按照一定的规律加以组织,使其符合力度的特定形式及审美规律。刚开始,幼儿创编的动作组合大多是无意识的拼凑,没有一定的规律。因此,我们有意识地引导幼儿学习一些动作组合的规律,主要有:对称规律、顺序规律、回旋式规律、动静交替规律、按照音乐的结构与性质进行组合的规律。这些规律的掌握,能使幼儿创编的律动组合具有对称美和整体感,组合动作的张弛、快慢、强弱在对比中构成和谐的、富于变化的美感。

3. 教给幼儿创造的策略

教给幼儿创造的策略是为了解决"会不会创造"的问题,选择一些他们能接受的创造策略教给幼儿,利于让其获得成功创造的体验,建立创造信心,使其尽快跨入创造之门。

(1) 迁移策略。

迁移策略指幼儿在甲学习活动中,能运用在乙、丙等其他学习活动中的经验进行创造的策略。如在创编集体舞的行列队形活动中,在幼儿想不出时,教师启发道:"可以运用我们体育课中学过的队形。"幼儿立即迁移体育课中"绕小树林""钻山洞"等队形变化的经验,接着教师带领他们逐一尝试以前体育课中学过的队形。实践证明这样做是合适的。通过此活动,幼儿懂得了在进行创造时可迁移其他活动中的经验。

(2) 累加策略。

累加策略指在别人已有构思的基础上,可以增加或减少某些内容的创造策略。如在创造"手腕转动"律动时,仅有的几个方位变化已被前面的幼儿说完了,后面的幼儿要想创编得和别人不一样,怎么办呢?教师提示幼儿"可以在别人动作的基础上,采取增加或减少动作的方法进行创编"。幼儿立刻想起在不同方位转动的基础上增加拍手动作,使原有律动由单一转动组合变为拍一拍、转一转的新组合。

(3) 局部变换策略。

局部变换策略指在不改变原有构思整体的前提下,变换其中某部分的创造策略。如在学习三段体结构的《孔雀舞》时,教师采取固定前后两段动作,请幼儿改变中间段的动作,之后请幼儿上来逐一表演他们创编的舞蹈。通过观看各自的舞蹈,幼儿就能体会到只要改变原舞蹈中的一个部分,就可变化出许多种孔雀舞的创造策略。

(4) 联想策略。

联想策略指根据一种事物联想到另一种事物,从而诱发创造性行为的策略。如在创编《单簧管波尔卡》的律动时,一名幼儿想出用手转动的动作后,教师启发道:"那么还可以转动身体的什么地方?"其余幼儿立即想出转头、转脚、转膀子、转腰,乃至转动整个身体。通过此活动,幼儿知道了可以根据别人创编的信息扩散至相关的事物进行创造的策略。

4. 采用创造性的教学方法

创造性教学的目的在于创造一种"易起反应的环境"。它是开发幼儿创造力、培养创造性的重要途径,是通过一定的创造力培养方法来实现的。

(1) 发现法。

发现法指教师在指导幼儿学习舞蹈和律动动作时只是示范,让幼儿自己从中发现哪些动作是学过的,哪些动作是没学过的。这个动作和以前学过的哪个动作较像,从而主动迁移已有的学习经验进行创造性学习的方法。如在学习舞蹈《快乐的啰唆》时,"碎步甩手"是此民族舞中的典型动作,教师改变以往"我教,你模仿"的机械方法,请幼儿观察这个动作和以前学过的哪些动作较相似,引起幼儿积极思考,并最终发现其和原有动作表象中"小鱼游"的动作很像,且找到了两者的共同点,从而很快地学会了此动作。

(2) 尝试法。

尝试法指对幼儿已熟悉的事物进行动作表现时,采取鼓励幼儿大胆尝试,用自己的动作进行创造的方法。如在学习律动《碰碰车》时,幼儿已具有很多相关的认知经验,教师采取不示范,让幼儿自己创编的方法。在创编中仅是碰碰车开动的步伐,幼儿就想出"小碎步""小跑步""垫步"等多种舞步。究竟哪种合适,教师不急于给出结论,而是让幼儿逐一尝试后自己得出结论,即"小碎步"用在此律动中最合适。此活动的学习,教师采用让幼儿逐步尝试的方法进行。

(3) 问题法。

问题法指教师针对幼儿所要学习的内容提出一系列的问题,引导幼儿分析,逐步改进,从而掌握知识的一种方法。如学习律动《织布》时,教师在用幻灯机演示织布机的织布过程中,就提出一系列的问题引导幼儿创编织布律动。"如何用我们的身体作一架织布机?"当幼儿用两只胳膊做横线轴时,教师提问:"那用什么作竖线轴呢?"幼儿立即改为用另一只胳膊作竖线轴。教师又问:"织布机如何织布呢?"幼儿只动横线轴。教师又问:"织布机的横线轴和竖线轴是同时织布的,又该怎样做呢?"幼儿立即改为竖线轴和横线轴同时运动。教师在此活动的教学中,就是通过提问逐步启发幼儿,使幼儿持续进行探索,从而主动地获得知识。

（4）开放法。

开放法指教师不拘泥于已有的现成结论，而是着眼于各种不同结论的探索，强调独特性的教学方法。如在请幼儿创编孔雀头部造型时，很多幼儿由于欣赏过杨丽萍的舞蹈，刚开始创编时全是一个模式，教师立即提出："谁还能做出和这个动作不同的动作？"当幼儿用自己的动作表现时，教师给予鼓励，让幼儿知道任何一种表现方法都可以被超越，都是在发展的。

经过两年的实践研究，我们总结了在创造性韵律活动的指导中教师应掌握的主要操作技术，但真正要将这些技术转变成教师的教育技能，还必须通过教师自己反复的亲身实践。我们认为只有经过具体真实的教育过程，并在实践过程中反复修正，教育操作的技术体系才能建构起来，并不断得到完善。

（南京市北京东路小学附属幼儿园　吴邵萍）

（二）通过韵律活动培养幼儿共享空间的能力

除了发展幼儿特有的音乐感等音乐方面的能力以外，促进幼儿的社会性发展也毋庸置疑地成为音乐教育的目标之一，并越来越多地引起人们的重视。共享空间的能力是社会性能力的一个方面。它是指幼儿在有限的空间活动时，能够确保个人的行为既不受压抑，又不妨碍他人，并能与他人友好相处，同享快乐。在幼儿园活动中，教师常常要求幼儿充分地活动起来，自由地随音乐做动作，乃至多人相互结伴共同游戏，因此在这种人多室小、空间有限的条件下，共享空间能力的培养显得更加重要。为此，我们尝试在韵律活动中培养幼儿共享空间的能力，以促进幼儿的社会性发展。我们从以下两方面开展了一系列的教育活动。

1. 在自由模仿律动中学习利用空间

对幼儿来说，班集体就是一个小社会。幼儿才从家庭来到幼儿园，自我中心意识较强。我们常听到这样的话："这是我先拿到的。""我先到这儿来的。"我们也常看见幼儿为争一张椅子、为占一个地方而争吵、打架。在集体中，要使幼儿和平友好地在一起活动就必须制订一定的活动规则。游戏是幼儿喜爱的活动形式,模仿动作是律动教学的主要内容,因此,我们首先选择具有游戏性的模仿律动来帮助幼儿初步了解和学习共同活动的规则。通过游戏律动,幼儿从火车相撞会翻车、飞机相撞会爆炸等一系列游戏情景中,逐渐体会到自己的行为与别人的关系,从而明确与同伴共同活动时不能相撞的规则,也逐步懂得只有遵守这一规则,才能使自己与同伴分享在一起活动的快乐。

在幼儿律动中,我们还常发现某个地方聚集了很多人,而某些地方空无一人,这样既不利于幼儿展开活动,又易造成碰撞,增加发生矛盾的机会。因此,我们鼓励幼儿占用可利用的所有空间,并利用游戏的情境启发他们:天空很大,飞机可以在各个地方规定的航线飞行;草地上到处都有小虫,小鸡可以找空的地方捉小虫……引导幼儿发现和利用所有空间,从而使自己和同伴共同占有同一空间,并在共同活动中初步形成这一空间是大家共有的,每个人都可在这里同时自由活动的意识。

2. 教给幼儿一些活动技能,促进他们共享空间能力的发展

幼儿对规则的理解和掌握,光靠说教是远远不够的,要使幼儿真正掌握这些规则,并使这些规则逐渐内化为幼儿行为的规范,还要靠反复的练习,同时更重要的是,要让幼儿学会一定的技能和方法,以保证幼儿自己的行为不影响同伴,更好地共享空间。为此,我们从以下几个方面阐述如何让幼儿掌握一些具体的方法。

(1) 控制速度,改变路线。

动作、速度的控制可以帮助幼儿较好地保持与同伴的距离,因此,我们应注意帮助幼儿学会控制自己动作的速度。如在玩"巨人、皮球、小灰老鼠"的游戏时,每个"皮球小姐"要看清别的"皮球小姐"的位置,然后确定自己是否快速滚动;"开火车"时,"小司机"要看见前面有火车就减速,前面没有"火车"就加速。通过活动,幼儿逐渐理解速度与距离的关系,从而学会较好地控制速度,不猛冲猛撞。

此外,我们通过改变行进路线来调节幼儿之间的距离,在玩"走小路"游戏时,幼儿可沿一条"中路"走,也可以向"岔路"上走;在无人的"小路"上快走,在有人的"小路"上慢走或原地走,幼儿在游戏中逐渐知道可以一直向前走,还可以改变行进的路线。这样时走时停,时快时慢,可以避免相互碰撞。在活动中,幼儿要能控制自己,学会轮流、等待、谦让等,在不知不觉中摆脱自我中心主义,增强自我控制能力。

(2) 灵活转换动作的方向。

随着幼儿年龄的增长,空间概念的丰富,身体控制能力的增强,创造性活动的进一步开展,在幼儿掌握部分基本舞步的基础上,我们让幼儿学习灵活转换行进方向。通过自身的探索,以及教师的示范、辅导,幼儿逐渐知道:不仅可以前进,还可以后退;不仅可以前后移动,还可以左右移动。这样,幼儿在前进后退、左右移动的过程中,增加了关注的对象。他们不仅要保持与前面同伴的距离,还要关注左右、后面的不同位置上的同伴,并随时调整自己的行进方向,与他人保持适当的空间距离,同时也使身体动作的灵活性和协调性得以发展。

(3) 随时调整动作的幅度。

动作大小与其在空间所占位置有一定的关系,因此,我们首先通过造型帮助幼儿感知动作幅度与空间位置的关系。如在作"小树"时,有的"树"大,有的"树"小;"大树"占的空间大,"小树"则占的空间小,从而使幼儿理解:动作幅度大,所占空间就大,反之则占的空间就小。在此基础上,通过游戏,幼儿调整自己的动作幅度来适应不同大小的空间。在"小树和小精灵"游戏中,"小精灵"在"小树林"里穿行时,不能碰到"小树"。这时,幼儿可以运用控制速度、改变路线、转换动作方向的技能,而"小树"千姿百态、高低不平,需要"小精灵"及时变换自己的姿态,改变动作的幅度,时而弯腰穿行,时而侧身移动,在树距较小时要缩身通过;在较宽广的地方则可以手舞足蹈,这样幼儿才能自由地在"小树林"里穿行且不碰到小树。幼儿通过自身动作的幅度变化来适应相应空间的需要,不仅促进了自控能力的发展,较好地约束自己的行为,也学习和练习了改变自身以适应别人的交往技能。游戏中他们懂得,只有爱护"小树","小精灵"才能在树林里玩得开心。活动中,幼儿逐渐体会到社会规则与自己及他人的关系,从而更加自觉地去遵守规则。

3. 培养幼儿共享空间能力的体会

通过以上有意识的尝试,我们体会到:

(1) 韵律活动是促进幼儿共享空间能力发展的有效途径。

韵律活动为幼儿提供了自由活动的机会。幼儿在活动中会用体态与人相处,并在控制自己的身体动作的速度、方向、行进方式以及幅度的同时,促进自我控制能力的发展。幼儿从游戏规则中了解相关的社会规则,通过各种练习,使这些规则逐渐内化,成为一种自觉的行为。他们逐渐按规范的要求来约束自己的行为,从而更好地与同伴共享空间。

(2)共享空间技能的获得,使韵律活动更加丰富。

共享空间技能的获得,不仅使幼儿学习和平友好地与人相处,而且为开展创造性律动提供了方法。首先,它可以使原来静止的动作活动起来,原来单一的动作丰富起来,如可以边走边转动手腕,可向前向后转动手腕……变换的方式丰富了。其次,可以通过幅度的变化改变动作姿态,同一动作收缩或展开就是不同的姿态。这些变化,增加了幼儿对韵律活动的兴趣,使韵律活动更加富于情趣,真正成为幼儿喜爱的活动。

(3)运用多种手段来促进幼儿社会性的发展。

影响幼儿社会性发展的因素不是单一的,而是多方面的,教育方法、途径也是多样的。韵律活动对幼儿社会性发展有促进作用,但不是唯一的途径。共享空间也只是社会性发展的一个方面。要使幼儿的社会性得以充分发展,应注意多种手段的交互作用,将社会性发展目标渗透于各种活动之中。

(南京市北京东路小学附属幼儿园 陈一平)

(三)空间接近方式与儿童成长需要的满足

人在不断的发展中会产生不同的需要。人本主义心理学家马斯洛指出,人的需要由低到高分为七个层次:基本生理的需要、安全的需要、归属与爱的需要、自尊的需要、认知的需要、审美的需要及自我实现的需要。其中,前四种为缺失性需要,后三种为成长需要。缺失性需要是在人的早期发生的,只有在缺失性需要满足的基础上,成长需要才能得以产生和发展。幼儿阶段是人生发展的早期阶段,因此,满足孩子的缺失性需要显得尤为重要。

在幼儿园集体音乐教学活动中,教师适当利用空间接近方式传递信息,可使幼儿的需要获得满足。空间接近是指导者拉近与被指导者之间的空间距离,对被指导者产生影响的一种交流方式。上述人的需要的七个层次中,生理需要因为与衣、食、住、行有关,在音乐教学中尚涉及不多,这里笔者主要对儿童安全的需要、归属与爱的需要及自尊的需要的满足谈几点体会。

1. 空间接近方式与安全需要的满足

安全需要对每个人来说,都十分重要。我们可以说,整个有机体就是一个追求安全的机制。在儿童身上,安全的需要表现得尤为突出。

在幼儿园歌唱教学中,我们常发现有的孩子害怕在集体中单独表演,特别是独唱时,常流露出羞涩、紧张、局促的神情,唱歌的声音也总是很轻,只有他自己能听到。这种现象是孩子的一种不安的心理反应。造成不安的因素是:孩子感到自己被带到了一个无助的境地,而不能像齐唱时那样,可以依靠同伴的扶持去记忆歌词、掌握旋律。因此,孩子缺乏的是安全感。这时,教师要主动靠近孩子,将双手搭在孩子的肩上,用双臂环绕孩子的身体,将头微微贴近孩子的脸颊,轻声伴随孩子演唱。你会发现孩子的不安反应在慢慢减弱,音量在渐渐升高,表情也变得自然、松弛。因为教师的接近,孩子在心理上产生了安全感,感受到自己是被保护的,不是孤独、无助的,从而增强了独唱的勇气。

教师利用空间接近的方式,满足了孩子被关怀、被保护的安全需要,帮助孩子克服了不安因素,降低了胆怯、紧张的程度,为孩子之后勇敢地参与活动打下良好的心理基础。

2. 空间接近方式和归属与爱的需要的满足

归属与爱的需要是一种渴望与他人接近、期望被接纳、有所归依的心理活动和行为动力。

爱的需要在情感世界中,处于"最普遍的基础核心"的地位。爱或来自于一个微笑的眼神,或来自于一个亲热的爱抚动作,但爱对于孩子来说意义是深远的。

在韵律活动"小兔看花"中,教师为能更加亲近幼儿,便扮演成兔妈妈和小兔一起去看花。幼儿则很高兴地扮演小兔,簇拥在兔妈妈的周围投入游戏。为了启发幼儿创编更加新颖、独特的花的造型,教师就走到一位扮花的幼儿面前,用手给他做一个照相的动作,并说:"这朵花真美,妈妈真喜欢。"此时,每位做花造型的幼儿都极力用不同的身体动作来表现花的姿态,渴望着兔妈妈能给自己"拍照"。幼儿的这种积极反应是对"爱"的需求和渴望。在幼儿看来,兔妈妈给谁"照相"就意味着兔妈妈喜欢谁、爱谁。

教师利用空间接近的方式,巧妙地运用身体动作表达对幼儿的关注,使幼儿感受到自己被认同、被接纳,满足了幼儿归属与爱的需要,促进了幼儿产生积极的表现欲望,提高了幼儿参与活动的兴趣。

3. 空间接近方式与自尊需要的满足

自尊需要的满足会让人产生自信的情感,使人觉得自己在这个世界上有价值、有力量、有能力、有位置、有用处。任何人都希望获得赏识、获得称赞、获得尊重,幼儿也不例外。

在歌唱活动中,有些幼儿由于对歌词不熟或唱词发音发不准,会出现怕唱错、怕惹笑话的心理,从而影响对歌曲的学习兴趣。这时,教师主动靠近幼儿,用夸张的口型帮助其正确发音,用直观的动作提示幼儿歌词顺序,用赞许的眼神、表情肯定幼儿的演唱方法,使得有不同需要的幼儿在心理上获得教师不同的帮助与支持。教师采用空间接近方式,有利于了解幼儿的学习情况,消除幼儿的学习顾虑,帮助幼儿树立信心,保护幼儿的学习热情,增强幼儿学习的主动性,满足幼儿自尊的需要。

在幼儿园音乐教学实践中,我们利用空间接近方式拉近了师生之间的距离,使师生之间充分运用目光接触,达到心灵的沟通,促进了幼儿不同需要的满足。空间接近,增强了教师的控制能力,提高了幼儿对教师的归依心。但过度使用空间接近,又会导致幼儿成就动机降低,不利于幼儿独立性的培养。因此,教师应适度地运用空间接近,在幼儿能够自我实现的时候,教师应逐步退出、逐步远离,减少对幼儿的控制,降低幼儿对教师的依赖,以逐步提高幼儿的成就动机,让幼儿逐步从依赖到脱离依赖,进而独立地、自由地活动。

(南京市北京东路小学附属幼儿园　成嫒)

（四）幼儿园创造性律动的教育价值及其教学方法

1. 问题的提出

律动，是指幼儿在音乐伴随下，有规律地做出富有韵律感、节奏感的身体动作。律动教学在幼儿园的音乐教育中是不可缺少的内容之一。因为它不仅能培养和提高幼儿的音乐能力，增强幼儿对音乐美的敏感性，而且能使幼儿和谐发展、健康成长。

长期以来，幼儿园的律动教学通常是把现成的作品教给幼儿，很少发挥幼儿的主动性、创造性。教师所重视的是幼儿技能技巧的训练，所采用的方法是"示范—模仿—练习"这样一种机械模仿的固定模式。这种模式既忽视了幼儿对音乐的感受，又忽视了幼儿的创造性表现，还违背了音乐教育要尽音乐艺术之所能，发挥音乐之优势来促进幼儿全面发展的教育初衷。

面向未来，培养创造型人才是时代发展的需要，为"创造而教"已成为教育的目标和口号。幼儿期是幼儿创造力的萌芽期，这已被许多研究所证明。音乐活动本身也需要丰富的想象力和创造力。

基于以上认识，我们以"幼儿园创造性律动研究"为课题，在如何让幼儿创编律动方面进行了研究。

2. 创造性律动的教育价值

"创造性律动"是指幼儿在音乐的感染下，身体随着旋律的起伏自由地富于个性和创造性地做出符合音乐性质、结构与节奏的身体动作。这样的身体动作是在教师的引导下，幼儿通过积极探索而创编出来的，其中包括为歌曲创编动作，创编模仿动作、舞蹈动作及欣赏成品音乐创编动作等。

创造性律动不仅有利于幼儿音乐能力的发展，而且对他们的身心发展有良好的作用。

（1）促进幼儿想象力、创造力和思维能力的发展。

音乐活动往往离不开想象，而想象又是幼儿从音乐活动中获取快乐的重要途径之一。创造性律动则更是一项需要丰富的想象力和独创性的活动。在这样的活动中,经过教师的积极引导和与同伴一起共同设计动作,幼儿的想象力和独创性会有较大提高。如:请幼儿跟随《玩具兵进行曲》创编律动,我们的眼前就会出现姿态各异的玩具形象,有优美的洋娃娃跳舞、活泼可爱的小动物玩具、坚强有力的变形金刚玩具、有趣的小木偶玩具等。单是一种木偶玩具,孩子们又能创编出千姿百态的木偶动作。孩子们会随着音乐打开记忆的闸门,展开想象的翅膀,创造出让教师始料不及、为之惊喜的独特的动作。这样的活动,会促进幼儿想象力、创造力的发展。

(2)促进幼儿情感的发展。

幼儿期正是情感由低级向高级逐步发展的重要阶段。在这个时期,富有情感性的音乐活动对幼儿的情感发展具有明显的促进作用。幼儿越是能够有机会接触各种音乐作品,参加各种音乐活动,就越懂得爱、有同情心和自豪感、憎恨丑恶和追求美善。

在创造性律动活动中,幼儿首先需要欣赏音乐作品,了解音乐的性质,引发共鸣,激发情感,在此基础上创编动作。比如,幼儿在教师的引导下,欣赏了表现解放军的进行曲后便会产生热爱解放军的积极情感,从而创编出各种解放军的动作。有时候一个好的音乐作品、一次好的音乐活动对幼儿所产生的强烈情感的影响,甚至会成为其终身的精神世界的宝贵财富。

(3)促进幼儿自我意识的发展。

首先,幼儿在创造性韵律活动中感受和表现音乐时,需要有意识地认识自己身体的活动状况,并需要有意识、有目的地控制和调节自己的身体活动,使自己的身体活动与音乐相一致,使身体各部分的活动协调一致。其次,幼儿在理解和感受音乐时也需要不断地想象和体验情感。再次,幼儿在创造性律动的活动中可以获得来自教师、同伴的各种评价。这些评价都会对个人的自信心、自尊心、自我评价能力、自我态度的形成方面起到至关重要的作用。

(4)促进幼儿交往合作能力的发展。

音乐的重要功能之一就是提供人际交往的机会,满足人的交往需要。人们可以通过音乐彼此沟通进而建立情感关系。一个好的律动往往是在多名幼儿共同创造的基础上形成的,它不但使幼儿用更加优美的动作表现音乐,而且使幼儿体验合作的快乐。

在欣赏成品音乐进行创造性律动活动中,有时需要根据音乐的性质与结构,引导幼儿想象不同的角色,创编动作,同时由教师与幼儿或幼儿与幼儿分别担任不同的角色,在相互交往的过程中完成律动。这种成人与幼儿、幼儿与幼儿之间的音乐交往,可以提供幼儿大量人际交往的机会。在这些结构的音乐交往活动中,幼儿与人交往的需要得到满足,信心也不断加强。

综上所述,创造性律动的教育价值主要体现在:发展身体运动的能力,发展借助身体动作感受和表现音乐的能力,提高幼儿身心协调活动的能力。与此同时,创造性律动还能满足幼儿对身体活动的需要,对音乐进行探索的需要,想象联想思维的需要,创造性表现的需要以及交流合作的需要等,并为幼儿身心健康发展提供必要的外部条件。

3. 创造性律动的教学方法

在创造性律动研究的过程中,我们经过反复实践论证,总结出如下教学方法,以供广大教师参考。

(1)替换法。

替换法是指用一种新的动作替换掉原有律动中部分或全部动作。这一方法适用于初步学习创编动作的小、中班幼儿。它能调动幼儿创编动作的积极性,增加幼儿学习的新鲜感,使幼儿在整个创编活动中轻松自如。此方法一般用两课时进行较好。第一课时,教师可教给幼儿一些简单的动作,让幼儿模仿。第二课时,教师可引导幼儿创编不同的动作,替换某一乐段(乐句)原有动作。如我园设计的小班创造性律动"大猫小猫",音乐为 ABA 三段体结构,A 段表现大猫,B 段表现小猫。第一课时,教师作大猫,幼儿作小猫,并在教师带领下按音乐节奏拍手。第二课时,教师引导幼儿想象小猫除了拍手还可以做什么,启发幼儿创编出新的动作替换原有拍手动作。

(2)联想法。

联想法是指由一种动作想到另一种动作的心理过程。在使用这一方法时,可先由教师示范一种动作,再启发幼儿根据这种动作所表达的内容、方法等进行联想,创编相关的动作,也可以由个别幼儿示范。如创编"彩带舞"律动时,一位幼儿想出了向前甩彩带的方法,教师就抓住时机让幼儿根据动作方位变化进行联想,启发幼儿想出朝上、下、左、右等不同方位甩彩带的方法;再如创编"儿童乐园"律动时,一位幼儿想出了荡秋千的动作,教师启发幼儿根据律动的主题想出在儿童乐园游玩的其他相关动作,如"跷跷板""转椅"等。这种方法的运用,可使幼儿的创造思路更加清晰、创编的动作更加丰富。

(3)类比法。

类比法是指把陌生的对象与熟悉的对象进行比较,为幼儿提供创编线索。教师可引导幼儿将性质相同的音乐进行比较。如在创编《花环舞》的动作时,教师可启发幼儿回忆以前学过的舞蹈中哪一首音乐和现在听到的音乐比较相似,也可引导幼儿将性质不同的音乐进行比较。如将《进行曲》与《摇篮曲》进行比较,从而启发幼儿创编出节奏感强、有精气神的动作。

(4)匹配法。

匹配法是指幼儿在熟悉音乐性质及结构的基础上,教师将律动内容以故事的形式表现出来,帮助幼儿理清动作顺序,并根据情节线索创编系列相关动作,将动作与音乐恰当匹配。此法适合于具有创编经验和一定舞蹈动作语汇的中、大班幼儿。如我园设计的大班创造性律动"过年"就采用了此法。第一步,教师将根据音乐性质与结构设计出的动作提供给幼儿:"过年了,一群小朋友一路小跑来到夫子庙看花灯,他们左看看、右看看、前面看看、后面看看,看到了许多非常漂亮、有趣的灯,高兴地跳起舞来。"第二步,引导幼儿根据情节创编动作。第三步,将完整动作与音乐匹配,使幼儿在主动学习过程中愉快地掌握动作。

(5)迁移法。

迁移法是指先行掌握的基本动作经验和学习结果对后继的其他学习产生影响。一些研究与事实都说明幼儿的前学习不仅有可能而且有必要进行迁移。模仿迁移就是由此及彼、触类旁通的过程。如当幼儿学习了新疆舞基本动作后,教师有意识地选择一些新疆舞风格的乐曲,让幼儿创编动作,启发幼儿将学会的新疆舞基本动作加以组合,迁移到新的音乐中。

(6)变化法。

变化法是指用一种动作变化出几种动作,有意识地在幼儿活动中注入"变化"

的因素,使幼儿的思维富有弹性,具有灵活性、变通性。变化的关键是帮助幼儿掌握变化的规律。幼儿掌握一种动作后,可根据这种动作变化出许多相似的动作。如幼儿学会原地走"三步"后,可启发幼儿将"三步"做些变化,向前走、向后退、转圈走、加上手的动作等。随着创编经验的丰富,幼儿逐步体会到:可以通过改变动作的姿态、节奏、幅度、力度、方向,创编出许多新的动作。

(7) 借鉴法。

借鉴法是指在别人创编动作的基础上进行发展,使动作更加优美完善。如我园设计的韵律活动"生日树",教师在引导幼儿创编生日礼物动作时就采用了此法。这种方法不仅使幼儿的创造性得到发展,而且使幼儿体会到与同伴合作取得成功所带来的快乐。

(8) 组合法。

组合法是指将两个以上动作组合在一起,形成一组新的动作。在组合动作时,教师首先要帮助幼儿掌握顺序规律,如在创编律动"哆咪咪"中,我们先让幼儿熟悉音乐,再让幼儿自下而上按乐句创编动作,最后将动作组合与音乐匹配。这样创编的动作,不仅便于记忆,而且显得连贯协调。在组合动作时,教师还可启发幼儿根据角色形象、情节内容进行创编,如大班韵律活动"爱丽丝梦游玩具王国",教师根据乐曲回旋多的结构,设计出与之相呼应的"爱丽丝—木偶—爱丽丝—小喇叭—爱丽丝—公鸡"等角色,将主题动作与变化动作用交替的方式进行组合,这样的组合既有整体感,又有利于幼儿创编和掌握。

经过一段时间对幼儿创造性律动的研究,我们体会到,让幼儿自己创编动作,不仅使幼儿对音乐的感受、理解、表现和动作技能得到提高,而且大大地调动了幼儿学习的积极性、主动性、创造性,使幼儿的素质得到了全面的提高。

(南京市商业幼儿园　魏思敏)

(五) 浅谈在集体舞教学活动中幼儿的学习动机激发问题

在幼儿集体舞教学实践和研究过程中,许多实践工作者发现,与一般音乐教学活动相比,集体舞教学活动在组织过程中有其独特的教学特点:在新授过程中,集体舞教学教的成分浓,创造性培养的成分小;作为舞蹈活动,在队形、交往方式变化方面较为丰富,但舞蹈动作相对较简单且多重复;在情境的创设方面,有些优秀的集体舞,内容不多,游戏性并不强,但由于情境调动了幼儿学习的积极性,而取得了较好的教学效果。产生这些特点的原因可以从集体舞本身的特点、集体舞教学中幼儿学习动机的激发特点、成就动机的激发与集体舞教学的关系等几个方面来阐述。

1. 集体舞的特点与教育价值

集体舞是一种传统的、有地域性特征的群众文化,其种类较多,包括圆圈舞、行列舞、方阵舞、链状舞等。这些文化特色较强的集体舞,突出的是娱乐性、群众性、参与性,使人们在简单的动作练习、丰富的队形变化中享受人与人之间的情感的、体态的、非言语的交流。在幼儿园音乐活动中进行集体舞教学是民族的、民间的传统文化的延续和传递,是非常必要的。它使幼儿既继承了文化精髓——从远古时代即产生的传统群众文化,又给幼儿提供了没有太多记忆负担、动作负担的、重在参与和享受人际交流的机会。一般来说,在进行此类活动时,为较好地完成教学内容,达到教学目的,教师都会创设一定的教学情境。这种情境往往都带有游戏性、趣味性。但同时我们也发现,并不是所有类型的集体舞都适合创设游戏情境,如行列舞、链状舞等,这类集体舞有时无须游戏情境;相反,可能教师苦思冥想出的游戏内容反而会破坏地域文化的精髓,给人一种"画蛇添足""牵强附会"的感觉,影响幼儿对集体舞本身特征、特点及其本质的感知、理解和学习。

2. 集体舞教学中幼儿学习动机的激发特点

学习动机是指在学习活动中直接推动幼儿学习的一种内部动力,是学习活动顺利进行的重要支持性条件。在一般活动中,幼儿学习动机的激发大都由外部刺激(即诱因)引起。这些外部刺激通常包含教学情境的游戏性、趣味性,教学方法、手段的多样化,教学内容的生动性等方面。而集体舞教学活动,由于其本质是传统文化的传递和继承,因此,教师在进行此类集体舞教学时,都应注意减少幼儿认知负荷、多余刺激,使幼儿把注意力直接集中在对队形和交往方式的变化规律的掌握上，以便较快地摆脱学习情境，在轻松、愉快地参与过程中，体验集体舞所特有的，通过同伴间的真诚合作带来的积极的、平等的、自然的情绪交流。在这种学习状态下，一些优秀的教师会有机地运用挑战情境，激发幼儿对具有一定难度的集体舞产生学习兴趣，使幼儿的学习动机直接指向学习活动、学习内容和学习任务本身，而不是外在形式的刺激。因此，教师在进行集体舞教学时，首先，应为更好地继承和发展传统文化，精心选择经典的、具有代表性的集体舞内容进行传授；在具体组织集体舞教学时，把认知重点放在舞蹈队形、规则的传授上。只有在幼儿基本把握了舞蹈精髓和有了一定的经验储备和思维能力、创造水平后，才考虑在继承的基础上进行发展。故在集体舞教学的新授活动中，传授的成分大于创造成分。幼儿在学习过程中，学习动机是在掌握变化规律的认知需要及满足交往和互动的情绪需要下产生的。这种学习动机集中指向学习内容、学习结果，与由外在的形式刺激引发的短暂动机相比，这种动机更稳定、持久。通常，动机维持的时间较长，就能对学习的效率有积极的促进作用。

3. 成就动机在幼儿集体舞教学中的重要心理价值

成就动机是指个人追求成就、希望获得成功的内部动力。也可以说是指一个人对自己认为重要的、有价值的事情，乐意去做，并努力达到完美地步的一种内部推动力量。国内外心理学家对成就动机进行了大量研究，现选择以下和教学、发展有关的观点，供大家借鉴、参考。

第一，成就动机与事业的绩效有着显著的正相关。成就动机研究专家麦克里兰曾指出：一个企业，乃至一个国家的兴旺发达，取决于具有成就动机的人数的多寡。第二，学生课堂学习的主要动机，集中反映在成就动机上。第三，在儿童早期，成就动机已开始萌芽，但表现形式与成人不同，附属内趋力强于认知内趋力、自我提高内趋力。他们努力学习的目的是为了得到老师、家长的肯定和表扬。

从上述观点可以看出，成就动机对儿童个体发展和社会发展都有积极意义。成就动机理论对我们研究幼儿的学习心理也起到了一定的指导作用。那么，在幼儿集体舞教学中，幼儿的成就动机指向在哪些方面呢？让我们从成就动机构成的三个方面来看。

（1）认知内趋力。

认知内趋力是一种掌握知识、技能，以及阐明、解决学业问题的需要，即一种指向学习任务的动机和求知的欲望,也被称作内部学习动机。在集体舞教学中,幼儿想要掌握动作和队形、交往方式的基本变化规律,习得舞蹈仅是潜在的动机力量。在学习过程中,幼儿不断获得由习得、掌握一个个集体舞的变化规律所带来的成功的体验,从而在学习过程中使潜在的动机力量逐渐得以形成和稳固,并转化为对集体舞学习的长期兴趣,进而在随后的学习中获得进一步的发展。这里的成功体验不仅有个人学习的成功体验,也有由于集体的努力合作给大家带来的群体移动、变化的成功体验,还有与舞伴交流时情绪上的积极体验等。心理学研究表明,这种对获得知识本身的认知内趋力在课堂教学中是一种最重要和最稳定的动机,对学习起很大的推动作用。

(2) 自我提高的内趋力。

自我提高的内趋力是指个体因自己的胜任能力或工作能力而赢得相应地位的需要。它是由人的基本需要即尊重需要和自我提升需要所派生出来的,是一种外部动机。在集体舞教学过程中,个体行为的最终目的是产生协调一致的群体行为,从中产生愉悦的情绪体验。每个幼儿在学习过程中,必须与群体保持一致,这样才能获得同伴的接纳、认可,即最基本的尊重。若幼儿在集体舞学习过程中,因个人的努力、能力问题影响了群体,对个人来说,将是一种学习上的"失败"体验。由于集体舞学习的互动性特点,幼儿因此还会产生自尊的威胁,每一次失败的体验、自尊的威胁都会激起幼儿的学习热情,激发幼儿自我提高的内趋力,这能促使幼儿在随后和将来的学习中做出最大的努力,提高学习能力,重新获得成功的体验和赢得自尊。

(3) 附属内趋力。

附属内趋力是指一个人想获得自己所附属的长者的赞许、认可和赏识,这也是一种外部动机。在儿童早期,这种附属内趋力最为突出,教师和家长的表扬与肯定能给予幼儿情绪最大程度上的满足,使之产生最初的学习行为。

由此可见,幼儿成就动机的激发是集体舞教学的关键所在。相对于其他教学活动,集体舞教学有激发幼儿成就动机的优势:在教学过程中,三种内趋力均能不同程度地受到激发。由于学习任务明确,学习价值显著,幼儿在学习过程中能不断获得成功体验,内部学习动机即认知内趋力得到了充分的调动。而且由于集体舞本身是一种互动行为、群体行为,在学习过程中,个人的行为会对他人、集体产生直接的影响。故由尊重和自我提高的需要所引发的自我提高的内趋力也会受到激发。加上附属内趋力的作用，成就动机在幼儿集体舞教学活动中的价值就能得到最有效的开发。

集体舞教学对幼儿心理发展的促进作用主要体现在：

(1)由于动机内化，幼儿在学习过程中，学习的积极性会提高，注意的稳定性会增强，学习效率将显著提高。

(2)由于成就动机内部结构的比重开始由以附属内趋力为核心向认知内趋力为核心方向发展，幼儿在行为上由他律向自律的发展进程将加快。

(3)自我提高内趋力的有意激发，对幼儿个体社会化起着积极的、有效的推动作用。幼儿开始把自我和他人、社会相联系，并关注自己的行为所带来的影响，为将来更好地成为社会人做好认知和行为上的准备。

综上所述，我们清楚地认识到成就动机与幼儿学习活动的关系，成就动机的激发与幼儿集体舞教学的内在联系，以及在集体舞教学过程中成就动机的激发、培养对幼儿心理发展的积极意义。

(南京师范大学幼儿园　朱南松)

(六)自律、自我监控与教学秩序美感体验

"自律"相对"他律"而言，是自己对自己施加行为约束的准则。它是在"自我监控"的条件下实现的。"自我监控"则相当于在个人心中树立一位导师，以便随时提醒自己：在什么条件下，应该怎样去做。

过去，教师把维持课堂纪律单纯地看作是保障教学目标有效达成的手段，而从表面上看起来，幼儿似乎又总是表现出只能由教师来"管束"的他律状态。因此，从外部对幼儿的行为进行监察和调控，就成了教师维持课堂秩序的唯一出发点。

现在，在培养自主、自律的人格上升为学校教育核心目标之一的背景之下，我们开始认识到：应该让幼儿从感受教学秩序的审美体验出发，逐步发展为追求愉快的审美体验而进行自我监控的意向和能力，进而不断促进幼儿从他律性人格向

自律性人格转化,提高教学效率。从即时价值来看,幼儿和教师可以更好地共同享受认知信息和情感信息;课堂教学的内耗可以更大程度地降低;而教与学的绩效则可以更明显地提高。从长远来看,有利于幼儿形成自主自律人格,对工作、学习、生活产生秩序美感,学会追求实践活动的高效益,逐步形成积极向上的人生价值观。

自我监控的发展具有从外控到自控,从单维到多维,从不自觉到自觉再到自动化等发展规律。以下是我们在幼儿园音乐教学中应用这些规律进行教学设计和操作的一些尝试。

1. 明确自我监控的限定性条件

幼儿对自由状态下的移动性音乐表演活动兴趣甚浓,但恰恰就是在这类活动中最容易出现"秩序混乱"的现象,最终导致教师和幼儿之间产生矛盾。

如果事先告诉幼儿寻找空间位置的限定性条件是"我数到3"与"不和别人挨在一起",自由移动的限定性条件是"不撞到别人,也别让别人撞到自己",幼儿便可能以此条件来作为活动中自我监控的标准。当然在刚开始时,还需要辅以一些外部监控的策略,如先稳定幼儿的情绪、集中幼儿的注意力,然后再提供限定性条件;随时使用目光、表情、体态和必要的语言提醒有关"限定条件"或反馈幼儿自我监控的情况,即表扬、鼓励和认可。

2. 进行规程化学习,促进"自动化"监控能力发展

规程化学习是把技能分解成若干个有条理的较细小的学习步骤,按固定程序反复练习,以使其逐步达到自动化的特殊学习方式。当某种行为成为习惯即进入自动化的状态时,也就是进入自律或无意识的自我监控状态了。如我在帮助幼儿学习"找空地方站好不动"这一准备性规范时,就采取了以下三个步骤:

第一次,我的语言指令是:"看好我的手,我数到3,每一个人找一个空地方站好,不能动。"此时,语调要特别强调"3""每一个"和"不能动"。然后问"有没有明白"?待幼儿反应后再接着说:"好,开始。"当幼儿开始移动时,我高举手并用手指随口令做出"1""2""3"的体态指令,提醒幼儿还有多少时间。说出"3"字后,我用眼睛迅速扫射全体幼儿,并最终盯住还在移动的幼儿,用眼神暗示他违规了。当

其达到要求,马上给予其鼓励:"非常好!"

第二次,我的语言指令简化为:"看好我的手! 3下! 找空地方,站好不动!(略停顿,看幼儿是否准备好了)开始!"当幼儿开始行动时,我省略了出声口令而只用手指的姿态变化帮助幼儿了解还有多少时间,对达到要求的幼儿继续给予鼓励:"真不错,越来越能干了!"

第三次,我的指令再次简化为:"马上找一个空地方站好!又快又安静!开始!"我同样随着话音的落下举起手臂并做出手势"1",略停顿一下就立刻做出手势"3"。幼儿达到要求后,我立刻点头微笑并对其击掌,然后竖起大拇指给予其称赞。

幼儿对秩序的把握是由他律向自律发展的,因此,我在上述学习步骤中也采取了由教师外控逐步转向幼儿内控的设计。比较以上三个步骤,我们可以清楚地看出教师的语言、体态的指令和提醒越来越趋于弱化,而教师的鼓励、认可和赞扬的情感回馈越来越趋于强化。幼儿的学习反应则在经过了注意、接受、自动化的过程后,最终开始步入性格化的阶段。这种被个体组织到自己价值体系中去的行为,最终才可能被主体在各种情境中自觉迁移并应用。

3. 在不同情境中扩大自我监控的范围

心理学告诉我们,在个体发展的低级阶段,"自我监控能力"最初只能指向原特定情境中的特定行为。只有发展到较高级的阶段,在比较明晰的自我管理意识的指导下,个体才可能在不曾遇到的或不太熟悉的情境中创造性地应用原先的自我监控经验。幼儿处于个体发展的早期,各方面发展都尚处在较低级的阶段。因此,教师应有心理准备,努力在各种不同的情境中,使用适合幼儿的教育策略,来帮助他们发展自我监控意识和能力。

如在一次借班上课活动中,中班幼儿被鼓励在自由散点活动中找朋友,并做体态和表情的交流。两个男孩自发地推搡、哄闹起来,忘记了活动的要求(处于无任务监控意识状态)。我没有中断活动,而是以平等参与者的身份将身体插入他们中间,把其中一人邀为我的朋友,与他共舞;另一个自然也就另寻伙伴,按照活动要求去做了。

在另一次借班上课活动中,一名小班幼儿无意间看见地上有一颗玩具枪子弹,他就转移了注意力,把子弹捡起来玩。如果我停止活动,就可能转移更多幼儿对原活动任务的自我监控。于是我便借活动中的"鸭妈妈"的身份，一把"抢"下他的子弹，并对他说："鸭弟弟和鸭妈妈一起游水回家，回家以后妈妈再把子弹还给你。"为了要回子弹，他只好乖乖地跟着我游戏。"回家"以后，"小鸭子"们都睡觉了，我先把"鸭弟弟"抱在腿上，再把子弹塞进他的裤子口袋，并轻轻拍拍他的口袋，示意我说话是算数的。一会儿，他也就把子弹的事忘了。

在幼儿园的集体教学中，自律、自我监控以及秩序美感体验的意识和能力的培养既是目的又是手段。幼儿只有在掌握了有效的自控策略以后，才可能享受秩序美感所带来的快乐；幼儿也只有在发现秩序美感所带来的快乐后，才可能将自控作为自己主动追求的行为目标。当然，也只有这样，教与学的活动才可能成为高效率和高情感享受的过程。

（南京市白下路幼儿园　赵　倩）